EDUARD CONZEMIUS

SIETE AÑOS CON LOS INDIOS MISKITOS Y SUMUS DE HONDURAS Y NICARAGUA

(1915—1922)

ERANDIQUE

COLECCIÓN

SIETE AÑOS CON LOS INDIOS MISKITOS Y SUMUS DE HONDURAS Y NICARAGUA (1915—1922).
EDUARD CONZEMIUS

©Colección Erandique
Supervisión Editorial: Óscar Flores López
Diseño de portada: Andrea Rodríguez
Administración: Tesla Rodas
Director Ejecutivo: José Azcona Bocock
Primera Edición
Tegucigalpa, Honduras—Marzo 2025

ÍNDICE

1

2

UNA HERMOSA RADIOGRAFÍA DE LOS MISKITOS Y SUMUS

Eduard Conzemius nació en Luxemburgo, pero entre 1915 y 1922 vivió en la Costa Caribe de Honduras y Nicaragua. Allí descubrió a los miskitos y a los sumus[1].

Al final de esa estadía de siete años, escribió el libro Estudio etnográfico sobre los indios miskitos y sumus de Honduras y Nicaragua.

Con la idea de modernizar su título, Colección Erandique lo publica como Siete años con los indios miskitos y sumus de Honduras y Nicaragua (1915—1922).

Publicado por primera vez en Costa Rica en 1922, fue traducido por el prestigioso investigador, biólogo y científico ambientalista nicaragüense Jaime Incer Barquero.

En agradecimiento a su generosidad, hemos decidido utilizar la traducción del doctor Incer Barquero.

El libro de Conzemius sirve como una radiografía completa de la vida de los miskitos y sumus hace más de un siglo. La cantidad de datos es enriquecedora.

Conzemius conoció de primera mano las costumbres y tradiciones de los miskitos.

"Se estima que los miskitos son unos 15,000 habitantes, número que excede a la suma combinada de las otras tribus indígenas de la Costa Mosquitia. Se encuentran extensamente mezclados con los negros, razón por la cual los españoles les han llamado 'zambos', nombre apropiado para denominar a esta población a mitad india, mitad negra", escribió Conzemius.

Y de los sumus detalló:

---

[1] Aunque en la actualidad se utiliza sumos en lugar de sumus (es la forma aceptada hoy por antropólogos, historiadores y por los miembros de ese pueblo indígena), respetaré el estilo original de Eduard Conzemius En documentos coloniales del siglo XVII y XVIII aparecen como Sumos, y en menor medida como Sumus debido a la castellanización variable que hacían los cronistas.

En las publicaciones actuales (UNESCO, INAH, CIDCA, estudios lingüísticos) se emplea sistemáticamente Sumos.

"Tierra adentro de los dominios miskitos, desde el río Patuca hasta el río Punta Gorda, viven los sumus más primitivos, quienes hablan una lengua parecida; pueblan principalmente las cabeceras de los grandes ríos o sus afluentes. Debido a la costumbre de casarse entre ellos mismos y por la falta de condiciones higiénicas, están rápidamente disminuyendo en número y no está lejos el día en que desaparecerán completamente o serán absorbidos por los miskitos. Su población total se estima entre 3,000 y 3,500 habitantes".

A pesar del tiempo transcurrido, hay muchas cosas que no cambian para los miskitos y sumus, entre ellas, el abandono en el que los han mantenido los gobiernos y el resto de la sociedad.

Como tampoco ha cambiado la esperanza eterna, su amor por la naturaleza, la felicidad encontrada en las cosas sencillas.

Los niños —narra el autor— imitan la guerra y la cacería con arcos y flechas de juguetes; estas últimas tienen una punta roma de madera o van revestidas con cera de abejas. Cometas (M: istapla), trompos (M: purmaya, purwaya), zancos y canicas se observan ocasionalmente. Los trompos pueden ser de manufactura extranjera o los fabrican los indígenas con semillas grandes atravesadas por un palito.

Conzemius no descuida ningún detalle y realiza descripciones físicas de ambos pueblos ("Sus manos y pies son pequeños"), de los utensilios utilizados, el material con el que construyen sus casas, la división del trabajo, los métodos utilizados para sembrar, el arte y hasta algunos secretos para pescar.

"Ciertos hechizos, se dice, son muy eficaces para dar suerte al pescador. Se estiman como de gran valor ciertas piedras que se encuentran en el estómago de algunos peces, pues quienes la posean tendrán muy buena suerte en la captura de esa especie de pez en particular. El cráneo y las espinas de las especies más grandes se guardan en la choza bajo la misma creencia", escribe Conzemius.

Cuando los indígenas capturan el pez palometa, regresan al agua los huesos y los tiran en el mismo lugar, en la suposición de que al hacerlo así siempre les acompañará la buena suerte en la pesca de la palometa. Pero si una mujer encinta come de tal pez, este no volverá a morder anzuelo en lo que resta de la estación de pesca —añade.

Curioso es el dato sobre la forma de gobierno.

Según Conzemius, no existían ningunas trazas de divisiones en clases o en grupos afines exogámicos. La organización tribal entre estos pueblos primitivos seguía esencialmente lineamientos democráticos.

¿Cómo manejaban los casos de homicidio?

"El asesino tenía que seguir a su víctima en la muerte. Si no lo hacía voluntariamente, los parientes de la víctima lo podían matar sin riesgo de castigo para ellos; además, en tal caso, su memoria era deshonrada".

El envenenamiento era el método usual para despachar a un enemigo. El veneno se administraba con ron o licor fermentado, con la ayuda de una tercera persona, aprovechando cuando la pretendida víctima estaba borracha.

En el tema de creencias, supersticiones, agüeros y hechizos, los miskitos y sumus no se quedan atrás.

Si un cazador, por ejemplo, falla en acertar la presa un cierto número de veces, lo que es poco usual, o en determinado día, considerará esta señal como que pronto caerá enfermo o quizás hasta muera.

Si alguien deja caer el remo involuntariamente al agua, esto se interpreta como una señal de que algo malo le va a suceder.

Si un perro actúa en forma peculiar y corre por toda la casa ladrando, aunque se averigüe que no pasa nada alrededor, tal comportamiento es considerado de mal agüero y pronto alguno de los inquilinos de la casa morirá.

El cacareo de la gallina es también interpretado como mal augurio. Ladinos y creoles comparten esta superstición; agarran inmediatamente al ave en cuestión y le tuercen el pescuezo.

La lista es larga, y amplia es la gama de amuletos y protecciones para librarse del mal.

Siete años con los indios miskitos y sumus de Honduras y Nicaragua (1915—1922) es una mezcla de cruda realidad con realismo mágico.

Óscar Flores López/Editor Colección Erandique

INTRODUCCIÓN

Los Mískitos y Sumus habitan la vertiente atlántica de Honduras y Nicaragua, desde el río Tinto o Black River (latitud 15° 50' norte) hasta el río Punta Gorda (latitud 11° 30' norte)[2]. Mientras los Mískitos se localizan principalmente a lo largo del litoral, los Sumus viven tierra adentro y se extienden hacia el poniente hasta llegar a corta distancia de los pueblos de habla hispánica.

Estas dos tribus juntas ocupan la mayor parte de una vasta región que generalmente se conoce como Costa Mosquitia. Dicho territorio comprende desde el Cabo Honduras, cerca de Trujillo, hasta el río San Juan, en el límite con Costa Rica; es decir, de los once a los dieciséis grados norte, una extensión de casi 550 millas a lo largo del litoral. A partir del Cabo Honduras la costa corre primero hacia el este, luego hacia el sureste hasta Cabo Gracias a Dios, doblando al sur en adelante.

Colón, quien descubriera el país en 1502, bautizó como «Costa de Orejas» a la parte situada al oeste de Cabo Gracias a Dios. Hacia el sur la región fue conocida en esa época como Cariay o Cariari, Veragua o Beragua, Castilla de Oro. Estos nombres fueron después suplantados por los vocablos hispano-mexicanos de Taguzgalpa y Tologalpa, que perduraron prácticamente a lo largo del período colonial.

El nombre de «Costa Mosquitia» (o Territorio de la Mosquitia), empleado por los ingleses, fue tomado de la principal tribu indígena, los Mískitos, erróneamente llamados Mosquitos. Los españoles tradujeron Mosquitia o Costa de Mosquitos (Costa Mosquita). Muchos creen que este nombre hace alusión a los numerosos mosquitos que se encuentran en la región, mientras otros asumen que las pequeñas islas frente a la costa, «tan abundantes como los mosquitos», pueden haber sido la razón del apelativo.

---

[2] En la actualidad el límite sur de la distribución de ambas tribus es la laguna de Perlas y el río Escondido (latitud 12° 10' norte). (Nota del traductor, que en lo sucesivo será N. d. T.)

OROGRAFÍA

El litoral de la Costa Mosquitia es en parte aluvial y en parte coralino; al sur de Cabo Gracias a Dios la tierra le ha ganado al mar, pero al norte el caso parece ser lo contrario.

Frente a la costa, especialmente desde la laguna de Caratasca hasta Monkey Point, o Punta Mico, se encuentran esparcidos numerosos islotes, cayos, arrecifes de coral, bajíos y bancos de arena, que más bien dificultan la navegación.

La tierra se levanta gradualmente del mar. Las estribaciones transversales, que irradian de la principal cadena montañosa en el interior, forman una serie de terrazas que disminuyen paulatinamente de elevación y terminan por desaparecer en las bajas regiones costeras. Colinas bajas suelen encontrarse a unas 110 ó 150 millas tierra adentro. Algunos cerritos aislados se presentan en diferentes puntos a corta distancia del litoral y en Punta Mico, así como al oeste de Iriona,[3] las estribaciones de la gran cadena central se extienden hasta el mar.

No existen volcanes activos. Los temblores son infrecuentes y nunca causan daño; fuertes tronadas dan la impresión a veces que la tierra está temblando.

HIDROGRAFÍA

La región entera está bien suplida de agua por las numerosas corrientes que se deslizan casi paralelas entre sí; desaguan en el mar Caribe, o más bien en una serie de las llamadas lagunas de aguas semisalobres, entre las cuales la más grande es la de Caratasca. Esas sabanas de agua están dispuestas paralelas a la costa y se encuentran separadas del mar y entre sí por cuellos de tierra arenosos, bajos y angostos, llamados localmente «haulovers», por la costumbre de arrastrar las canoas encima de ellos. Gracias a este sistema de aguas interiores los botes pueden navegar en aguas tranquilas, salvo en ciertas épocas, desde Iriona hasta Bluefields, evitando así el viaje por mar, peligroso y desagradable en mal tiempo.

En muchas partes los ríos son el único medio de comunicación. En sus cursos bajos son navegables por pequeños veleros, vapores de

---

[3] Iriona es una localidad hondureña situada a 80 km al este de Trujillo. (N. d. T.)

poco calado y botes de motor. Más allá de las cascadas y raudales sólo las pequeñas canoas y los pipantes pueden continuar y con mucha dificultad. Los ríos más grandes de la Costa Mosquitia son: Aguán, Tinto, Patuca, Coco (o Wanks), Grande, Escondido (o Bluefields) y San Juan.

En tiempos de inundación estas corrientes se alzan notablemente, a veces hasta 40 pies en el transcurso de una sola noche. Las riberas se desmoronan con todo y árboles que, traídos por la corriente rápida, tornan peligrosa la navegación.

En los lugares donde la ribera es baja todo el territorio inmediato queda inundado. Estas inundaciones desaparecen tan rápido como se producen.

Debido a las grandes variaciones de nivel, a las cuales estos ríos están sometidos, el tráfico queda detenido o impedido ocasionalmente, durante la estación lluviosa, dada la gran impetuosidad de las aguas y en la estación seca debido al poco arrastre. El río San Juan es una excepción al respecto; su caudal se mantiene constante gracias a los grandes lagos de Nicaragua que actúan como reservorio y del cual el río es el único desaguadero.

Los sedimentos, árboles, troncos y materiales similares, arrastrados por los ríos, son depositados en su desembocadura en el mar, donde forman peligrosos bancos arenosos con sólo pocos pies de agua, que únicamente pueden ser cruzados por embarcaciones de poco calado. Estas entradas en el mar, o barras como las llaman, son más seguras cuando la corriente se explaya primero en las lagunas, en lugar de hacerlo directamente en el mar, ya que en tal caso el sedimento es depositado en aquéllas.

CLIMA

El clima de la región es tropical, aunque notablemente modificado por la configuración del suelo y por los vientos prevalecientes. Las noches son siempre frescas. La temperatura media es de unos 80 °F (26 °C); el termómetro rara vez sube más allá de 90 °F (32 °C) o baja de 65 °F (17 °C). El mes más frío del año es enero.

La región no es tan insalubre como generalmente se supone. Los viejos escritores ingleses la consideraban muy buena y no existe justificación por la mala reputación que tiene ahora, no sólo entre los europeos y norteamericanos, sino también entre los centroamericanos que habitan en las alturas del interior y la costa del Pacífico. Numerosos extranjeros han vivido en esta región por mucho tiempo sin merma de su salud. Salvo que alguien sea susceptible a la malaria u otras enfermedades tropicales, no existen efectos dañinos que resulten de una prolongada estadía en estas latitudes, siempre que se tomen precauciones.

La templada brisa marina, que sopla casi constantemente alrededor de las lagunas, torna el aire fresco y agradable. Durante ocho meses al año los alisios soplan casi sin interrupción modificando notablemente los efectos del calor, de modo que éste nunca es sofocante. La gran diferencia con nuestro propio clima no está en las altas temperaturas registradas, sino en la falta de una estación realmente fría, de ésas que contribuyen tanto al vigor y estímulo de la gente nórdica. Entre noviembre y febrero los nortes aparecen en la costa nicaragüense, pero no son tan peligrosos a la navegación como en la costa de Honduras. Durante un norte lluvioso el tiempo se vuelve desagradablemente frío, pero un norte seco es placentero y vigorizante. Entre mediados de junio y mitad de agosto la costa nicaragüense está sujeta a chubascos y repentinas rachas de viento del sureste y del sur, muy peligrosos para las canoas en el mar. Tormentas rotatorias, comúnmente llamadas huracanes, acontecen ocasionalmente en la costa, sin ser tan violentas ni destructivas como las que ocurren en las Indias Occidentales o alrededor del Golfo de México.

LLUVIAS

Hablamos prácticamente de dos estaciones secas y dos húmedas en la Costa Mosquitia, pero no son bien definidas; el paso del período lluvioso al seco, o viceversa, no es tan marcado como en el interior de América Central o en la costa del Pacífico. La precipitación pluvial es enorme, especialmente en San Juan del Norte o Greytown. De acuerdo con los registros de la Nicaragua Canal Co., más de 296 pulgadas cayeron en dicha localidad en 1890, que la hacen quizás el área más mojada de este continente.

Los alisios del noroeste, que prevalecen en la Costa Mosquitia, llegan a saturarse de humedad cuando pasan sobre el mar Caribe, la que precipitan cuando topan con las estribaciones montañosas del interior del país. Sin embargo, rara vez llueve todo un día sin parar; fuertes chubascos, acompañados por violentos vientos, precipitan enormes cantidades de lluvia, después de los cuales el sol reaparece. Durante la estación lluviosa suelen sucederse días enteros sin que caiga una sola gota de agua, mientras, por otro lado, lluvias ligeras son frecuentes en la llamada estación seca.

Hablando en términos amplios, el verano o estación seca abarca desde mediados de febrero hasta mediados de mayo, al norte del río Patuca; y nuevamente desde comienzos de agosto hasta finales de septiembre. El resto del año es conocido como invierno, o estación lluviosa. El mes más húmedo y desagradable es octubre, cuando caen las lluvias fuertes llamadas chubascos por los ladinos; corresponden a los temporales del interior del país y a los tapayagües de la inmediata costa del Pacífico.

Al sur del río Patuca la estación lluviosa va de mayo a enero, con ocasionales temporadas de buen tiempo en septiembre y a veces también en octubre. Las lluvias más crudas acontecen en junio y julio y vienen acompañadas por truenos y rayos. Estas tormentas desaparecen tan rápidas como se avecinan, para dar paso a un brillante sol. Abril es el mes más seco del año, aunque no desprovisto de numerosas lluvias ligeras.

REINO VEGETAL

La diferencia en precipitación pluvial entre ambas costas de América Central se manifiesta por el aspecto contrastante de sus bosques. Bajo la influencia estimulante del clima húmedo, que reina prácticamente por todo el año, la Costa Mosquitia mantiene el desarrollo exuberante de la vegetación y los bosques nunca pierden su brillante follaje sempervirente. En la vertiente del Pacífico, sin embargo, donde largos períodos de sequía inhiben el vigor vegetativo, los bosques presentan una apariencia otoñal durante la estación seca, salvo en las verdes franjas a lo largo de los ríos. En dicha región se observa el curioso hábito, que presentan varias especies no relacionadas, de la producción de flores y frutos mientras el árbol está completamente desprovisto de follaje.

Junto a la costa el suelo es arenoso y con poca vegetación, aunque parcialmente adecuado para pastos debido a las anuales inundaciones de los ríos. Detrás viene una franja de tierra pantanosa, de unas 15 a 20 millas de anchura, impropia para cultivos y cubierta por una densa e impenetrable maraña de manglares, juncos y gramíneas ásperas. A continuación se presenta el verdadero bosque tropical, de suelo muy fértil, consistente en humus vegetal en la superficie. Para penetrar la selva el cazador tiene que abrirse paso con la ayuda de un machete entre la intrincada maraña de lianas y epífitas.

Las áreas fértiles, al norte del río Patuca, se caracterizan por la presencia de «bordes de cohune», o sea lugares donde crece el cohune o palma de corozo (Attalea sp.).

Un buen número de otras palmáceas se encuentran en esta región, pero sólo dos de ellas se cultivan, por ser importantes en la dieta: la palmera de coco y el pijivalle. Entre las otras formas arbóreas que caracterizan al bosque se encuentran: la Ceiba (Ceiba pentandra Gaertn), la Caoba (Swietenia macrophylla King), el Cedro Español o de las Indias Occidentales (Cedrela sp.), el Palo de Rosa, el Palo de Hule (Castilloa sp.), el Níspero (Zapota zapotilla), el Lignum Vitae o Guayacán (Tecoma sp.), el Santa María o Calaba (Calophyllum brasiliense var.) y la Balsa o Madera de Corcho (Ochroma lagopus). Orquídeas epífitas son especialmente numerosas, encontrándose en variedades raras. Fuertes lianas o bejucos cuelgan de los árboles y son usados en cestería como también para amarres.

El bosque denso entre los ríos Tinto y Río Grande de Matagalpa es a veces interrumpido por extensas áreas de pino o sabanas. Son planicies cubiertas de grava, o arena gruesa, donde se desarrollan gramíneas, mirtáceas, robles, nancites, pequeñas palmeras de abanico y pinos de agujas largas.

Este pino (Pinus tenuifolia Benth), alcanza su límite sur en la vertiente atlántica de Nicaragua un poco al norte de Bluefields, en la latitud 12° 5' norte.[4] Pocos árboles grandes quedan en estas sabanas, donde hay escasas matas; las epífitas y lianas son raras y el conjunto presenta una apariencia de parque. Sobre los ricos suelos aluviales, en

---

[4] El pino de las sabanas es realmente la especie Pinus caribeña. Su límite más austral está junto a Pinewood Lagoon, en las inmediaciones de Kukra Hill. (N.d.T.)

ambas márgenes de los ríos que cruzan la sabana, crece una vegetación densa y lujuriante que parece un verdadero bosque.

REINO ANIMAL

La Costa Mosquitia, zoológicamente hablando, pertenece a Suramérica más bien que a Norteamérica. En esta región, escasamente habitada, puede encontrarse un gran número de especies de animales silvestres. Los mamíferos más grandes son el tapir (o danta) y el manatí; este último es considerado aún, por los indígenas, como una fuente alimenticia, pero se ha vuelto raro últimamente.[5]

En la selva se presentan muchas fieras depredadoras tales como el jaguar (tigre), el puma (león) y el ocelote (tigrillo), entre los cuales ocasionalmente se observa una variedad negra de jaguar (pantera).

El mono aullador (congo), el mono araña (mico o mono colorado) y el carablanca o mono capuchino se encuentran en la copa de los árboles; los dos últimos mencionados, junto con otras dos especies de venado y dos de jabalí, constituyen todavía la más importante alimentación animal para los indígenas, aunque actualmente se están volviendo escasos.

Tres especies de osos hormigueros, varios armadillos (cusucos) y zarigüeyas (zorros cola-pelada), además de los perezosos de dos y de tres garras (cúcalas), suelen encontrarse con aquellos. Entre los roedores mencionaremos el agutí (guatusa), la paca (guardatinaja), varias especies de puercoespín, ardillas y conejos. El mapache, el coatí o pizote, la comadreja, la mofeta (zorro-meón) y el kinkajou (cuyús), también existen en el bosque y la nutria (perro de agua) habita en todos los ríos.

El cocodrilo (lagarto) y una forma más pequeña (cuajipal) infestan ríos, lagunas y pantanos. También se presentan varias especies de tortugas de agua dulce, mientras que la carey, la tortuga verde y la caguama se cogen en el mar. Las mayores lagartijas son las iguanas, que se ofrecen en diferentes variedades comestibles. Las serpientes venenosas, como las inocuas, son también numerosas.

---

[5] A los nombres de animales dados por Conzemius hemos agregado (entre paréntesis) los nombres vulgares correspondientes, tal como se conocen en el resto del país. (N. d. T.)

Tiburones devoradores de hombres y pejesierras merodean en el mar y en el curso inferior de los ríos.

El «buitre-pavo» (sonchiche), es útil como ave carroñera. Durante los meses de invierno muchos de los pájaros comunes en Norteamérica arriban como emigrantes, para pasar la estación fría en este clima moderado. Pavas, pavones, gallinas de monte, patos silvestres y palomas, son estimados como alimento. Trogónidas (viudas), orioles (chichiltotes), tucanes, tanágridas, guacamayas (lapas), loras, chocoyos y colibríes se tornan llamativos por su plumaje o por su canto. Flamingos, garzas blancas y garzones, se ven comúnmente alrededor de las lagunas y pantanos.

Los mosquitos son los vectores de la malaria, mientras que las garrapatas, chinches, cucarachas, niguas, tábanos y tórsalos se consideran los principales responsables de las infecciones cutáneas prevalecientes en la región.

POBLADORES

El clima húmedo tropical, combinado con la vegetación selvática, ha retardado la colonización y el desarrollo de una densa población. La gran mayoría de los habitantes de la Costa Mosquitia vive a lo largo del litoral y junto al curso inferior de los principales ríos.

Además de los Mískitos y Sumus, tratados en esta monografía, existen otras dos tribus indígenas poblando la Costa Mosquitia: los Paya y los Rama. Los primeros viven en Honduras, entre los ríos Patuca y Sico. Su población es estimada en unos 700 habitantes y están desapareciendo rápidamente (vide Conzemius, b). La tribu Rama, cuyo principal grupo está en Rama Key, en la laguna de Bluefields, llega apenas a 200 habitantes. Su lenguaje es de origen chibcha, estrechamente ligado a los dialectos que hablan los aborígenes de Costa Rica, Panamá, Colombia y del norte de Ecuador (vide Conzemius, c). La parte occidental de la Costa Mosquitia estaba antiguamente ocupada por los Matagalpa, cuyo dialecto está extinto desde hace casi medio siglo; una variante se habla todavía en los pueblos de Cacaopera y Lislique en El Salvador. Cierto número de tribus también ha sido reportado en época anterior, en la región que estamos estudiando, pero como ya están extintas desde hace algún tiempo fue imposible clasificarlas. Algunos de sus nombres tribales, mencionados por los autores en el pasado, se tomaron directamente de los ríos en cuyas riberas vivieron.

Al norte del río Tinto, en el litoral y las lagunas, habitan los llamados Black Carib (Caribes negros) o Garífes. Son los descendientes de los desafortunados aborígenes de Saint Vicent, una de las Islas de Sotavento, que fueron deportados por el gobierno británico, en 1796, a la Isla Roatán, en la bahía de Honduras. Han formado también pequeños asentamientos en Pearl Lagoon (Laguna de Perlas) en Nicaragua.[6] Los Garífes descienden de los indios Caribes que habitaron las Antillas Menores al tiempo del descubrimiento, quienes durante el siglo XVII se mezclaron con los esclavos negros fugitivos. Todavía hablan el lenguaje ancestral de las Indias Occidentales y han retenido muchas de las costumbres indígenas originales. Parece que están incrementando su población, estimada en unos 15,000 habitantes, de los que 3,500 viven dentro de los límites de la Costa Mosquitia; el resto se encuentra a lo largo de la Costa Atlántica de América Central, tan al norte como Stann Creek en Honduras Británica.[7]

Una buena parte de los pobladores alrededor de Bluefields, Pearl Lagoon, San Juan del Norte, Corn Island, San Andrés y Providencia está formada por los llamados Creoles. Son descendientes de negros y mulatos traídos de Jamaica como esclavos, por los colonos ingleses, durante el siglo XVIII. Se han cruzado con los Mískitos y Rama y hablan inglés. Prácticamente todos pertenecen a la Iglesia Morava. De costumbres frugales, acatadores de la ley, son corteses y respetuosos con los extraños y menos bullangueros y pendencieros que los negros de las Antillas, que han emigrado a la Costa Mosquitia en años recientes.

Los negros y los mulatos se encuentran esparcidos en la región. Hablan el idioma inglés y principalmente han arribado en época reciente desde Jamaica, las Islas Caimán, las Islas de la Bahía y de Honduras Británica. Pueden encontrarse también algunos pocos «Patois», o sea negros franco-parlantes, procedentes de Haití,

---

[6] Su pueblo principal es Orinoco, sobre la costa occidental de la Laguna de Perlas.(N.d.T)

[7] Hoy Belice.(N.d.T.) Ver E. Conzemius, Etbnograpbical Notes on the Black Carib (Garf). American Anthropologist, April-June 1928, vol. 30.

Martinica, Guadalupe, Santa Lucía y Dominica, además de ciertos negros que hablan español venidos del interior de América Central o de las costas colombianas. El negro es fuerte y robusto; resiste con facilidad el clima húmedo de la costa, pero moralmente no se puede comparar con los Creoles. Es ocioso, voluble, sensual, servil y conformista; no resiente el maltrato y olvida pronto las injusticias. Ama el lujo y la extravagancia y toda especie de banalidades y oropeles le fascinan.

Cuando la Costa Mosquitia era todavía un protectorado británico, o sea hasta 1860, muy pocos ladinos, o centroamericanos de habla española, se encontraban ahí. Localmente son llamados «españoles» en general, aunque la gran mayoría son de extracción indígena, con muy poca mezcla de sangre hispánica. Llegaron como hueleros y buscadores de oro principalmente, y más tarde como oficiales del gobierno. Desde la incorporación de la Reserva de la Mosquitia a la República de Nicaragua (1894), han crecido rápidamente en número; son particularmente numerosos en Bluefields y en el distrito minero de Pispís, pero también se encuentran desperdigados por toda la región. Los ladinos son un tanto pendencieros, especialmente bajo la influencia del alcohol, pero muy hospitalarios y corteses con los extraños.

El establecimiento de las industrias minera y bananera ha atraído a la región un número cada vez mayor de norteamericanos y europeos. Los chinos y los sirios manejan activas casas de comercio.

HISTORIA

Colón descubrió el país en 1502 durante su cuarto y último viaje al Nuevo Mundo, cuando avanzó a lo largo de la costa atlántica de América Central, desde Trujillo en Honduras hasta Nombre de Dios en Panamá. En el transcurso de los años siguientes los españoles hicieron varios intentos para tomar posesión de la Costa Mosquitia, pero los nativos resistieron y lograron mantener su independencia. Los españoles siempre venían en plan de saqueo y como los indios les daban problemas y oro no se encontraba en la región, tuvieron que concentrar sus energías en la costa del Pacífico.

Más tarde, los ingleses de Jamaica entablaron amistosas relaciones comerciales con los indios Mískitos y gradualmente organizaron un protectorado en la región. Comerciantes ingleses arribaban con frecuencia a la costa y posteriormente se establecieron guarniciones desde Jamaica.

En 1786, en virtud del tratado celebrado con España, la Gran Bretaña acordó evacuar la región, aceptando reconocer la soberanía española en dicho territorio, pero los españoles nunca pudieron sentar campo debido a las hostilidades de los indígenas, solivantados por un número de colonos ingleses que rehusaban dejar la costa.

El poderío español en América estaba en franca declinación en aquellos días y en 1821 los estados de América Central declararon su independencia. Gradualmente, las autoridades inglesas de Jamaica renovaron sus viejas alianzas amistosas con los Mískitos. El hijo de uno de los jefes principales fue solemnemente coronado en Belice, restableciéndose el protectorado.

El Reino Mískito o Reino de la Mosquitia fue reclamado en ese tiempo por los ingleses como comprendiendo la entera costa atlántica de América Central, desde la Laguna de Chiriquí (latitud 9° norte), hasta el Cabo Honduras, o sea un despliegue costero de casi 700 millas. El límite occidental no quedó bien demarcado, aunque se dice que fue definido por los primeros asentamientos españoles del interior. Las islas de Maíz (Corn Islands) y los numerosos islotes y cayos situados frente a la costa quedaron también bajo la jurisdicción del Rey Mosco. Las islas grandes de Providencia, Santa Catalina y San Andrés eran administradas, sin embargo, por las autoridades de Nueva Granada (Colombia), no obstante pertenecer geográficamente a la Costa Mosquitia.

En 1847 el reclamo inglés estaba limitado al territorio ubicado entre el Cabo Honduras y el río San Juan. Sobre este trecho el Rey Mosco, o más bien sus consejeros británicos, ejercieron jurisdicción hasta 1860. Los límites entre la Costa Mosquitia y las repúblicas de Honduras y Nicaragua nunca fueron fijados; las dos últimas jamás reconocieron la existencia de la nación mískita; pero tampoco su jurisdicción efectiva se extendió más al este de una línea irregular que llegaba desde los 83° hasta los 86° de longitud al oeste de Greenwich.

En aquellos días, el proyecto de un canal interoceánico a través del istmo de Nicaragua tenía ocupadas a las principales naciones marítimas de Europa, así como a los Estados Unidos. Este último país no veía con buenos ojos el continuado avance de la Gran Bretaña sobre la América Central, de modo que cuando en 1848 los ingleses tomaron posesión forzada de San Juan del Norte, en el extremo atlántico del proyectado canal, la república norteamericana apoyó abiertamente a Honduras y Nicaragua. La presión de los Estados Unidos obligó a Inglaterra, en 1859 y 1860, a firmar tratados con ambos países, en virtud de los cuales la Costa Mosquitia fue reconocida como formando parte de las dos naciones centroamericanas.

La región situada entre el río Hueso[8] al norte y el río Punta Gorda al sur, que se extendía tierra adentro hasta el meridiano 84° 15', fue, sin embargo, establecida como una Reserva, donde los aborígenes gozarían de cierta autonomía. A la cabeza de la Reserva estaba el Rey, cuyo título fue cambiado por el de «Chief» o Jefe.

La mayoría de los indígenas, tanto Mískitos como Sumus, no habitaban dentro de los límites de este nuevo territorio creado. El gobierno estaba principalmente en manos de los «Creoles» nativos de habla inglesa, o de emigrantes jamaiquinos, quienes se oponían tenazmente a la influencia de Nicaragua. Las autoridades de la Reserva mantenían fricciones con las de Managua y la soberanía ejercida por la República de Nicaragua era apenas nominal. En 1881, se levantaron algunas disputas que fueron sometidas al arbitraje del Emperador de Austria. Finalmente, en 1894, Zelaya, presidente de Nicaragua, tomó posesión por la fuerza de la Reserva Mískita, deponiendo a las autoridades locales; la región fue entonces incorporada a la república como el departamento de Zelaya (hoy departamento de Bluefields).[9]

BREVE RECUENTO DE LAS EXPLORACIONES ETNOGRÁFICAS EN LA COSTA MOSQUITIA

Colón navegó a lo largo de la Costa Mosquitia, recorriéndola de norte a sur, en 1502, pero parece que no hizo contacto con los Mískitos ni con los Sumus. Entre los años de 1513 y 1529 el versátil historiador de las Indias, Gonzalo Fernández de Oviedo (1478-1557),

---

[8] Actual río Likus o Lecus. (N.d.T.)
[9] El entre paréntesis es del autor. Actualmente Región Autónoma del Atlántico (N.d.T.)

pasó cierto tiempo en la costa del Pacífico de Nicaragua.[10] Su gran obra, que no fue publicada completamente sino hasta 1851-1855, trata sin embargo casi exclusivamente de los Nicaraos y Chorotegas, en lo que concierne a Nicaragua, y sólo se refiere en pocas frases vagas a los «Chontales», designación general que se aplicaba en esa época a las tribus primitivas de la costa atlántica. Benzoni, Castañeda, Andagoya, García Palacios y Motolinía, visitaron todos personalmente Nicaragua y Honduras, pero las rudas tribus del Atlántico fueron ignoradas por ellos, al igual que por otros célebres cronistas como Gómara, Herrera y Torquemada.

Unos pocos detalles etnográficos referentes a los indígenas del río Patuca (Sumus o Paya) fueron dejados por el fraile misionero Espino, quien visitó la región desde mayo de 1667 hasta principios de 1668.[11]

El autor del primer trabajo famoso sobre los bucaneros fue A. O. Exquemelin (corrupción inglesa de Esquemelin y francesa de Oexmelin), quien arribó como aventurero a las Indias Occidentales en 1666 y visitó la Costa Mosquitia en 1671 ó 1672. En ese tiempo habíase unido a los bucaneros, entre quienes parece haber ejercido el oficio de barbero-cirujano. Con esa función acompañó a Morgan en su famoso asalto a Panamá en 1671. De ahí salió con su barco hacia el norte, a lo largo de la costa atlántica de América Central, anclando en la laguna de Bluefields, donde los bucaneros fueron atacados por indios Sumus. La embarcación ancló después en Cabo Gracias a Dios por algún tiempo. La obra de Exquemelin se publicó en danés, en Ámsterdam, en 1678. Fue traducida en Alemania (1679), España (1681), Inglaterra (1684) y Francia (1686). Numerosas ediciones han aparecido desde entonces en muchas lenguas y el libro es fundamental en prácticamente todos los relatos populares sobre los capitanes piratas del siglo XVII. Las traducciones muestran serias omisiones, adiciones y alteraciones, procurando cada traductor presentar a su respectivo país en la forma más ventajosa. Las traducciones francesas contienen adiciones especialmente de otros bucaneros franceses no mencionados en el texto original, mientras que las ediciones inglesas

---

[10] En verdad estuvo solamente entre 1528 y 1529. (N.d.T.)

[11] Ver fray Fernando Espino Relación Verdadera de la Reducción de los Indios Infieles de la Provincia de la Taguzgalpa, llamados Xicaques. Colección Cultural, Banco de América, Managua, 1977. (N. d. T.)

glorifican particularmente el saqueo de Panamá por Morgan. La obra de Exquemelin ofrece algunos interesantes relatos relativos a los Mískitos de Cabo Gracias a Dios.

El famoso navegante inglés, William Dampier, quien nació en 1652 como hijo de un granjero de Somersetshire, viajó en su juventud a las Indias Occidentales. Entre 1675 y 1678 fue un activo cortador de palo de tinte en Campeche y en 1680 se unió a los bucaneros. Años después, Dampier llegó a ser una celebridad. Tripulante de un barco pirata, visitó la laguna de Bluefields y Corn Islands, lo que le permitió ofrecernos unos pocos detalles etnográficos en relación con los aborígenes (Sumus) de ese lugar y de los Mískitos de Cabo Gracias a Dios.

La gran obra de Dampier, A New Voyage Round the World, que apareció en Londres en 1697, obtuvo un tremendo éxito y en pocos años se publicaron ediciones en inglés, francés, alemán, holandés y otros idiomas.[12]

El bucanero parisino Raveneau de Lussan, un noble de buena educación,[1] se unió a los bucaneros en Santo Domingo en 1684. Es el autor de un libro (Journal du Voyage, etc., París, 1689) sobre las hazañas de los aventureros ingleses y franceses en aguas del Pacífico, entre marzo de 1685 y diciembre de 1687. Siendo perseguidos por fuerzas españolas superiores, estos bucaneros abandonaron sus embarcaciones en el golfo de Fonseca y, buscando las cabeceras del río Coco, lo descendieron en balsas hasta los establecimientos Mískitos alrededor del Cabo Gracias a Dios.

El gran naturalista sir Hans Sloane nos ha heredado también algunos pocos detalles pertinentes a los Mískitos, a los que conoció en Jamaica. Cada vez que arribaba un nuevo gobernador, el Rey Mosco venía a Jamaica con su séquito a recibir instrucciones. Sloane tuvo así la ocasión de conocer a estos indígenas en 1688 y nuevamente en 1725.

Sin embargo, la crónica más detallada escrita en temprana época sobre los aborígenes de la Costa Mosquitia, se debe a un inglés,

---

[12] Ver John Exquemeling y William Dampier Piratas en Centroamérica, Siglo XI/III, publicado por el Fondo de Promoción Cultural del Banco de América, Managua, donde aparece un extracto del libro de Dampier Nuevo Viaje alrededor del Mundo y las referencias de Exquemeling sobre la Costa Atlántica de Nicaragua. (N.d.T.)

probablemente un antiguo pirata, quien la rubricó simplemente como «M. W.» (The Mosqueto Indian and His Golden River).[13] Obtuvo un íntimo conocimiento de los Mískitos y también ofreció algunos detalles sobre los Sumus.

Pasaron más de cien años hasta que otro esmerado observador nos heredara un nuevo relato sobre las tribus indígenas mencionadas. Se trata de Orlando W. Roberts, un activo comerciante en la costa de América Central, desde el golfo de Darién hasta la bahía de Honduras (1816-1823), quien se refirió principalmente a la tribu de los Mískitos.

Entre los años de 1839 y 1842, Thomas Young vivió alrededor del río Tinto. Fue comisionado superintendente de la British Central American Land Co., la que se proponía colonizar esa parte de la Costa Mosquitia. Young tuvo un estrecho contacto con las varias tribus indígenas, tal como eran en esos días.

En 1844, entre junio y agosto, una comisión compuesta por tres alemanes (los señores Fellechner, Müller y Hesse), exploraron la región costera de Honduras, entre Cabo Gracias a Dios y el río Patuca, para determinar la factibilidad de establecer ahí una colonia germana.

Otro alemán, Julius Fröbel, quien vióse obligado a abandonar su país como resultado de los eventos políticos de 1848, pasó algún tiempo, entre 1850 y 1851, en la región del Gran Lago de Nicaragua y en las cabeceras del río Escondido en compañía de los indios Ulwa.

Una información valiosa, pertinente a Mískitos y Sumus, procede de tres ingleses que arribaron al país al año siguiente, siendo la más importante la de Charles Bell, quien vivió en la región en su juventud, de 1846 a 1862, cuando su padre trabajaba para el gobierno del «Reino». Obtuvo un conocimiento íntimo de la parte situada al sur del río Coco.

Entre 1863 y 1868, John Collison, ingeniero civil, realizó dos viajes a la Costa Mosquitia, bajo las órdenes del comandante Pim, para medir la ruta entre el lago de Nicaragua y Punta Gorda[14] en relación con un proyectado ferrocarril. El naturalista H. A. Wicklam estuvo en Nicaragua (río Escondido y laguna de Perlas), colectando

---

[13] El indio Mosquito y su Río de Oro, incluida, así como la narración de los otros mencionados en Piratas y Aventureros en las Costas de Nicaragua, de esta Colección Cultural,Serie Cronistas N° 7,Managua,2003.(N.d.T.)

[14] Más exactamente Monkey Point. (N.d.T.)

pájaros, entre octubre de 1867 y junio de 1868. Sus anotaciones etnográficas relativas a los Ulwa son de gran interés.

Pocos años después, un ingeniero de minas, el francés Paul Lévy, visitó la Costa Mosquitia para realizar investigaciones por encargo del gobierno de Nicaragua. Entre otros modestos contribuyentes a la etnología de la Costa Mosquitia, en el siglo XIX, se encuentran los siguientes: Bovallius, zoólogo sueco (1881-1883); K. von Gersewald (1892), quien pasó seis meses en la región minera de Pispís; y Bruno Mierisch, ingeniero del gobierno de Nicaragua, quien exploró las zonas mineras entre el río Coco y el río Grande de Matagalpa en 1892 y 1893.

En 1900, el célebre viajero alemán doctor Karl Sapper, conocedor íntimo de América Central, visitó a los Mískitos y Sumus que vivían en el río Bocay y en sus alrededores. Las piezas etnográficas que colectó están en el Museo de Stuttgart. Otra colección de materiales etnográficos y arqueológicos, obtenidos por el doctor Neuhaus alrededor del río Escondido, por la misma época, se encuentra en el Museum für Völkerkunde de Berlín.

El lingüista alemán Walter Lemann también investigó a estas tribus durante sus viajes a América Central (1907-1909), pero desafortunadamente la parte etnográfica de sus estudios aún no ha sido publicada. El maestro hondureño Francisco Martínez ha colectado también interesantes datos etnológicos durante su estadía en la villa sumu de Guampú, sobre el río Patuca (1916-1917). Por desgracia, su variada contribución ha aparecido enteramente en periódicos locales y en resúmenes de difícil acceso.

Finalmente, debemos mencionar los trabajos realizados por los misioneros moravos, especialmente Heath, Grossmann, Reichel, Martín, Ziock y Sieborger. Los libros de Scheneider y Brindeau se basan casi exclusivamente en las investigaciones de estos misioneros.

Desde la guerra[15] el estudio ha sido continuado por americanos. H. J. Spinden visitó río Coco, la costa de Nicaragua en 1917-18 y la costa hondureña en 1923. El doctor A. H. Schultz, de la John Hopkins Medical School, efectuó algunos estudios antropológicos en la costa atlántica de Nicaragua, examinando a 25 indios Rama y 12 Sumus.

---

[15] El autor se refiere a la Primera Guerra Mundial. (N.d.T.)

En el mismo año (1924), D. E. Harrower, del Museum of the American Indians, de la Heye Foundation, estuvo colectando especímenes etnológicos entre Sumus, Mískitos y Rama, durante dos meses.

OBSERVACIONES GENERALES SOBRE LOS MÍSKITOS

Se estima que los Mískitos son unos 15,000 habitantes, número que excede a la suma combinada de las otras tribus indígenas de la Costa Mosquitia. Se encuentran extensamente mezclados con los Negros, razón por lo cual los españoles les han llamado «Zambos», nombre apropiado para denominar a esta población a mitad india, mitad negra.

Los Mískitos no tienen reparos en confundirse genéticamente con los extranjeros. Asimilan todas las razas. Los niños siempre hablan la lengua de la madre y son criados como Mískitos, no importando si su padre fue un Creole, Ladino, Caribe, Negro, Sumu, Rama, Paya, Norteamericano, Europeo, Sirio o Chino. Los pueblos entre Wounta y Río Hueso muestran este fenómeno a la perfección (Heath: a: 50.). En consecuencia, las tribus e indígenas puros, tales como los Sumus, Paya y Rama, están rápidamente disminuyendo en número a favor de los Mískitos, quienes debido al aporte de nueva sangre, se están conservando.

No obstante que los Mískitos han estado, desde el siglo XVII, en contacto con piratas, comerciantes y colonos ingleses, cortadores de caoba, huleros y misioneros moravos, sus costumbres no han sido cambiadas en grado sumo. Su nombre tribal apareció primero en las obras de los bucaneros. Los ingleses les llamaban generalmente «Moskite» y «Moskito», y los franceses «Moustique» y «Moustiquias».

Exquemelin (edición inglesa: 250; francesa: II, 264-265) calculó su población entre 1,500 y 1,700, incluyendo 200 esclavos negros. En esa época estaban divididos en dos subtribus, con poca relación entre sí. Una de ellas vivía en Cabo Gracias a Dios, la otra en la Moustique (¿Sandy Bay?).

Los indígenas de este último lugar acompañaban ocasionalmente a los barcos piratas, mostrando los otros menos coraje para salir al mar. Dampier, señala, sin embargo, que el grupo entero no llegaba a cien hombres (Dampier I, 7). Raveneau de Lussan (437-438), quien escribiera en la misma época, decía que los Mískitos de Cabo Gracias a Dios y del curso inferior del río Coco estaban mezclados principalmente con negros, mientras que los de Sandy Bay eran todavía indios puros.

En 1699 los Mískitos ocupaban la costa, desde el Cabo Camarón en Honduras hasta unas 57 millas al sur de Brangmans River (¿río Wawa?), donde comenzaba el territorio de los Sumus. La línea costera de su territorio se extendía por unas 285 millas y comprendía, además, dos establecimientos en el bajo curso del río Coco (M. W.: 299). De los detalles dados por este último autor se deduce que la población total de la tribu se acercaba a los 1,000.

En 1725 la población era de unos 2,000 hombres en total, gobernados por tres jefes (Lade). Bell (a: 250), quien viviera muchos años en la región, estimó la entera población indígena de ese territorio entre 10,000 y 15,000, de la cual la mitad eran Mískitos. El autor estima que esta tribu alcanza en total unos 15,000, un tercio de los cuales viven en ambas orillas del río Coco, aguas arriba hasta el río Bocay, a una distancia de 275 a 300 millas del mar. En la República de Honduras, entre los ríos Coco y Tinto, pueden encontrarse entre 3,000 y 4,000 Mískitos, que pueblan la costa y las lagunas, así como el curso inferior del Patuca. El resto de la tribu vive en Nicaragua, desde el río Coco hasta la laguna de Perlas.[16]

No obstante la amplia distribución de los Mískitos sobre tan vasto territorio, las variaciones dialécticas en su lenguaje son comparativamente insignificantes. Cinco dialectos han sido anotados por el autor (vide Conzemius, d: 59-64). Una pequeña parte de los Mískitos se han mantenido fuera de la mezcla con los negros; éstos son los llamados Tawira, «los peludos». Lehman (c: I, 105, 107, 464) trata de conectar a los antiguos Chuchures de Panamá con los Mískitos, pero esta teoría es de difícil aceptación. Se dice que los Chuchures habían arribado en canoas desde Honduras y que se asentaron en las vecindades de Nombre de Dios. Pero la población declinó rápidamente, debido a las enfermedades, hasta que finalmente se extinguió.

Muchos vocablos ingleses corruptos forman parte del idioma Mískito, mientras que términos prestados del español son mucho

---

[16] La población actual de Mískitos en Honduras y Nicaragua es de unos 70,000 habitantes aproximadamente. Nietschmann (en 1969) habla de 35,000 sólo en Nicaragua. (N.d.T.)

menos frecuentes. En ciertos lugares, especialmente aguas arriba del río Coco, una buena cantidad de palabras Sumus han sido incorporadas al lenguaje.

OBSERVACIONES GENERALES SOBRE LOS SUMUS

Tierra adentro de los dominios Mískitos, desde el río Patuca hasta el río Punta Gorda, viven los Sumus más primitivos, quienes hablan una lengua parecida; pueblan principalmente las cabeceras de los grandes ríos o sus afluentes. Debido a la costumbre de casarse entre ellos mismos y por la falta de condiciones higiénicas, están rápidamente disminuyendo en número y no está lejos el día en que desaparecerán completamente o serán absorbidos por los Mískitos. Su población total se estima entre 3,000 y 3,500 habitantes.[17]

Los Sumus se dividen en varias subtribus que hablan varios dialectos, mutuamente inteligibles. Ellas son los Twabka (Toakas), Ulwa (Ulvas), Panamaka (Panamakas), Bawibka (Bawibka) y Kukra (Cukra)[18] (vide Conzemius d: 64-73). Las tres primeras mencionadas suman unos mil cada una, los Bawihka no más de 150, mientras que los Kukra están prácticamente extintos.

Los Twahka habitan la sección norte del territorio Sumu y se les encuentra en el río Patuca (Guampú), Coco (en río Lakus y el bajo Waspuk), Wawa y Kukalaya. Los Panamaka viven en el río Coco (Bocay y alto Waspuk) y a lo largo del río Prinzapolka, mientras que los Ulwas pueblan la parte sur del territorio, desde el río Grande hasta el Punta Gorda.

Los Bawihka se limitan al río Bambana, el principal afluente del bajo Prinzapolka. Los Mískitos los llaman generalmente Sumu-Sirpi, «los pequeños Sumus», así como también, aunque equivocadamente, Twabka, aunque todos los Sumus los reconocen como Bawihka. Este nombre no es mencionado por Lehmann, el más reciente investigador de las leyendas de América Central. Los Bawihka se encontraban antes en el Wawa y en Kukalaya, pero fueron expulsados de ahí por los Twahka, obligándoles a reubicarse en el río Bambana. La gran mayoría vive en la villa de Wasakin («rocas del agua negra»).

Los Kukra ocupaban anteriormente el litoral y las riberas de las lagunas, desde el río Grande hasta el extremo sur de la laguna de

---

[17] La actual población Sumu (2004) se estima en unos 9,000 en Nicaragua y 3,000 en Honduras. (N.d.T.)

[18] Los nombres en paréntesis son del traductor.

Bluefields. Siempre rehusaron mezclarse con los Mískitos y extranjeros, aunque ocasionalmente se comunicaban con sus vecinos Ulwa para comerciar. A mediados del siglo XIX, al norte de Bluefields, capturaron a unos pocos indios, vestidos apenas con un taparrabos de tunu blanco y adornados con collares de conchas y dientes de animales. Fueron llevados a Bluefields, donde murieron poco después a consecuencia de esta incursión; el resto de los indígenas se internó hacia el río Siquia, donde aparentemente se mezclaron con sus parientes los Ulwa. En Pearl Lagoon se pueden encontrar algunos Mískitos que tienen mezcla de Kukra.

Otras tribus Sumus, actualmente desaparecidas, fueron los Yusku (Yaoscas), Prinzu, Boa, Silam y Ku (Kum). Los Yusku vivían entre los ríos Tuma y Bocay; se dice que eran muy malos y que fueron exterminados por otros Sumus en el transcurso de prolongadas guerras. Los Prinzu vivieron en el río Prinzapolka, así llamado por esta tribu. Se mezclaron con los Mískitos y sus descendientes vinieron a ser los Tuñila o Tongula (Tunglas), quienes formaron una tribu aparte; hablaban el Mískito corrupto pero retenían muchas costumbres Sumus. Los Boa vivían en las cabeceras del río Grande, mientras que los Silam y Ku habitaron a lo largo del Waspuk.

Los historiadores españoles del siglo XVI incluyeron a los Sumus bajo el término genérico de «Chondal» o «Chontales», vocablo mexicano que significa simplemente «extraño» o «extranjero», aplicado por los náhuas a cualquier tribu primitiva. En documentos posteriores, los Sumus son mencionados como «Caribes», «Chatos», «Albatuinas» (del Mískito Albawina) y por un número de otras denominaciones. En el presente, el grupo entero es conocido generalmente por las designaciones Mískitas de «Sumu» o «Smu», que han sido empleadas por Bell y por Wickham. Algunos escritores han mencionado a todo el grupo bajo los nombres de Twahka y Ulwa, los que, hablando con propiedad, deberían de restringirse a las dos subtribus mencionadas. La clasificación de Lehmann de las tribus Sumus es poco satisfactoria. En la palabra «Sumu» tenemos un nombre conveniente para el todo de estos dialectos. Al usarla nos evitamos las tristes confusiones que todavía se encuentran en literatura reciente.

Todos los varones Sumus saben el Mískito o el español (y aún ambos), dependiendo de su vecindad a los establecimientos Mískitos o ladinos. Unos pocos hablan un tanto de inglés. Las mujeres, sin embargo, difícilmente hablan otra lengua que la nativa. Muchos vocablos ingleses corruptos se han incorporado a la lengua Mískita, mientras que palabras en español no son tan frecuentes.

RELACIÓN ENTRE MÍSKITOS Y SUMUS

La relación de los Mískitos con los Sumus ha sido ya establecida por la evidencia lingüística (Lehmann, b: 714-720) y está reforzada en el estudio etnológico de las dos tribus. A este respecto, es interesante la siguiente tradición Sumu que apunta hacia un origen común. Fue registrada por el reverendo G. R. Heath, un misionero moravo que residió por muchos años en la Costa Mosquitia; relatada en 1904 directamente por un Sumu, llamado Frederick, en Alamikamba (río Prinzapolka). La tradición fue comunicada a Lehmann, quien la publicó en 1910 (b: 717-718); más tarde reproducida por Joyce (9-10) y por Alexander (185-186), y dice así:

En la colina de Kaunapa, sobre la ribera izquierda del río Patuca, a pocas millas aguas abajo de la confluencia con el río Guampú, existe una roca que muestra el signo de un cordón umbilical humano, del cual nacieron los ancestros de la tribu: el Gran Padre (Maisabana, «él, quien nos engendró») y la Gran Madre (Itwana o Itoki). Mískitos y Sumus son los descendientes de estos dos primitivos ancestros.

Los primeros en nacer fueron los Mískitos quienes, desobedientes y tercos como son hasta el presente, desestimaron los consejos de sus antepasados y escaparon hacia la costa. Luego nacieron los Twahka, que se consideran hasta la fecha como la nobleza entre los Sumus; a continuación los Yusku, que siguieron mal camino, razón por la cual fueron casi exterminados por las otras tribus que les hicieron la guerra.

Los más jóvenes, los Ulwas, siendo los favoritos de acuerdo con las costumbres indígenas, se beneficiaron con los consejos de los antepasados a tal extremo que llegaron a ser especialmente hábiles en las artes de la medicina y de los encantamientos, ganando el nombre de Boa, es decir, «encantadores».

31

Mientras tanto, los Twahka vivieron entre los montes, salvajes y desgreñados, el pelo les creció hasta la rodilla y se llenaron de piojos. Entonces el Rey Mosco envió por ellos y les capturó, obligándoles a bañarse y a regenerarse, de modo que obtuvo su sumisión y apoyo.[19]

La lengua de los Mískitos está muy emparentada con la de los Sumus y también incorpora muchas palabras extranjeras. Es muy probable que los Mískitos fueron originalmente una subtribu de los Sumus. Aquellos sufrieron muchas alteraciones en el transcurso de los siglos a través de la mezcla con negros, europeos y con otras razas indígenas. Todavía en 1875, cuando se desconocía la relación entre las lenguas de los Mískitos y Sumus, Zúñiga Echenique (209) consideraba a los Mískitos como los descendientes de esclavos fugitivos con mujeres Twahka.

Entre las varias subtribus Sumus que todavía existen, la de los Bawihkas es una de las que tienen más afinidad con los Mískitos, tanto lingüística como etnológicamente. Los Bawihkas ocuparon anteriormente la región más adyacente a la costa litoral, donde los Mískitos se encontraban al tiempo del contacto con los primeros europeos, a finales del siglo XVII. Estos hechos me inducen a creer que la tribu híbrida de los Mískitos debe su origen al entrecruzamiento de los Bawihkas con los negros esclavos que se fugaron de un barco que encalló al sur del Cabo Gracias a Dios en 1641.

TRAFICANTES DE ESCLAVOS

Traficantes de esclavos, cuyo capitán era Lourenço Gramalxo. El barco había tomado su cargamento negro mientras anclaba en la costa de Guinea e iba con destino a Brasil. A medio mar, los negros se amotinaron y se apoderaron del barco. Desconociendo las artes de navegación, dejaron que la embarcación avanzara a la deriva, impulsada por los alisios y las corrientes, que la empujaron hacia las costas de América Central, zozobrando entre los cayos Mískitos, situados un poco al sur de Cabo Gracias a Dios. Aquéllos que lograron

---

[19] Tradición recogida por el reverendo Heath y confirmada en fuentes secundarias. (N. d. T.)

alcanzar la costa fueron capturados por los indígenas y reducidos a esclavitud.

Sin embargo, se les permitió cruzarse con sus amos y sus hijos fueron criados como miembros libres de la tribu. (Vide Peralta, b: 57-58, 121; Exquemelin, edición francesa: II, 276-277; Edwards: V 210; M. W. 303, 307.)

Henderson (216) señala, sin embargo, que estos africanos procedían de Zambia, en África Occidental, y que el barco era danés. Esto lo repiten Roberts (153), Young (71-72) y De Kalb (27). El autor anterior especifica, además, que el barco en cuestión encalló en 1650 y que los africanos procedían de la Isla Zamba, en la boca del río Cassiri en Senegambia. Bell (b: 3) también considera como danés el barco y dice que encalló cerca de Dakuna, a principios del siglo XVII. Esta época, sin embargo, es incorrecta.

Por otra parte, Santaella Melgarejo, en un reporte fechado en Guatemala el 3 de abril de 1715 (Peralta, b: 78-79), señala que el referido barco era inglés y que zozobró en 1652 en los Cayos Cajones o Tiburones, al este de Cabo Gracias a Dios. Temiendo a los indígenas, los negros se quedaron al principio en los cayos al sur de los mencionados Cajones, indudablemente los cayos Mískitos, y una vez que establecieron relaciones amistosas con los nativos se asentaron en Cabo Gracias a Dios.

También se dijo que el barco en cuestión era español y que iba para Cuba (Raveneau de Lussan: 437-438; Heath, a: 51).

Nuestras fuentes de información pertinentes al origen de estos esclavos es, por tanto, insuficiente y contradictoria. De acuerdo con un escrito de fray Benito Garret y Arlové, fechado el 30 de noviembre de 1711 (Peralta, b: 57), uno de estos africanos, un viejo llamado Juan Ramón, que vivió en Granada (Nicaragua), relató que un tercio de sus paisanos fueron capturados por los indígenas y reducidos a la esclavitud.

Los otros se internaron por los montes, entablando una guerra cruda con los aborígenes, a quienes empujaron hacia el interior. En 1672, el número de estos esclavos africanos, retenidos por los Mískitos, era de unos 200; para entonces ya habían adoptado la lengua y las costumbres de los indígenas (Exquemelin, edición francesa: II, 276-277).

Como resultado de lo expuesto, los Mískitos desde Cabo Gracias a Dios hasta Sandy Bay, presentaban al final del siglo XVII una amplia mezcla de sangre africana.

En el transcurso de los años, esclavos fugitivos de las colonias inglesas y emigraciones más recientes de negros y mulatos (principalmente de las Indias Occidentales) han contribuido a la propagación del tipo africano, de modo que las actuales características negras pueden ser observadas en casi todas las villas. Sin embargo, una de las subtribus de los Mískitos, los Tawira, que viven un poco adentro de Sandy Bay al río Wawa, han rehusado mezclar su sangre con la africana. Hace sólo pocos años comenzaron a casarse y a mezclarse con los Mískitos híbridos, especialmente con los recién llegados del río Coco, de tal forma que la sangre pura del indio Mískito será pronto cosa del pasado.

No conocemos hasta dónde estos esclavos africanos influyeron sobre la lengua original de los Mískitos, puesto que tales averiguaciones significarían estudios comparativos exhaustivos con las lenguas indígenas vecinas (Sumu, Paya, Rama), con los dialectos Creoles de las Indias Occidentales y las lenguas de la costa de Guinea. La escala de vocales es exactamente la misma que la del dialecto Creole de Jamaica; algunos de los modismos corrientes se encuentran literalmente traducidos del inglés de Jamaica. (Heath, a: 51.)

Debemos también a míster Heath el conocimiento de una leyenda migratoria mískita, que le fue dada como auténtica por Eduardo Pereira, descendiente de la familia real mískita. (Heath, a: 49; Lehmann, b: 715-716; Joyce: 8-9.) El autor, sin embargo, es un poco escéptico sobre su exactitud; tal es la opinión de otros varios indígenas viejos también, a los que consulté al respecto:

En años pasados, los Mískitos eran conocidos como Kiribies, y vivían en el estrecho istmo entre el lago de Nicaragua y el océano Pacífico, territorio que ocupaban los Nicaraos a la llegada de los españoles. A finales del siglo X esta región sufrió la invasión de una tribu de inmigrantes que venían del norte (probablemente los Nicaraos) y, eventualmente, después de larga resistencia, los Mískitos fueron obligados a dejar sus viejos lares y a retraerse hacia la costa oriental del lago de Nicaragua, donde vivieron por casi un siglo. Finalmente, bajo la presión extranjera (esta vez procedente posiblemente de Sumus o de Matagalpas), tuvieron que emigrar hacia las costas del Atlántico.

En la creencia de que habían alcanzado un lugar seguro, se autonombraron como «Diskitwras-nanis», o sea, «los que no pueden ser desarraigados», vocablo que se corrompió en la palabra «Mískito».

En el tiempo de la migración hacia el Atlántico fue su líder una especie de héroe cultural, llamado Waikna, cuyo hijo, Lakyatara, «Estrella de la mañana», logró conquistar la costa entera, desde Honduras hasta Costa Rica. Cuando Waikna aún estaba vivo, se levantaron rivalidades entre los jefes Mískitos. Un grupo rebelde, encabezado por Wialandin, fue derrotado; su líder sometido a prisión y 300 de sus seguidores ejecutados.[20]

---

[20] En relación con esta leyenda, el autor anotó lo siguiente:
a) El padre del señor Pereira era mexicano; su madre, la hija de un escocés llamada Haly y de una mujer nativa que pertenecía a la familia real mískita.
b) Pereira, en realidad, niega haber dado esta versión e insiste en que es poseedor de la verdadera.
c) El nombre de Kiribíes tiene una curiosa similitud con Corobicí, nombre que daban los primeros cronistas españoles de Centroamérica a una tribu que vivió anteriormente en el noroeste de Costa Rica hasta el sur del lago de Nicaragua.
d) El nombre de Wialandin es comparable a waila, "enemigo" en lenguaje mískito.

ANTROPOLOGÍA FÍSICA: CARACTERÍSTICAS PERSONALES

GENERALIDADES

Los Sumus difieren naturalmente en muchas características físicas de losMískitos con mezcla negra, pero también hay algunas ligeras diferencias entre ellos y los Mískitos puros o Tawiras. Estos son, por lo general, bien proporcionados y de mediana estatura, mientras que los Sumus son más bien gruesos y bajos. Según Schultz (67), los Sumus del río Prinzapolka miden entre 1.427 m y 1.68 m; siendo 1.5816 m el promedio.[21]

Ambas tribus son robustas, musculosas, con proporcionados hombros anchos y pechos profundos. Los brazos los tienen muy desarrollados, en comparación con las piernas, pues ambas tribus son gente de canoas y pasan la mayor parte del tiempo agachados en pequeños botes; por tanto, no tienen bien desarrollados los músculos de las piernas, como los indígenas «civilizados» del interior.

COLOR

Los Sumus son de una complexión más clara que todas las otras tribus indígenas de esta parte de América Central, sin excluir a los llamados Mískitos puros o Tawiras.

MANCHA SACRAL

La «marca oriental» (mancha mongólica), se encuentra entre los infantes de estas tribus. Consiste en una mancha gris-azulada en la Región sacra, la que generalmente desaparece al llegar a adultos. Los indígenas no se preocupan por ella y la mayoría aún ignora su existencia.

ÍNDICE CEFÁLICO

Los Sumus son en general hiperbraquicéfalos, o sea, que tienen una cabeza muy ancha. El índice cefálico (que se obtiene dividiendo la anchura de la cabeza por su longitud y multiplicando el cociente

---

[21] Las medidas antropológicas de Schultz, citadas en este estudio, fueron tomadas de 12 Sumus del río Prinzapolka y de 25 Ramas de Rama Key, todos varones.

por cien), fue de 89.48 de acuerdo con Schultz (71-71). Este alto valor solamente es sobrepasado por pocas tribus americanas.[22] Puede ser el resultado de deformación artificial, ya que esta práctica era muy común antiguamente entre los Sumus.

ÍNDICE MORFOLÓGICO FACIAL

Los Sumus son por lo general mesoprosópicos, es decir, tienen proporcionalmente la cara angosta; Schultz (72) encontró que el índice facial era de 84.82 en esta tribu que vivía en el río Prinzapolka, mientras que entre los Rama la cifra era más alta (85.20).

NARIZ

La nariz en Mískitos y Sumus es relativamente grande, con el perfil algo aguileño, como sucede entre las razas puras de los indígenas. El índice nasal es, en promedio, muy bajo entre los Sumus, extendiéndose el rango de la variación entre 66.0 y 83.3, es decir, 73.76 como valor medio (Schultz: 74). Esta tribu es, por tanto, mesorrínica; los Ramas, por otra parte, muestran una nariz más angosta y son clasificados como leptorrinos, con índice entre 57.6 y 75.9, o sea 65.96 de promedio, cifra que es insólitamente baja tratándose de amerindios.

OREJAS

Los indígenas de la Costa Mosquitia presentan orejas relativamente estrechas; siendo el índice fisiognómico de 54.09, en promedio, entre los Sumus, mientras que el de los Rama es aún más angosto y con un promedio de sólo 52.64 (Schultz: 75).

OJOS

Los ojos grandes y brillantes son de un café tan oscuro que parecen negros a un observador casual. En ambos, Mískitos y Sumus, son horizontales, pero entre los Paya, sus vecinos del norte, tienen una inclinación mongoloide.

---

[22] Boas, citado por R. Martin (Lehrbuch der Antropologie, Jena, 1914), encontró un promedio en el índice cefálico de los indios Wichita de Oklahoma, de 89.5 para ambos sexos, y uno de 89.7 entre los indígenas varones de California.

LABIOS Y MENTÓN

Los labios son llenos, pero no gruesos, entre los Sumus y los Mískitos puros, mientras que el mentón es recesivo y muy rara vez prominente.

MANOS Y PIES

Las manos son pequeñas si se las compara con las de los blancos y negros. En la mayoría de los individuos, el dedo anular es ligeramente más largo que el índice; lo contrario casi nunca se da, aparentemente. El meñique es relativamente muy pequeño y se proyecta hacia adentro en relación con la dirección del borde ulnar de la palma, como apretado contra el cuarto dedo. La pequeñez y posición de este dedo no es un carácter racial hereditario, sino el resultado directo de la incómoda posición cuando empuñan los remos. Esta condición no es todavía aparente en las manos de los niños.

CABELLO

Todos estos indígenas presentan el cabello abundante, que les baja hasta la frente, pero les escasea en otras partes del cuerpo. El cabello es usualmente negro, áspero y muy apuntado, aunque de vez en cuando se observa largo, ligeramente ondulado, entre los indígenas puros. Pelos grises y blancos aparecen algunas veces, pero no con la frecuencia que se manifiestan entre la raza blanca. La calvicie es prácticamente desconocida. La barba es muy rala, mientras los pelos del pecho están ausentes completamente entre los indios puros.

LONGEVIDAD

No existen datos confiables en relación a la edad de los indígenas ancianos. Muy pocos entre ellos han logrado sobrepasar los sesenta o los setenta; sin embargo, el autor conoció, entre 1917 y 1922, a ciertos indígenas que tenían de 4 a 6 años cuando la gran erupción del volcán Cosigüina, en la bahía de Fonseca, en 1835. Esta catástrofe, que fue acompañada por grandes temblores, era todavía recordada por los indios como la «Gran Oscurana» (M: tibmya-tara; S: puk-sani, pukbarak)[23], cuando una copiosa lluvia de cenizas cayó sobre la costa, haciendo el sol tan invisible como si fuera de noche.

DEFORMIDADES

En tiempos pasados no se permitía a los niños deformes crecer; o los enterraban vivos o los dejaban morir de hambre. De vez en cuando se encuentran referencias sobre casos raros de deformidad. Existe poca variación entre los indígenas en cuanto al desarrollo físico y mental, ya que solamente al fuerte y al sano se les dejaba crecer y reproducirse. Aunque al niño deforme se le permitiera crecer, no le sería fácil encontrar pareja y moría sin dejar descendencia. En los países civilizados las deformidades genéticas se propagan, ya que los afectados siempre encuentran alguien con quien casarse, si tienen suerte.

Si un indígena presenta un miembro deformado, ya sea como un rasgo innato o como resultado de un accidente, tratará de ocultarlo hasta donde sea posible de la vista de la otra gente, pues tal condición se considera como una gran desgracia. Sería un insulto pedirle que lo muestre, e incluso referirse a él. En caso de disputa entre ellos, cada quien trata de mofarse de las debilidades que en su apariencia personal muestra el adversario.[24]

---

[23] Las abreviaturas de los nombres de las tribus que aparecen en el presente estudio son laS siguientes: M=Mikito; S=Sumu; T=Twakka; P=Panamakay U=UIwa.

24 En la villa de Sansan, río Coco, el autor conoció a un Mískito que había perdido varios dedos de la mano en un accidente en las minas de oro de Pispis. Desde entonces cubre su mano con vendas. En la misma villa un muchacho que había perdido varios dedos del pie, ocultaba su tragedia usando un solo zapato.

VESTUARIO

HOMBRES

El taparrabos (M: palpura;[25] T y P: wah; U: ani), era antiguamente la única pieza de vestuario que usaban los hombres en ocasiones ordinarias. Consiste en una alargada y estrecha banda hecha de corteza de árbol, de 8 a 9 pies de longitud y de 12 a 15 pulgadas de anchura, que da varias vueltas sobre las caderas, mientras los extremos cuelgan por adelante y detrás. Algunas veces era fabricado de algodón, ornamentado de varios colores. Actualmente el taparrabos ha desaparecido prácticamente entre los Mískitos, siendo apenas usado por los muchachos, pero todavía es artículo de uso entre los Sumus adultos.[26]

En el presente, todos los varones de ambas tribus llevan por fuera una camisa suelta de algodón (M: prak; S: parak, del inglés «frock») y pantalones (M: trausis, derivado del inglés; T y P: kal-anin; U: kalson, del español «calzón»). Confeccionan la ropa con tela importada o la obtienen ya acabada en el comercio. Antiguamente los Sumus usaban una especie de camiseta o poncho, que consistía en una tela de corteza, con un hueco en el centro para meter la cabeza, que se ataba con fibras debajo de cada brazo. Esta primitiva prenda de vestir se llamaba Kablau o Kablo en Sumu; su nombre Mískito es desconocido. Cuando un indígena siente venir la lluvia, en la montaña, se quita la camisa y cubre su torso con grandes hojas de Heliconia o Musa para no mojarse.[27]

MUJERES

La única prenda usada antiguamente por las mujeres de ambas tribus era una envoltura (M: kwaluntara; T: ipnapan; P: ipnapani, asnapani; amat-pani; U: asna-pabka), pedazo de tela de 2.5 a 3 yardas de largo, enrollada en torno a sus caderas y que se extiende desde la cintura, donde se asegura anudando un extremo, hasta las rodillas. En la actualidad se confecciona de tela importada, de brillantes colores,

---

[25] El nombre es mencionado en 1699 bajo la forma de purproy (M.W.307,308).
26 En el presente, Sumus y Mískitos visten igual, a la usanza occidental. (N.d.T.)
27 Helicomia o platanillo; Musa o chagüite. (N.d.T)

pero en otros tiempos se usó la corteza del tunu común[28] con el mismo propósito. De la cintura para arriba el torso venía completamente descubierto, pero hoy usan una especie de blusa de algodón sin mangas, muy abierta, y que se conoce con el nombre inglés de prak (igual que «frock») entre los Mískitos; los Sumus la llaman Kablau (T y P) o Kablo (U). Las niñas usan una especie de taparrabos como el de los muchachos, pero ancho en los extremos y más bien parecen delantales que cubren atrás y adelante. Esta prenda se llama nika entre los Mískitos y Tatai entre los Sumus.

VESTIMENTA DE LOS JEFES

Las personas de rango usan, además del taparrabo, una túnica de algodón sin mangas (M: Wipal;[29] S: Kindura), que cuelga hasta las rodillas, bellamente bordada con las plúmulas del pato real y teñida con tinturas vegetales. Un cinturón o cordón (M: yalasawa; S: bamaksitna), del mismo material, se ata alrededor de la cintura, ciñendo esta clase de manto, que es de unos 6 pies de largo por 6 pulgadas de ancho.

VESTIDOS FESTIVOS DE LOS MÍSKITOS

M. W. (308) nos ofrece una descripción del vestido de gala que los Mískitos usaban en días de fiesta. Además de taparrabos, los hombres llevaban tiras de algodón, con brillantes plumas de color atadas a la muñeca, así como arriba y abajo de la rodilla. El cuerpo, o al menos la cara, venía pintada con carbón de pino, resaltado con un «barniz» de trementina. Sobre el pecho ostentaban una delgada placa hecha de una moneda española maleable, que sustituyó a los pectorales de oro que se encontraban en esta costa, así como en Panamá y Costa Rica, en tiempos de Colón. Entre los hombros se suspendía un tubo, hecho de peroné, taponado de plumas, mientras de las orejas pendían conchas de mar. Una varilla de hueso, o de caña, perforaba el tabique de la nariz; un anzuelo de tortuga, inserto en una

---

28 Tunu es el árbol Poulsenia armata de la familia del níspero Acbras sapota, y del caucho Castillo a elástica. (N.d.T.)

29 Compare la analogía con la palabra «huipil》 de origen mexicano-español.

perforación del labio inferior, permitía la suspensión de un pendiente de latón o de concha.

En la actualidad, los Mískitos visten en los días festivos las viejas levitas que han obtenido de los residentes foráneos. Corbatas de brillantes colores se usan a veces sin collar, caídas sobre el saco. Los calcetines, que no usan en días corrientes, se estiran sobre los pantalones como polainas. Los pañuelos de colores chillantes (anksar) son ostentados igualmente.

VESTIDOS FESTIVOS DE LOS SUMUS

En los días de fiesta, los actuales Sumus se pintan todo el cuerpo de rojo y negro, a tal extremo que es imposible que se reconozcan entre sí. En tales ocasiones, la única prenda consiste en el taparrabos y el tocado (sira); este último está hecho de trozos cortados de una especie de bambú conocido localmente por los Mískitos como bratara, una vez pelada la corteza. Las diferentes piezas se pintan y se atan juntas mediante una tira negra de algodón y la cofia así formada se ornamenta con plumas coloridas de ciertas aves como loras, lapas, tucanes o con las rizadas plumas del pavón. De este tocado cuelga una pieza de tunu blanco o la tela de cierta corteza llamada pakna, pintada en varios diseños, que cae sobre la espalda hasta la cadera. Alrededor del cuello, muñecas y tobillos vienen atados collares con abalorios en diversos diseños y en torno del antebrazo usan una liga de algodón, a la cual atan pequeñas plumas.

SOMBRERO

Muchos indígenas compran sombreros, al que nombran sumruru o sumuro (del español «sombrero») y también trabat o tarabat (del inglés straw hat). Lo usan poco para sus ocupaciones diarias y más bien constituye un artículo ornamental. Para las mujeres, el sombrero es desconocido; tampoco usan ninguna clase de prenda sobre la cabeza.

CALZADO

Las sandalias no se conocen en la región y solamente las usan los Paya. Los Mískitos fabrican de vez en cuando mocasines y compran zapatos en las tiendas locales, pero no existen nombres nativos para estos artículos. Las mujeres no usan ningún tipo de calzado del todo, salvo en las comunidades más avanzadas.

PUDOR

El sentimiento de pudor es algo natural entre esta gente. Pocos se someterían a un examen médico y, a ese respecto, existe escaso número de indígenas trabajando en las minas de Pispís, donde cada aplicante está obligado a someterse a dicho examen.

SASTRERÍA

Antiguamente, toda la vestimenta era de algodón o de corteza de árbol. Raveneau de Lussan (439) señala, sin embargo, que los Mískitos también confeccionaban ropas y colchas a partir de un material gris que obtenían de una palmera bastarda (¿palma de col?). La ropa (M: kwala; S: asna), es cosida por ellos usando telas de algodón importadas. Máquinas de coser manuales se pueden encontrar en muchas chozas. Las agujas (M: silak; T y P: silip; U: akusa, del español «aguja») las compran en las tiendas locales. La lavandería está, sin embargo, en manos de las mujeres, quienes aporrean la ropa en las riberas del río con mazos de madera (tamtam); las hojas y frutos de un arbusto (Sapindus saponaria,[29] M y S: sniwawa) son utilizados como detergentes.

---

[29] Llamado popularmente «jaboncillo». (N.d.T.)

ORNAMENTACIÓN Y DECORACIÓN DEL CUERPO

EMBIJE

La pintura negra y roja es todavía aplicada para ornamentar el cuerpo, pero más frecuentemente para proteger la piel del piquete de ciertos insectos, de los rayos solares y aún del frío. Quizá esta operación era originalmente practicada para asustar a los enemigos en las batallas, cuando el cuerpo se pintaba en forma espeluznante, al momento de organizarse las expediciones armadas. La pintura reemplazaba en cierta manera a la vestimenta indígena. El color negro es utilizado por los hombres y el rojo por las mujeres, tal como era la costumbre entre los Mískitos en la última mitad del siglo XVII (Exquemelin, edición inglesa: 252).

El pigmento rojo, que puede variar de amarillo a café, se obtiene de las semillas de un pequeño árbol o arbusto, llamado anatto (arnotto), «faraoh» en las colonias británicas de América tropical, y «achote» o «achiote» entre los españoles. Los holandeses en Surinam lo llaman «orlean», mientras que los franceses le conocen como «rocou», que deriva de ruku o uruku, usado por ciertas tribus indígenas del Brasil y de las Guayanas. Su nombre científico es Bixa orellana L.; la palabra Bixa procede de un antiguo dialecto de Haití.

Se cogen las semillas tan pronto como las cápsulas se abren y se ponen a cocer para removerles la testa, substancia cerosa que las envuelve. El material rojizo se pasa por un colador y luego se coagula añadiéndole las hojas del árbol tiswat o las semillas de «ojo de buey» (Mucuna sp.; M: kwakwa, S: wabala).

Se guarda en pequeñas jícaras o en botellas, que se cuelgan de las vigas de la choza. Antes de usar el pigmento se le diluye con aceites vegetales nativos y las mujeres lo aplican con la ayuda de pequeñas astillas (M: aulala-dusa; S: awalpanan) sobre la nariz, las mejillas, el mentón y la frente; dibujan líneas, puntos y rayas, formando a veces diseños geométricos. Esta manera de untarse el pigmento no tiene nada de horrendo; las piernas se pintan de vez en cuando, imitando el color del vestido.

El color negro está reservado para los hombres. Los Sumus lo obtienen principalmente de las resinas derretidas de ciertos árboles, como el hule (Castilloa sp.), el cortés o auka (Tecoma sp.) o el «tunu», mientras que los Mískitos usan el hollín del pino (M: alami; S: dam), sobre el que aplican un «barniz» de trementina (M: awas-maka; S: awas-ya). Esta costumbre era ya practicada a finales del siglo XVII (M.W.: 308). Los hombres se embadurnan todas las partes desnudas del cuerpo y nunca usan los diseños bonitos que las mujeres logran con el tinte de achiote.[30]

Algunas veces se usa el barro como pigmento. En tiempos antiguos era trabajo de la mujer embijar y ungir al marido cada mañana, antes que éste saliese a cazar. Actualmente, cada quien se pinta y decora a su antojo y en cada hogar se encuentran espejitos para ese propósito. Estos se conocen por su nombre inglés entre los Mískitos, pero los Sumus los llaman waya-tal, es decir, «para ver el semejante».

TATUAJE

El embellecimiento de la figura con el tatuaje (M: eami, S: tin-pana, rami) es todavía común en ambas tribus. Las incisiones cutáneas se hacían anteriormente con las espinas de ciertas plantas bromeliáceas, cuchillos de pedernal, garras de guardatinaja o dientes de pescado; se restregaba hollín de pino en la herida. En el presente, las incisiones son con agujas de acero, sobre las que se aplica pólvora. Los colorantes duran toda la vida. La cara, brazos y pecho son las partes del cuerpo tatuadas preferentemente. Los diseños representan, por lo general, figuras geométricas, muy parecidos a los grabados de las jícaras y a las pictografías en las rocas de los ríos. En tiempos de Colón (1502), una cierta tribu que vivía en la costa de Honduras, al oeste de Cabo Gracias a Dios, presentaba en brazos y cuerpos «figuras forjadas con fuego», representando jaguares, pumas y templos. Pim y Seemann también afirman que el tatuaje por cauterización lo practicaban los Sumus del río Escondido.

COLLARES

Los collares (M: nana-wilkaya, T y P: ditmak-sitnin; U: dakat-sitnaka) que antiguamente se usaban eran de cuentas de conchas,

---

[30] De acuerdo con Bell (b:158) los varones Sumus del curso superior del Prinzapolca se pintaban la cara con rayas y rombos negros y rojos.

cuarzo, diorita, huesos de pescado y de tortuga, pequeñas vértebras, caracoles, dientes de animales y semillas de ciertas plantas. Se desconoce, sin embargo, cómo perforaban estos artículos sin la ayuda de implementos europeos. Los Sumus también lucían las uñas y los dientes de sus infortunadas víctimas (M.W.: 305). Las semillas de «las lágrimas de San Pedro» (Coix lacryma-jobi L.; M: twi ma; S: am minik, am mak) todavía se utilizan a este respecto.

En los tiempos actuales, dichos collares se elaboran con pequeñas cuentas de vidrio coloreadas (M: lilyura; T y P: ala; U: tasanka) de manufactura extranjera. Otros ornamentos con abalorios también son usados por ambos sexos en torno a la muñeca, tobillos y debajo de la rodilla. En ocasiones festivas, los hombres adornan sus sombreros con una ristra de abalorios. Las mujeres Sumus muy rara vez usan cuentas elaboradas con esmero, como lo hacen los varones, pero se colocan alrededor del cuello toda chuchería que encuentran en el comercio, atándola en sus nucas. Algunas veces se recargan tanto de esa bisutería como para incomodarlas en sus ocupaciones rutinarias.

PLUMERÍA

Las plumas de ciertos pájaros vistosos como loras, lapas, tucanes, pavones, etc., sirven como ornamento, atándolas a un cordón o a un delgado bejuco con la ayuda de hilo de algodón o fibra de pita. Tales ornamentos son comparativamente raros en la actualidad; se miran especialmente en las festividades mortuorias. El arte del «tapiraje» (palabra originaria de las Guayanas), o método artificial para teñir en amarillo y rojo las plumas de loras y de otros pájaros, tal como todavía se hace en América del Sur, parece ser un proceso conocido por los Sumus desde tiempos anteriores. Con este propósito utilizan la secreción de la piel de una ranita verde-azulada muy común (Dendrobates tinctorius), de rayas negras y manchas sobre todo el cuerpo, incluyendo las patas; la secreción es restregada en la piel de las loras, haciendo brotar nuevas plumas que en lugar de verdes tiran a rojo-amarillento.

PLACAS PECTORALES

M.W. (308) menciona una placa delgada que usan los Mískitos en sus festividades. La hacen de una moneda española que aplanan a base de golpes. También Colón cita dichos ornamentos de oro, que se usaban en la Costa Atlántica de Costa Rica y Panamá en 1502.

NARIGUERAS Y ORNAMENTOS LABIALES

Antiguamente se perforaba el septo nasal para insertar en él un hueso o carrizo, adorno que ha desaparecido totalmente en el presente. Dampier (II, 32), describe e ilustra un cono curioso, o adorno acampanado, hecho de concha de tortuga, que usaban colgando del labio los varones Kukra de Corn Islands. En su temprana edad, el labio de los muchachos era traspasado y perforado, manteniendo el agujero abierto con el auxilio de pequeñas clavijas. Cuando alcanzaban los 14 ó 15 años (posiblemente en la pubertad), el muchacho se insertaba en el agujero un adorno de concha de tortuga, que colgaba hasta el mentón; lo usaban por todo el día, pero se lo quitaban en la noche. A finales del siglo XVII, los Mískitos lucían en la barbilla un pendiente de latón o de concha, sostenido por un anzuelo de caparazón de tortuga insertado en el labio inferior (M.W.: 308).

OREJERAS

Antiguamente también se hacían perforaciones en los lóbulos de cada oreja, entre ambos sexos, para insertar tarugos (ver la parte sobre Deformación del Cuerpo) y pendientes que eran lucidos en los días festivos. En el presente son comunes los aretes platinados (M: Kyama-lula, Kyama-dusa, kul-dusa, baprin; S: tapana) y los anillos para los dedos (M: mat-dinka, mibta-dinka; S: tinana). Estos artículos los compran a los comerciantes foráneos o a los joyeros ladinos que viajan por la región.

ARREGLO DEL CABELLO

Los hombres usan el cabello corto, aunque ocasionalmente los Mískitos viejos se dejan un moño de pelo detrás de la coronilla. A mediados del siglo XIX, los varones Sumus usaban cabello largo atado con una cola (Bell, b: 158; Collinson, b: 149-150), pero ahora lo cortan ralo y en línea recta, apenas encima de las cejas y para atrás hasta las sienes. Las mujeres de ambas tribus se cortan el pelo justo sobre los párpados, previniendo que caiga sobre la cara, pero a los lados y hacia atrás cae suelto libremente. Al morir un pariente se acortan el cabello y lo depositan en la tumba con el desaparecido, práctica que antiguamente era muy común entre los maridos a la muerte de sus esposas.

En el asentamiento de Cariay, que probablemente estaba en Costa Rica y no en la Costa Mosquitia, como se cree, las mujeres usaban el cabello corto, en 1502. Los hombres, en cambio, se lo dejaban crecer manteniendo la pava recortada y el resto del cabello largo, atado con cintas en torno a la cabeza, formando moño y trenzas.

Ambos sexos dedican mucha atención al cuidado del cabello y lo untan frecuentemente para suavizarlo y peinarlo. El aceite favorito, que los Mískitos llaman batana, se saca de la semilla de la palma africana (Elaeis melanococa).

Los Sumus también extraen aceite de la semilla de varios otros árboles, como el de saba (Guarea caoba o Carapa guianense), el "ebo" (Coumarouna oleifera), el «yari» y la palmerita de huiscoyol (Bactris borrida Oerst.)[32]; también compran batana de sus vecinos. En el presente, esos aceites para el cabello se mezclan con tónicos, perfumes y vaselinas extranjeras; pero en épocas pasadas, los indígenas ocupaban rizomas aromáticos o las frutas de ciertas plantas nativas. Flores y cintas se amarran o insertan en el cabello de las mujeres.

Un peine primitivo, crudo, lo fabricaban anteriormente atando una gavilla de palitos que convergían hacia cada extremo, pero en el presente sólo se ven peines extranjeros. Estos son llamados por los Mískitos por su nombre inglés Kum («comb»), mientras los Sumus usan el nombre nativo (T: bas-kus; P y U: bas-kabna). Exquemelin (edición francesa, II, 268-269) señala que la mujer Mískita solía peinar a su marido cada mañana, antes que éste saliera a cazar o a pescar.

DEPILACIÓN

Aunque los indígenas se sienten orgullosos del desarrollo abundante del cabello, no permitían, antiguamente, otro pelo en la cabeza salvo pestañas y párpados. No toleraban el crecimiento de la barba, jalándose los pelos con la ayuda de dos pequeños palillos que los mordían y arrancaban. Una delgada varita, parcialmente hendida, también era utilizada para este propósito. Restregando la piel con cierta ceniza, inhibían el desarrollo capilar, aunque ahora se ven barbas escasas y alguno que otro bigote.

DEFORMACIÓN DEL CUERPO

CABEZA

La deformación de la cabeza (M: Lal tanta daukaya; T y P: tun labanin; U: tun labanaka) era practicada hasta hace poco tiempo por las tribus Sumus, a excepción de los Bawihka. Colocaban al infante en una especie de cuna (M: Kubsan; T: pala; P y U: lim), suspendida por mecates amarrados al techo, para poderla columpiar como una hamaca. Una pieza de madera o de caña de bratara doblada al extremo de la cuna era entablillada firmemente a la corona de la cabeza del niño, amortiguándola con una gruesa capa de algodón para evitarle daño. Se mantenía al infante sentado y amarrado a la cuna, en forma tal que no podía mover la cabeza del todo. De vez en cuando se soltaban las amarras y los sostenes de la cabeza, dándole al chico un poco de libertad de movimiento. La madre amamantaba al bebé sin desatarlo de su incómoda posición. El propósito era aplanar la parte superior de la cabeza, pues se consideraba que una cabeza de forma regular era algo verdaderamente feo. Algunos indígenas me decían que no les gustaba tener cabeza redonda como el mono. Grossmann (B:4) señala, sin embargo, que el aplastamiento de la cabeza obedecía a la necesidad de adaptarla a los gorros anchos y chatos que se usaban en los días festivos. Como los Sumus lucen el corte de pelo cuadrado, que cae hasta las cejas, el aplanamiento peculiar de la cabeza suele pasar inadvertido a un observador casual.

En la actualidad dicha práctica ha sido totalmente abandonada y las cunas reemplazadas por hamacas. El primero en mencionar la deformación cefálica de los Sumus fue M. W. (304, 305, 307). Una descripción corta sobre esta costumbre ha sido hecha por Collinson (B: 149-150), sobre los Ulwa del río Escondido. Los Mískitos insisten que nunca han practicado la deformación de la cabeza y se mofan de los Sumus llamándolos Lal-tanta, «los cabeza-plana», que corresponde al apodo español de «Chatos», que se lee en viejos documentos. Uno de los primeros escritores refiere, sin embargo, saber observado la costumbre entre los Mískitos de Sandy Bay en 1709;[31] es probable que se estuviese refiriendo a esclavos Sumus.

DENTADURA

Antiguamente los Sumus solían limarse o astillarse los dientes hasta dejarlos agudos; era un proceso muy laborioso y se ejecutaba colocando un cuchillo romo por detrás de los dientes, mientras que con un implemento de piedra se les golpeaba de frente.

OREJAS

De acuerdo con el testimonio de Colón, en 1502, ciertas tribus costeras que vivían al oeste del Cabo Gracias a Dios (si Mískitos o Paya, no se sabe), distendían sus orejas a tal extremo «que se podía poner un huevo de gallina dentro». Esta observación vino a confirmarla Exquemelin (edición española: 185; inglesa: 102; francesa: I, 294-295) dos siglos después, quien sostuvo que los indios del río Xagua (Aguán), sobre la costa de Honduras, eran llamados «orejones» por los bucaneros, debido a sus extraordinarias y grandes orejas. Dampier (I, 32), también menciona una curiosa manera de deformación de las orejas, común entre los Kukra de Corn Islands, en la segunda parte del siglo XVII. Ambos sexos en estas islas presentaban sus lóbulos perforados durante la niñez; «por el continuo alargamiento con grandes cuñas, el agujero llegaba a ser del tamaño de una pieza acordonada de cinco chelines». Usaban para esto piezas pulidas de madera «así que las orejas parecían todas de madera con un poquito de piel en torno».

PIERNAS

Desde temprana edad, las mujeres Sumus ataban una liga de algodón apretadamente arriba del tobillo y otra debajo de la rodilla. Las bandas se removían sólo para reemplazarlas inmediatamente por otras. Como consecuencia de esta práctica, las partes de la pierna así contreñidas eran muy delgadas, ligeramente más gruesas que el

---

[31] «Estos monstruos de las cabezas chatas tienen la costumbre de entablillarles a las criaturas cuando nacen, y, en creciendo, les falta la facción de la frente, sin distancia alguna del pelo de la cabeza a los de las cejas, que les hace imponderablemente horribles.» (Alcedo y Herrera: p. XVIII).

propio hueso, mientras los músculos de las pantorrillas se hinchaban hasta un grado anormal. Esta costumbre, que ya había sido observada por Dampier (I, 32), entre los Kukra de Corn Island, en la segunda mitad del siglo XVII, es también seguida en el presente por muchas tribus caribes de América del Sur. Ligas similares usan ocasionalmente las mujeres en la muñeca y debajo del codo, pero únicamente con propósito de ornamentación.

OTRAS COSTUMBRES

Se dice que la circuncisión era practicada anteriormente por algunas tribus Sumus, pero el autor no logró recabar más información detallada al respecto. Hasta hace relativamente poco tiempo, se sajaban también los Sumus en la cara.

HABITACIONES

VILLAS

Las villas (M: tauan, del inglés town; S: asan) se construyen por lo general junto al agua, ya sea el mar, las lagunas o los ríos, que constituyen los principales medios de comunicación. Los Mískitos del bajo río Coco y de ciertas partes del litoral nicaragüense, tienen grandes villas, de 100 hasta 500 habitantes, pero los establecimientos Sumus consisten únicamente de dos a seis chozas, con una población de 6 a 25 habitantes. Para prevenir el peligro de las inundaciones estas villas se ubican a menudo en las riberas más altas de los ríos.[32]

Antes de comenzar a construir una casa, los indígenas cortan el monte y despejan el terreno alrededor del sitio. Los árboles grandes, que pueden hacer peligrar la casa en caso de tormenta, son talados. Las basuras se lanzan al agua; cerdos, perros y zopilotes actúan como carroñeros hasta cierto punto. Fabrican escobas toscas de varios arbustos o de las hojas, en forma de abanico, de algunas especies de palmas acanthorbiza.

TIPO DE CASAS

Ambas tribus construyen sus habitaciones en forma rectangular (M: utla; S: o, u), generalmente redondeadas en los lados cortos, formando un semicírculo; en años recientes la forma oblonga regular se ha vuelto más común. También se encuentran, entre los Mískitos de Honduras, los tipos elípticos y circular.

MATERIALES DE CONSTRUCCIÓN

No se han descubierto ruinas de casas de piedra en la región. Las habitaciones de estas tribus primitivas se construyen de materiales perecederos. Consisten en cuatro postes de madera dura (M: playa; S: kal, rabmi), sobre los que se apoya un techo muy encumbrado y bien revestido de hojas de palma (M: babna; S: tun), donde los aleros bajan

---

[32] A principios de 1982, todas las villas mískitas a lo largo del curso bajo del río Coco fueron desmanteladas y su población trasladada al interior de Nicaragua, fundando nuevos establecimientos al oriente de Rosita. La medida fue tomada en vista de las confrontaciones armadas entre «contras» y «compas». Al terminar el conflicto, han vuelto a ser habitadas. (N. d. T.)

hasta unos 4 pies sobre el suelo, de modo que uno tiene que agacharse para poder ingresar a ellas.

En las chozas más primitivas de los Sumus había también uno o más postes centrales (M: masa; S: tun rabm), generalmente bien tallados. Los postes son por lo común de palo hacha o comenegro (Dialium sp.), níspero (Sapota zapotilla, Coville) o cortés (Tecoma chrysantha D.C.). Varios tipos de palmas como corozo (Attalea cohune), la esconfra, cola de gallo o suita (Calyptrogyne sarapiquensis) y la caña danta (Geonoma sp.), suministran hojas para techar. Este trabajo se hace muy cuidadosamente y un techo bien construido dura entre 6 y 10 años, sin necesidad de reparación. En la erección de la choza no se requieren clavos, pues las varias partes son aseguradas con fuertes bejucos.

TABANCO

La mayoría de las chozas están provistas de cierta clase de desván, o de rudo ático, inmediatamente debajo del techo. Se le llama tint, en ambas tribus, vocablo que quizá provenga del inglés tent. Está formado por un tinglado de cañas hendidas de bambú, dispuestas entre las vigas y levantado unos 7 pies sobre el piso. Se sube por medio de una escalera (M: mina-manka, yaman-manka; S: kalana), que consiste en un tronco de árbol con muescas. En el tabanco se almacena comida, pero también se utiliza como dormitorio.

FOGÓN

Se prepara el fuego sobre el piso de barro plano, ligeramente levantado para evitar la humedad. El fogón (M: pauta-wibta; T: kub-nanan; P: kob-pani; U: kub-suruka) lo constituyen tres rajas de leña colocadas como formando una «Y», pero sin tocarse; en cuyo centro queda un espacio libre para el fuego. Estos leños (M: pauta yunk; S: kub-karan, kob-suru) sirven de apoyo a los trastos de cocinar. En la medida que los extremos de estos leños se van quemando, son empujados hacia adentro periódicamente. No existe chimenea en las chozas indígenas; el humo (M: kyasma; S: wayao) escapa libremente a través del techo, que en consecuencia ofrece un color café oscuro. Este arreglo tiene la ventaja de ahuyentar a los mosquitos.

CHOZAS MODERNAS

En los lugares donde los indígenas han tenido mucho contacto con los extranjeros se nota una mejoría en sus casas, con la adición de paredes laterales y la presencia de un piso de bambú o de tablas. Este último se levanta unos tres pies sobre el terreno. El fogón en este caso ha sido trasladado a un bajareque anexo. En algunos sitios, cerca de la costa, todas las habitaciones se erigen sobre pilares, puesto que el terreno se inunda la mayor parte del tiempo durante la estación lluviosa.

En el interior, las paredes laterales (M: utla klar; T: udakana; P y U: o itikna) consisten en un tejido o cortina de varitas de bambú. Los Mískitos que viven junto al mar usan el tronco de palma papta o el pecíolo de la palmera siliko, puestas verticalmente para formar una empalizada interna, que rara vez llega hasta el techo; la sostienen con varas horizontales a las que está flojamente atada. Los Mískitos costeros también emplean una curiosa mampara hecha del tronco hendido de la palma papta para los lados de la casa. Pueden encontrarse ocasionalmente paredes de barro como una innovación debida a los Ladinos o los Garifes.

El ganado y los cerdos se mantienen fuera, insertando algunas varas atravesadas en la puerta (M: utla-bila; S: u-pas, o-pas) o, en el caso de cobertizos abiertos, construyendo un cerco rudimentario alrededor. En las chozas más modernas existen también una puerta y varias ventanas enmarcadas por varillas de bambú u otro material parecido.

Las habitaciones indígenas del presente están divididas por lo general en dos aposentos de desigual tamaño; el más grande sirve de sala y cocina, mientras que el pequeño se emplea como dormitorio.

CASAS COMUNALES

Antiguamente estas tribus usaban grandes casas comunales o multifamiliares (palenques), pero en la actualidad sólo se encuentran las de tipo familiar, que pueden estar ocupadas, sin embargo, por uno o dos hijos casados con sus respectivas familias. Las casas comunales de viejo estilo se dividían en tantos compartimientos como familias las habitaban. Gersewald (22) nos da una descripción somera de una habitación sumu en el río Waspuk: medía 80 pies de largo por 40 de ancho y estaba ocupada por una docena de familias. Casas multifamiliares más pequeñas parecen haber sido utilizadas también por los Mískitos. M.W. (301) señala que Sandy Bay, la más importante villa en aquella época (1699), consistía en doce casas dispersas donde se acomodaban 400 habitantes. Antiguamente, cuando las tribus indígenas estaban en guerra, este arreglo facilitaba la defensa de sus villas.

CAMAS Y MESAS

La cama indígena primitiva, la cual ha desaparecido prácticamente, consistía sencillamente en una alfombra hecha de cortezas de árbol, hojas de bijagua y cueros de venado, dispuesta sobre el suelo. Se conoce entre los Mískitos con el nombre de publak taya, «corteza de árbol de balsa», mientras los Sumus la llaman takal (T y P) y lim (U).

Un tapesco de cañas partidas de bambú sirve en la actualidad indiscriminadamente como cama o mesa. Dichas estructuras (M: krikri; S: kirikir) se levantan unos tres pies sobre el suelo, apoyadas en cuatro robustos postes. En lugar del bambú, el tapesco puede llevar una base de cañas silvestres; capas de cortezas de árboles machacadas suelen servir de colchones y como cobijas (M: nina-pala, munta-pala; T y P: danrina; U: dan-paknak); los Mískitos en Honduras también usan colchones (tnasi), hechos con un junco que crece en sitios pantanosos y en lagunas. Las almohadas (M: tilar, vocablo corrupto tomado del inglés; S: tunana), están rellenadas con algodón o con las pelusas que envuelven semillas de ceiba o de balsa.

Los Mískitos, que viven en la desembocadura del río Patuca, rebanan la parte superior del tallo de una pequeña palmera que llaman palmetto, que crece en la vecindad, y usan las delgadas hojuelas para henchir almohadas y colchones.

Los mosquiteros, llamados pábulo en ambas tribus, se fabrican con telas de bramante de manufactura extranjera, dispuestos de modo tal que cada uno forma prácticamente un compartimiento separado.

HAMACAS

Cuando las hamacas (M: silmika; S: wab) se tienden en la choza casi nunca las utilizan de noche; en tal caso se reservan para jóvenes solteros. Son, sin embargo, cargadas durante viajes largos. En el día los hombres haraganean largo tiempo en las hamacas, pero las mujeres rara vez las usan. Se hacen de algodón, cortezas de árbol o fibras de bromelias.

CUNAS

En el pasado, las cunas (M: kubsan; T y P: pala; U: lim) eran usadas por los Sumus en conexión con el hábito de aplanar las cabezas de los bebés (ver la parte sobre «Deformación del cuerpo»). Desde que se descontinuó esta práctica, el empleo de cunas ha desaparecido también y pequeñas hamacas se usan hoy para los niños. Las garras secas de cangrejos y otros objetos se ataban a las cunas para producir un extraño rechinar en cada movimiento.

ASIENTOS

Bajos banquillos de madera (M: sulati; T y P: sini; U: panba), de tres o cuatro patas y de superficie plana o cóncava, tajados de bloques sólidos de madera, son utilizados por las mujeres, a menos que prefieran sentarse directamente en el piso. Suelen ser cuadrados u oblongos y sugieren los metates de piedra que se encuentran en sitios antiguos. Su tamaño comprende desde formas diminutas, que los niños usan como juguetes, a bancos mayores de tres pies de longitud.

Cuando un extraño entra a una choza indígena le es ofrecido de inmediato uno de estos asientos o una hamaca. El ropero, o guardarropas de madera, así como baúles del mismo material, se conocen con sus nombres ingleses y se utilizan para almacenar ropa y guardar valores. Pueden ser de manufactura extranjera o se fabrican localmente de cedro español (Cedrela sp.).

ILUMINACIÓN

Se utilizan antorchas de pino para iluminar. En las regiones donde esta especie (Pinus tenuifolia) está ausente o es escasa, los indígenas hacen unas candelas rústicas embadurnando una tira de algodón con cera de abejas, o con las resinas de ciertos árboles como el hule (Castilla sp) y el guapinol (Hymenaea courbaril L.). Pequeños cestos llenos de grandes luciérnagas tropicales son usados ocasionalmente por los niños a manera de linternas.

VARIOS

Los productos de la huerta se depositan generalmente en el suelo o se colocan en el tabanco, encima de las mesas. Pequeñas repisas se suspenden del envarillado para mantener la comida cocinada, carnes o frutas, fuera del alcance de los insectos rastreadores y trepadores que infestan las habitaciones.

Debajo del techo se ven varios implementos para pesca y cacería, ensartados entre el tramado o colgados sobre ganchos. Del envarillado penden bolsas con hollín de pino, botellas con achiote o con aceite para el cabello, y pequeñas calabazas pispis (Lagenaria vulgaris Ser.) con perdigones para cazar.

UTENSILIOS DOMESTICOS E IMPLEMENTOS

PRODUCCIÓN DEL FUEGO

Antiguamente se producía fuego por el método de frotación. Se hacía un hueco en un pedazo de caña silvestre y se colocaba un palito de madera dura en la cavidad. Este palito se mantenía perpendicular y se frotaba rápidamente entre las manos hasta que se producía fuego. Un método muy curioso practicado por los Sumus o los Paya del río Patuca fue descrito por el misionero franciscano Fernando Espino.[33]

Varillas de acero y pedazos de pedernal fueron los primeros inventos introducidos para encender fuego, pero en el presente han sido prácticamente reemplazados en todos los lugares por cerillos de manufactura extranjera.

SOPLADORES

Para activar las llamas se atan juntas una docena de plumas largas, generalmente de pava (Penelope cristata), formando un abanico (M: Kusutaya; S: ublawa).

AGARRADERAS

Los Mískitos de Pearl Lagoon usan agarraderas de bambú, o tenacillas ocasionales, para extraer del fuego el plátano asado, la yuca, o cualquier comida, sacada de las brasas. Este implemento también ha sido observado entre los Ulwas del río Escondido (Wickham, c: 200) y es muy común entre los Rama y los Guatusos. Estas dos últimas tribus nombradas fabrican agarraderas de una pequeña

---

[33] «Ha creado Dios en lo más retirado de la montaña un bejuco muy largo, sin nudos, a manera de ramas de mimbres; cogen ésta y córtanla en trozos pequeños de a palmo; poniéndolas al humo, y en estado bien secas, cuando han menester fuego, cogen una, y con las dos palmas de las manos la estrujan como al molinillo para hacer chocolate, y cuando ellos ven que está de cierto temple, soplan una punta o extremidad y por la otra parte sale fuego, y se enciende como mecha de escopeta, porque él en sí es estoposo por dentro. De otro modo sacan fuego, que es el común de los indios, estregando un palo con otro.» (Serrano y Sanz: 367-368).

especie de palmera, la «caña danta» o «ahtak» que ellos llaman, al igual que el implemento, como kiskis (Rama) y kaskas (Guatuso).[34]

MORTEROS

Grandes morteros de madera (M: unu, no) utilizan los Mískitos para moler granos y frutas, con la ayuda de un duro majador del mismo material (M: unu mibta). Este último presenta una simple cabeza y se angosta gradualmente hacia el extremo, donde se le manipula; el modelo de cabeza doble, que ofrece una forma prácticamente cilíndrica, se encuentra de vez en cuando. Tal mortero tiene una amplia distribución en América del Sur, África y Oceanía. Lo utilizaban los Mískitos hacia finales del siglo XVII y se mencionaba en esos días junto con el metate (M. W.: 307, 308).

METATES

Los Sumus no conocen los morteros de madera, pero utilizan el metate o piedra de moler (M: walpa-akbaya; T y P: ki-watak; U: ki-tiknaka) para la molienda de maíz y de cacao y para machacar frutas y bayas. El metate corriente, que suele encontrarse en casi todas las viviendas, es una piedra de río natural, plana y con una mano de piedra redonda y gastada por el agua que sirve como moledero (M: walpa mibta; S: ki mak).

UTENSILIOS DE COCINA

Peroles de hierro de pequeñas patas (M: dikwa; S: suba, yasana suba) se encuentran en cada casa; pero han sido reemplazados por vasijas de barro (M: sumi; S: suba, sau suba) como objeto de cocina. Para sacar los recipientes del fuego los indígenas utilizan varitas con ganchos en las extremidades, que se insertan en las orejas o argollas de las vasijas; se las conoce con los siguientes nombres: M: tinkrus, pinkrus; T: iskrusta, P: pan-alni; U: pan-alka.

VASIJAS PARA AGUA

---

[34] Los indios Cuna y Chocó de Panamá usan un implemento similar que consiste también en una astilla doblemente partida, sacada del tallo de una pequeña palmera, mientras los Ona y Yamana de Tierra del Fuego usan una ramita hendida.

Grandes jícaras, con una pequeña perforación en el ápice, de anchura suficiente para insertar un dedo, constituyen recipientes de agua comunes (M: kabmuntara; T y P: sulum; U: taman); es lo que los Creoles llaman «goab». A veces se tapa el jícaro con un olote.

También se usan en ciertos lugares canutos de bambú para acarrear agua. Se consiguen seccionando el tallo en tal forma que un septo nodal sirva de fondo, mientras se cercena más arriba, antes del siguiente septo.

Las bebidas fermentadas se almacenan en vasijas de barro (M: sumi; S: suba, sau suba); toneles de madera de manufactura extranjera, así como cubetas de madera hechas en casa, también son empleados para este fin.

PLATOS

Guacales (M: kabmi; S: sutak) sirven de platos, tazas y vasos en el hogar indígena; se fabrican del fruto del jícaro que se corta en dos mitades y se remueve la pulpa acuosa con sus semillas. La cáscara delgada, pero resistente, no es tan frágil como parece y suele durar mucho tiempo.

Perforando tales guacales con pequeños agujeros se obtienen coladores (M: lil; T y P: lilibna; U: dilana), que los Creoles llaman «chachi».

Tazones sin agarraderas y cuencos se consiguen en las tiendas locales; se les conoce como mak.

Cuencos de madera, redondos, ovales o cuadrados, son fabricados por los indígenas, utilizando caoba y otras maderas; sólo se les conoce por sus nombres ingleses; pero son muy gruesos y burdos y de poco fondo; ocasionalmente los proveen de cortas y fuertes patas.

OTROS UTENSILIOS DE COCINA

Cestos de raíces fibrosas (M: usmuñ, uslun; S: uslun, wab-taina, sidan), cuelgan del techo expuestos al humo; contienen cucharas grandes de madera (M: kustara, del español «cuchara»; S: pan-yamna), que los Creoles llaman «pat sticks», así como también pequeños majadores de madera, de cabeza simple o palitos de wabul (M: tuskaya, T y P: pan tirina, U: pan ruknaka), batidores para cacao

(M: purbaya; S: pan korona, pan poronaka). Todos estos utensilios son fabricados con madera de cedro, caoba, níspero y palo de rosa.

Rayadores metálicos se ven ocasionalmente. Los Sumus tienen un nombre nativo (pan-alna) para este utensilio, pero los Mískitos usan el nombre inglés.

Las hojas ásperas de un arbusto (Curatella americana L.) y las de un bejuco (Davilla kuntbii St. Hil) se emplean en lugar del papel lija para fregar trastes. Ambas plantas pertenecen a las familias de las Dileniáceas y son conocidas vulgarmente como «raspa-guacal», «hoja-chigüe» o «chumico», por los Ladinos, pero entre Mískitos, Sumus y Creoles se les llama yabal.

IMPLEMENTOS

Antes del descubrimiento de América, estos indígenas poseían unos pocos utensilios e implementos de piedra; tales artículos eran principalmente de madera, arcilla, concha, hueso, etc. Con más propiedad se podría afirmar que Mískitos y Sumus vivían en la «edad de la madera» que en la edad de piedra. Los objetos de piedra, sin embargo, son los que mejor se han preservado. Los dientes de pescado, conchas y caparazón de tortuga, así como el pedernal, el cuarzo, los cantos rodados y otras piedras similares fueron usados como implementos raspadores. Cuchillos de bambú todavía se utilizan para cortar el cordón umbilical de los recién nacidos.

MACHETE

El machete (M, T y P: ispara, del español «espada»; U: maset), un pesado cuchillo a manera de alfanje, de unos dos pies de longitud, es el verdadero vademécum de estos indígenas. Es el fiel compañero de trabajo y de viaje, el principal implemento en la casa, el jardín, el huerto y el monte. Lo usan, haciendo un hoyo en el suelo, para plantar los pilares de la casa, para cortar arbustos, bejucos, zacates o maleza. Con el machete rozan el monte preparando el huerto; lo emplean también para deshierbar el plantío. Lo blanden para defenderse de los animales salvajes, las culebras y otras formas peligrosas y, si es necesario, contra su propia estirpe que a veces resulta más peligrosa que las bestias salvajes del bosque.

Antiguamente todos los machetes usados en la Costa Mosquitia eran importados de Inglaterra, pero en los últimos años vienen de los Estados Unidos y de Alemania.

HACHAS

Los indígenas son muy diestros en el uso de hacha (M: asa, del español «hacha»; S: ki, kidak), pues muchos han trabajado en los cortes de caoba. La exportación de esta madera preciosa ha sido un negocio floreciente, entre varias interrupciones largas, por más de dos siglos. Aun las mujeres manejan el hacha muy bien, cuando cortan los arbustos para aprovecharlos como leña. Las hachas americanas de forma rectangular y el hacha de cuña del Canadá son las preferidas por los indígenas; su figura parece la de un pescado tuba, razón por la cual los Mískitos las llaman tub'asa.

HACHAS DE PIEDRA

Las hachas de piedra de hoja simple, o la doble llamada celta (M: alwani, mabbra, imyula mabbra; S: alwwana suma, literalmente «huevo de trueno» o «piedra de rayo»), han sido excavadas en varios sitios de la región; con surco o sin él, están firmemente engastadas a la parte gruesa de un mango de madera tallado con piedra. En otros casos, el mango viene atado firmemente al hacha con la ayuda de un amarre que pasa alrededor del surco. Algunas de estas hachas están provistas de un mango corto tallado en la misma roca sólida. Dampier (I, 85) mencionaba algunas buenas hachas con surco de los indios del río Escondido (Kukra-Sumu), que eran «planas y filosas en ambos extremos», de 10 pulgadas de largo, 4 de ancho y 3 en el medio.

Dos rústicas hachas de piedra, procedentes de la Costa Mosquitia, han sido ilustradas por Bovallius (II, 299, figs. 81, 82). Otras tres finas hachas monolíticas, de la región de Bluefields, fueron descritas y dibujadas por Saville (B: 34-36, fig: 15). La hoja de estas hachas es de una forma ajena a Centroamérica; más bien reflejan un parecido a ciertas hachas de las Antillas Menores y del norte de América del Sur. En estos tres especímenes, el mango rollizo, con una longitud de 12 a 12.5 pulgadas, es ligeramente curvo. Se encuentra respectivamente en el Museum of the American Indian, Hey Foundation (a), el Peabody

Museum de la Universidad de Harvard (b) y en el U. S. National Museum (c).

La primera (a) fue adquirida en Nicaragua, en 1924, por míster D. E. Harrower. Su hoja es comparativamente más larga que las de las otras hachas de este tipo y el mango se encuentra finamente tallado y decorado con tres series de surcos longitudinales. La segunda hacha (b) ha sido tallada de una dolerita pesada y compacta, con diseños algo parecidos a la anterior, salvo que el mango presenta adicionalmente tres grabados ovales transversos, en la parte adyacente a la hoja. El tercer espécimen (c) fue colectado por míster J. O. Thomas, de Bluefields; tiene forma corriente y está hecho de dura toba volcánica.

Las dos últimas mencionadas (la b y la c), han sido descritas e ilustradas en una publicación previa por Saville (a: 10-11, pl. v., Nos. 5 y 4). Otra bella hacha, quizás del mismo tipo, con la hoja y el mango tallados en una sola pieza de roca clara, pesada y compacta, fue excavada en Bluefields en 1840 y se encuentra actualmente en el Museo de la Misión Morava en Herrnhut, Sajonia.[35]

Un hacha de piedra con doble hoja y bella figura, obtenida por Boyle en 1866 en las cabeceras del río Escondido, la cual dibujó (b: II, 144, fig. 1), está hoy en el Museo Británico. Es de piedra volcánica, aparentemente, de unas 17¾ pulgadas de largo y 12½ pulgadas de anchura en las hojas. El mango, plano, se encuentra perforado en su extremidad. La ilustración ha sido copiada por Bancroft (IV, 59, fig. 3) y por Joyce (18, pl. I, fig. 1). Saville (a: 11-12, pl. VI, fig. 1), describe e ilustra esta hacha, junto con otros dos especímenes de doble hoja, procedentes de la Costa Atlántica de Nicaragua, fabricadas de una roca ígnea, posiblemente diorita. Estas dos fueron obtenidas de un jefe Mískito por míster J. O. Thomas en Bluefields y se encuentran ahora en el U. S. National Museum. La mayor entre ellas (Saville, a: 12, pl. VI, fig. 5) es de 10⅝ pulgadas de longitud y 6½ pulgadas de sección en las hojas; el mango es redondo, con el extremo cónico. El otro espécimen (pl. VI, fig. 2) mide solo 8½ pulgadas de largo por 7⅝ de ancho en las hojas; al igual que la ilustrada por Boyle, tiene una

---

[35] Compare Frederick Starr en Internationales Arcbiv fur Etbnograpbies, Leiden, vol. V,1892,pp.58-59.

perforación en el extremo del mango plano. Otras hachas de piedra, procedentes de la Costa Mosquitia, forman parte de la colección del doctor Heuhaus en el Museum für Völkerkunde de Berlín (Lehmann, h: 715).

Los indígenas modernos ignoran que estas hachas son artificiales y que fueron talladas por sus antepasados. Las consideran como «golpes de tormenta», al igual que los Creoles y los Negros; la misma idea existe entre los Ladinos, que las llaman «piedras de rayo». Es muy probable que estas hachas antiguas hayan sido usadas también como armas defensivas en tiempos pretéritos y quizá con propósitos ceremoniales.

AZUELAS

Las azuelas son muy comunes actualmente y se las utiliza en la fabricación de canoas y otros objetos de madera; se usan de la misma manera que la empleada por nuestros ensambladores y carpinteros. Este implemento es posiblemente de la época postcolombina, a pesar de que los Sumus tienen un nombre nativo (parin) para él; los Mískitos las llaman ats, evidentemente derivado del inglés adze. Nunca se han encontrado azuelas de piedra en la Costa Mosquitia, aunque son frecuentes en ciertas partes de América del Sur. El hacha de piedra ordinaria puede haber sido utilizada también como azuela, con solo cambiar la posición del mango del plano vertical al horizontal.

AZADÓN

En muchas chozas se puede ver actualmente un azadón; lo usan en el campo y para limpiar el terreno de hierbas y malezas que crecen frente a las habitaciones. El azadón es de reciente introducción y se conoce por su nombre inglés hoe, pronunciado «u».

CUCHILLO

Cuchillos largos (M: skiro, kisuro, derivado del español «cuachillo»; S: kobbil) forman parte hoy de los utensilios en cada casa.

TRAPICHE

Un molino primitivo (M: tranko; T y P: tisnak taibnin; U: tisnak panka), es empleado por los indígenas para exprimir el jugo de la caña de azúcar. Para ello entierran en el suelo un robusto poste, erguido 3 ó 4 pies sobre el suelo. Próximo a su extremo superior se engancha una plancha de madera, acuñándola bien apretada. Un poco arriba de la plancha, que parece una pequeña plataforma, existe un agujero abierto en el poste, donde encaja flojamente una barra de madera (M: mibta; S: tiñ). Una de las mujeres coloca un pedazo de caña sobre esta «plataforma», mientras el marido inserta la punta en el agujero, presionándola hacia abajo para estrujar la caña; el jugo fluye hacia un receptáculo colocado en el suelo. La mujer desliza la caña hacia adelante de modo que cada parte quede triturada y finalmente la retuerce como si fuera un mecate, hasta sacarle todo el jugo.

Este trapiche es común en las regiones circundantes al mar Caribe. Varios molinos de este tipo, propios de América del Sur y del istmo de Panamá, han sido dibujados por Nordenskiöld. Es por todos sabido que la caña de azúcar fue introducida por los españoles al Nuevo Mundo, no obstante, este tipo de molino se desconoce entre los blancos. Por otro lado, los negros del oriente de América Central y los negros Bush de Guayana lo usan frecuentemente, aún más que los indígenas mismos. De acuerdo con los eminentes especialistas en asuntos de África, Seligman y Lindblom, este tipo de trapiche no se encuentra en el Continente Negro. Tampoco se le conoce en Melanesia. Nordenskiöld cree, por tanto, que este implemento ha sido inventado por los amerindios en tiempos postcolombinos, cuando ellos se familiarizaron con la caña de azúcar. Ante el hecho que este tipo de molino es más común entre los negros que entre los indios, me inclino a creer que fue una invención postcolombina realizada en América (probablemente en las Indias Occidentales), por los esclavos negros, mayormente empleados en las plantaciones de azúcar. Aún en la actualidad, no se le encuentra entre los Sumus del interior, quienes exprimen la caña usando molinos primitivos con rodos de madera, que giran con la ayuda de un torniquete manuable.

DIVISIÓN DEL TRABAJO

LABORES DOMÉSTICAS

Actividades domésticas tales como hilar, tejer, fabricar ollas, telas de corteza y adornos para el vestuario son ocupaciones típicamente femeninas. La sastrería, sin embargo, está en manos de los hombres, algunos de los cuales confeccionan aún los vestidos para sus esposas. La preparación de alimentos está estrictamente reservada a las mujeres, puesto que los varones nunca se prestan para ayudar en este menester, salvo que se encuentren lejos del hogar; no obstante, el asado de carne de monte es labor del sexo masculino.

TRABAJO DE CAMPO

El marido prepara un lote en el bosque para hacer la plantación. Para esto corta los árboles, desmonta y quema; pero los cuidados de las huertas, o sean la siembra, desyerba y cosecha, son realizados por las mujeres.

OTRAS OCUPACIONES A CAMPO ABIERTO

Los hombres están a cargo de la fabricación de los implementos de caza y pesca, así como de la hechura de canoas y de otros accesorios. Las mujeres pescan con anzuelo, aunque los otros métodos de pesca se reservan a los varones. Estos cortan los árboles escogidos para leña, dejándolos en trozas convenientes para su arrastre, pero el trabajo es concluido por las mujeres, que las leñan y astillan. La mujer baja al río para recoger los animales cazados por su marido y los transporta en su canoa, pero nunca lo acompaña a la cacería ya que desconoce el manejo de las armas de caza.

CARGAMENTOS

El acarreo de pesados fardos se deja usualmente a las mujeres; con este fin llevan una especie de mecapal, conocido por su nombre español de «bombador» o «bambador», que consiste en una banda angosta de tela de corteza en cuyas extremidades se sujeta la carga. Esta se coloca en la espalda de la cargadora, con la asistencia de otra persona y luego se afianza la correa en la frente. Los varones no cargan nada de esta manera, sino que aseguran la carga a las espaldas con la ayuda de tirantes sobre los hombros, como la hacen los Ladinos. Las mujeres de habla española, por otra parte, llevan el cargamento sobre la cabeza, al igual que lo hacen los negros de ambos sexos. Cuando los indígenas se cansan dan un pequeño resuello para tomar aliento (M: winka pubbaya; T y P: winka urupdanin; U: winka urupdanaka), que literalmente significa «dar la queda».

JORNALEROS

En el pasado, jóvenes Mískitos, que vivían al oeste de Cabo Gracias a Dios, solían viajar anualmente a Belice para trabajar como jornaleros en los cortes madereros de caoba o de palo de tinte. Salían en mayo y regresaban en noviembre o diciembre. Durante este tiempo las poblaciones costeras quedaban prácticamente sin hombres, salvo los niños y los viejos. Las mujeres, en tales ocasiones, tenían que subsistir de pescados, cangrejos, ostras, conchas, huevos de lagarto, tortugas e iguanas y de alimentos vegetales.

Actualmente, todos estos indígenas encuentran trabajo fácilmente en su propio lugar, ya sea en los cortes de caoba o en las minas; o simplemente se emplean como boteros en los ríos, que son prácticamente los únicos medios de comunicación.

Los Sumus, por otra parte, son mucho más tímidos y menos emprendedores. Son incapaces de dejar a sus mujeres y niños desamparados por largo tiempo para irse a trabajar en beneficio del hombre blanco. Además, aún en el presente, sus necesidades son frugales y las pueden satisfacer sin recurrir prácticamente a ningún artículo de manufactura extranjera. En épocas pasadas, sin embargo, muchos entre ellos fueron cortadores activos de hule pero, debido a la competencia de las Indias Orientales, las exportaciones de este producto han quedado suspendidas en la Costa Mosquitia.

COMERCIO Y TRUEQUE

INTERCAMBIO DE PRODUCTOS

El comercio entre las rudas tribus de pescadores y cazadores, como son los Mískitos y los Sumus, era muy restringido en tiempos pasados. Los ríos, lagunas y el mar eran prácticamente los únicos medios de comunicación, como lo son todavía. El intercambio de productos se hacía mediante trueque. Los Mískitos parecen haber empleado cuentas de conchas marinas como moneda, mientras los Sumus del interior usaban cacao para el mismo propósito. M. W. refiere (304) que estas dos tribus, que se mantenían continuamente en estado de mutua hostilidad, observaban una tregua en determinadas fechas, para juntarse en una isla del río Coco con el fin de intercambiar.

Estos indígenas viven en un estado de casi perfecta igualdad; no existen ni ricos ni pobres entre ellos. No compiten para acumular riquezas y el esfuerzo grande e infatigable, que al respecto se encuentra en nuestras sociedades civilizadas, prácticamente no existe entre ellos.

ANTIGUOS ARTÍCULOS DE TRUEQUE

Los Mískitos solían evaporar sal del agua marina y de las lagunas, así como colectar bellos caracoles requeridos para collares. Estos productos eran intercambiados con los Sumus, quienes a su vez ofrecían cerámica, artículos de algodón, hamacas, telas de corteza y canoas toscas.

En la última parte del siglo XVII, y por muchos años después, los Mískitos emprendieron audaces viajes por mar, tan lejos al sur como la laguna de Chiriquí en Panamá, y ocasionalmente aún más allá. Estas expediciones fueron, sin embargo, organizadas no con fines de intercambio pacífico, sino para robar cacao a los colonos españoles del río Matina en Costa Rica, así como para capturar indios, que eran vendidos a los comerciantes ingleses de Jamaica.

PRODUCTOS ACTUALES

En el presente, las necesidades indígenas impuestas por el mundo exterior son muchas. Los Mískitos, que se encontraban en un estado menos primitivo que sus vecinos, establecieron relaciones comerciales con los bucaneros ingleses de Jamaica desde la última parte del siglo XVII.

Los artículos extranjeros considerados hoy como los más indispensables para el avituallamiento de los indígenas son los siguientes: sal, machetes, hachas, cuchillos, azuelas, azadones, peroles de hierro de tres patitas, anzuelos, limas triangulares, escopetas con municiones (pólvora, balas, tapones de percusión), telas de algodón en varios tipos (zaraza, guinga, gabardina, dril, manta azul), pañuelos de colores brillantes, cintas, hilos, agujas, encajes, cuentas, peines, espejos, rimbaos, pipas, tabaco, etc.

Para conseguir estos artículos, los indígenas trabajan como jornaleros por corto tiempo, o venden algún producto agrícola o de la selva. No le dan valor a ningún trabajo ejecutado en el hogar y ciertos artículos caseros, que han tomado mucho tiempo en su confección, son a veces cambiados por baratijas.

TRABAJOS EN METAL

Parece que los ornamentos de oro eran conocidos en tiempos precolombinos y los usaban con fines ceremoniales, o como decoración personal. Pectorales de oro bajo fueron observados por Colón en Cariay, en 1502, pero esta localidad debe ser más bien ubicada en Costa Rica que en la Costa Mosquitia, como lo han asegurado varios autores. Alrededor de 1699, pectorales de plata, ya sea venidos de Europa o martillados por ellos mismos a partir de monedas de plata, formaban parte de los atuendos de gala de los Mískitos (M. W.: 308) y pueden haber representado emblemas o insignias de autoridad.

Los ornamentos de oro fueron introducidos probablemente entre los Mískitos y Sumus por la vía del comercio, desde la región del Pacífico de Nicaragua o desde Talamanca en Costa Rica, donde tales objetos eran comunes. Posiblemente fueron confeccionados por orfebres en Chiriquí, quienes habían adquirido gran pericia en la fabricación de objetos de oro bajo. Estos artículos existieron muy escasamente en la Costa Mosquitia, pues aún en épocas recientes ninguno ha sido descubierto en la región. Figurillas y amuletos, hechos del preciado metal, han sido encontrados según se dice, en el distrito minero de Pispis, alrededor de Kukra Hill, en el río Wawa y en El Dorado (Honduras), pero estos reportes necesitan ser confirmados.

Las rudas tribus de la Costa Mosquitia no conocían el arte de trabajar el oro, el cobre, el bronce o cualquier otro metal; no obstante, este arte estaba bien desarrollado entre los indios de Bolivia, Perú, México y otras regiones de América en tiempos precolombinos. La explotación de los placeres auríferos se realiza en muchas partes del país por parte de blancos, negros y ladinos, pero no con indígenas. No existen registros seguros que demuestren que los Mískitos y Sumus sabían cómo lavar oro en las numerosas corrientes auríferas, antes del arribo de los europeos. Aún, en el presente, esta acción la realizan en casos muy esporádicos. Para ello usan una batea redonda y poco honda, en la cual depositan cierta cantidad de arena aurífera junto con un poco de agua; entonces, revolviendo la batea rápidamente, se decanta sobre su borde una corriente de arena y agua. Cuando toda la arena se ha escapado, se rellena la batea nuevamente y el proceso se repite numerosas veces. Al final, algunos gránulos de oro quedan depositados en su fondo.

Estos indígenas no tienen vocablo propio para el oro o la plata; llaman a estos metales preciosos como «dinero amarillo» y «dinero blanco» respectivamente. La palabra para «dinero» (M. y T.: lala; P y U.: libwan) podía haber designado al oro originalmente, o quizá a cualquier metal en general. Aun así, existe un nombre nativo para el hierro o el acero (M. y T.: silak; P y U.: yasama).

Brazaletes baratos, aretes y anillos de origen foráneo son ahora muy comunes entre ambas tribus. Los objetos de hierro o de acero, que son actualmente de uso universal en toda la costa, no han sido moldeados ni forjados localmente, pues son obtenidos por comercio. Los arpones los hacen a partir de nuestras virutas triangulares con la ayuda de otras limaduras. El proceso es lento y tedioso. Las puntas de hierro o «cabezas» de flechas o de lanza se sacan de los aros de barriles viejos o de otras chatarras desprendidas.

ARTE LAPIDARIO

METATES

El trabajo en piedra está prácticamente limitado a la manufactura de rudas piedras de moler o metates de maíz (M: walpa-akbaya; S: ki-mak). Estos burdos metates se hacen con la ayuda de un cincel de piedra negra y dura (M: kwa-sikas;[36] T y P: pransa, paransa; U: ki-tisna).

ANTIGUALES

Metates bien elaborados, cuencos cilíndricos de duro material parecido al granito, se encuentran ocasionalmente en la Costa Mosquitia. Especímenes aislados de estos artículos se localizan en ciertos depósitos, en tamaños que varían desde formas miniaturas, posiblemente juguetes, hasta gigantes para fines ceremoniales. Estos objetos se encuentran en todas las etapas de manufactura, aunque los productos acabados son actualmente muy raros, habiendo sido saqueados o quebrados.

Tales sitios antiguos son llamados «antiguales» localmente, son especialmente numerosos entre los ríos Plátano y Paulaya; se les encuentra generalmente en posiciones elevadas y a corta distancia de las pequeñas corrientes. Un dibujo de uno de estos sitios es mostrado por Spinden (536). Algunas veces estos antiguales están rodeados de bajos muros, quizás remanentes de fortificaciones; otros, en cambio, parecen estar defendidos por fosos y quizás también por empalizadas.

ANTIGUOS METATES

Los metates que se encuentran en estos depósitos se sostienen en tres patas largas, bien centradas, generalmente cubiertas con diseños geométricos y presentan, al frente, la cabeza de un pájaro o de un animal (águila, tortuga, lagarto o jaguar). Los indígenas los desentierran de vez en cuando para usarlos en sus hogares. Algunos

---

[36] En Ciudad Antigua, en el departamento nicaragüense de Nueva Segovia, supe que este implemento era llamado «cuabul» (= Kwa-bul) por los habitantes hispanoparlantes. En el lenguaje Mískito, siksa significa «negro», mientras bules «moteado» o «pringado».

finos especímenes han sido quebrados por la mano del hombre o por árboles caídos. Metates gigantes, que pueden sobrepasar los 6 pies de largo, se encuentran todavía, aunque la cabeza esculpida ya no la tienen. Nos recuerdan los implementos de madera que todavía se localizan en las villas indígenas y es muy posible que hayan sido usados como asientos ceremoniales. En el Museum of American Indian, Heye Foundation, hay un metate procedente de la Costa Mosquitia (Hodge: 56). Varios especímenes grandes de un importante sitio descubierto cerca de Kukra Hill (al sur de Pearl Lagoon), hará unos 30 años, cuando se limpiaba un terreno para plantar bananos, se encuentran en el American Museum of Natural History. En la Universidad de Harvard, el Peabody Museum también posee unos pocos metates procedentes de los alrededores de Bluefields.

ANTIGUOS TAZONES

Tazones cilíndricos, con tres patas cortas, tallados en roca dura de apariencia granítica, también se encuentran en los sitios antiguos arriba mencionados, aunque en menor cantidad que los metates. Dos protuberancias cerca del borde, talladas como cabezas de pájaro o de animal, sirven como agarraderas. Estos tazones o vasos muestran una ornamentación con motivos geométricos, entre los cuales el más común es el guilloquis inciso, o modelo de cordón, de tallado curvilíneo o angular.

La primera descripción, acompañada de ilustraciones, sobre las «vasijas graníticas» de la Costa Mosquitia, se debe a Pownall (318-324, pl. XXVI), quien dibujó tres de estos objetos. Dos de ellos pertenecían a Lord Hillsborough. Uno de estos últimos (No. 1) es muy pequeño y tiene la cabeza de un animal a un lado. El mayor (No. 2) es más interesante: mide de 12 a 15 pulgadas de diámetro y 10 pulgadas de altura, de patas ordinarias; presenta dos filas de ornamentos en forma de rombos en el cuerpo de la vasija; las dos agarraderas tienen la forma de una cabeza y una cola, aunque la primera está parcialmente quebrada. El tercer vaso (No. 3) mide de 10 a 12 pulgadas, tanto en diámetro como en altura, pero es un poco más estrecho en la parte superior; sus patas están labradas y sus dos cabezas ornamentadas, siendo quizá la mejor pieza procedente de la región preservada en buenas condiciones. Los tazones 2 y 3 han sido reproducidos por Humboldt (I, p. 238, y II, pl. 39) y por Dupaix (I, div. II, 27-28, y III, suppl. pl. VII, No. 1). La ilustración No. 3 fue copiada también por Bancroft (IV, 26).

Pownall (319) se refiere a otro de estos tazones que está en el Museo Británico; pertenecía a una colección traída de Jamaica por Sir Hans Sloane. Quizá sea la dibujada por Joyce (p. 74, pl. VI, fig. 1), muy parecida al No. 3 descrito atrás.

En 1921 el autor encontró cierto número de estas vasijas, aunque todas bastante quebradas, sobre la margen derecha del río Paulaya. Algunas de ellas todavía no habían sido separadas de la roca matriz. Sin embargo, no se conoce el sitio de la cantera. Tazones de similar material y técnica han sido también hallados en las Islas de la Bahía y en el Valle del río Ulúa. Un espécimen grande se exhibe en el Museum of the American Indian, Heye Foundation (Hodge: 56).

ESTATUAS Y PILARES TALLADOS

En ciertos lugares antiguos se pueden encontrar altas planchas de piedra, que originalmente estaban colocadas verticalmente, recordando las lápidas de nuestras tumbas. Casi todas han sido derrocadas. En ellas se encuentran, a veces, diseños geométricos o espirales muy borrosas.

Los actuales indígenas no poseen tradiciones en relación con estas ruinas que se encuentran en su territorio; más bien las atribuyen a espíritus malignos.

Spinden (539) ilustra una estela o pilar de piedra del río Tocomacho (Honduras), que mide 8 pies de altura y un pie cuadrado de base. Está recubierto por todos sus lados con diseños pictográficos, especialmente espirales y volutas; en una de sus cuatro caras se observa una figura grotesca, con una criatura de aspecto reptiliano en la cabeza. Estos pilares pétreos se encuentran también en otras partes de la Costa Mosquitia, aunque no son tan comunes. Estatuas grandes de piedra, con alturas hasta de 12 pies, son, sin embargo, figuras sobresalientes de la arqueología en la parte pacífica de Nicaragua, especialmente en la región del Gran Lago.

Le Baron (217-222) describe e ilustra algunas ruinas de piedra en la margen izquierda del río Prinzapolka, a unas 134 millas arriba de su desembocadura. Consisten en tres monolitos, de unos 8 pies de alto, dispuestos en triángulo, estando el terreno intermedio recubierto con piedras. Estos monolitos se han caído y están quebrados; en algunos de sus lados se ven pictografías burdas, muy borrosas.

INSCRIPCIONES RUPESTRES

Sobre las rocas que ocupan el lecho de casi todos los grandes ríos se pueden observar pictografías, especialmente entre raudales y cascadas. Debieron haber sido esculpidas hace muchos siglos, pues se encuentran bastante gastadas por el agua. Su trazado es más fácil seguirlo con el dedo que con la vista. Algunas de estas pictografías emergen únicamente durante la estación seca, ya que en la época lluviosa permanecen sumergidas completamente debido al alzamiento del río.

LOCALIZACIÓN

Tales inscripciones rupestres han sido observadas por el autor en diferentes sitios sobre el río Coco (en Wirapani, Waspuk, Kiwras, arriba de Raití, en Kumkum Mawan y en Tawit); también se sabe que existen en los ríos Plátano, Patuca, Wawa, Prinzapolka, Tuma, Punta Gorda, Indio y Maíz. Parece que son particularmente numerosas sobre el Siquia y el Mico, que confluyen para formar el río Escondido o río de Bluefields (Boyle, b: I, 296-299; Pim y Seemann: 401; Wickham, b: 243, 245; Belt: 52-53). Algunos cuentos extravagantes han circulado en la costa sobre las grandes estatuas labradas con figuras de hombres y animales, talladas sobre sólidos precipicios en el curso superior del río Mico. Parece que estas gigantes estatuas no son sino rudas pictografías sobre rocas, muy similares a ésas que se encuentran en otras partes de la región.

Inscripciones rupestres existen en muchos ríos de la vertiente del Caribe, y una buena referencia de las halladas en América del Sur ha sido ofrecida por Koch-Grünberg.[37]

Los nombres geográficos de Gualpulban (M: walpa-ulban), Quiulna (T y P: Ki-ulna) y Quiultan (U: kiultan), que se encuentran esparcidos en varias partes de la Costa Mosquitia, pueden ser indicios de la presencia de tales pictografías en la vecindad. Estos varios

---

[37] Südamerikanische Felszeichnungen. Berlín.1907.

nombres significan «rocas escritas» o «roca pintada» y corresponden a las «piedras pintadas», en español.

MOTIVOS

Las figuras esculpidas consisten principalmente en representaciones muy curiosas y difíciles de identificar. A veces representan figuras humanas, pero en su mayoría ofrecen dibujos animales: jaguares, lagartos, monos, ranas, tortugas y serpientes. Ocasionalmente se observan figuras geométricas, como espirales y volutas, pero los diseños florales están notablemente ausentes. Sapper (A: 275) ilustra algunas rocas talladas en varias partes del río Coco: en Valpa Úlpan (= Wirapani), Kiulna (= Kukun Mawan) y en Daviut (= Tawit). La fotografía de una gran roca con inscripciones, en el río Plátano, ha sido presentada por Spinden (537).

ARTISTAS

No sabemos quiénes fueron los autores de estas pictografías. Tenemos que descartar a los Mískitos, puesto que ellos son, comparativamente, emigrantes recién llegados a estas regiones, donde las inscripciones rupestres se encuentran. Ellos mismos las atribuyen a los Sumus, quienes antiguamente ocupaban la mayor parte del territorio en cuestión. Pero éstos, a su vez, declaran unánimemente que dicho trabajo es el producto de los malos espíritus (walasa), en tiempos cuando las rocas estaban todavía «suaves».

ESCRITURA

Las inscripciones en una de las rocas del raudal Kiwras, sobre el río Coco, parecen muy similares, según se dice, a los caracteres del alfabeto latino. Wickham (b: 245) supo de cierta «escritura» sobre las rocas del río Mico, que él consideró (erróneamente, desde luego) inscripciones en latín dejadas por los primeros misioneros jesuitas.

Ni los Mískitos ni los Sumus parecen haber poseído el arte de la escritura como la manifestaron sus vecinos occidentales, los Nicarao y los Chorotegas. Según Oviedo, estas dos últimas tribus tenían libros de pergamino hechos de cuero de venado. La escritura pictórica también era practicada, y todavía lo es, entre los indios Cuna de

Panamá, tal como ha sido confirmado recientemente por Nordenskiöld.[38]

EXTRACCIÓN DEL HULE

Anteriormente, los indígenas acostumbraban extraer hule de un árbol silvestre (Castilla sp.) que se encuentra por casi toda la región. Esta industria se inició alrededor de 1860, primero en Río San Juan; luego se expandió gradualmente por el resto de la Costa Mosquitia. Los indígenas vendían el hule a comerciantes locales, quienes por lo general les anticipaban algo del pago. Entre 1912 y 1913, cuando cesó la exportación del caucho, por la caída de precios debido a un exceso de producción en las plantaciones de las Antillas británicas y holandesas, algunos de los indígenas se encontraron con fuertes débitos ante sus acreedores.

Los colectores, llamados «huleros», fabrican primero una rústica escalera de bejucos para colgarla de los árboles; la hacen atando piezas cortas de madera con bejucos pequeños (posteriormente fueron introducidas espuelas de hierro que, atadas a los pies, ayudaban a trepar por los árboles); a continuación rasgan la corteza con el machete, haciendo incisiones en forma de V, con la punta hacia abajo. Tales cortes se practican en toda la longitud del tronco, a distancia de tres pies el uno del otro, envolviendo casi todo el árbol en redondo, sin que éste quede completamente circundado. En la base de estas incisiones se inserta una espita que drena el látex hacia unos cubos u otros recipientes. En cuestión de media hora, toda la leche blanquecina es exudada por el árbol.

Después se cuela el látex, provocando su coagulación al añadir una decocción alcalina, hecha del jugo de la enredadera chajmol (Ipomea bona-nox L.; M: tatako; T y P: tutuk; U: ulupuy) o de un bejuco (Calonyction speciosum), que se mezcla con el látex en la proporción de una pinta por cada dos galones. Para evitar la putrefacción, el proceso de coagulación debe efectuarse dentro de las 24 horas de recogida la leche. A la masa resultante se le da forma de

---

[38] Picture, Writings and Other Documents». Comparative Ethnographical Studies.Vol. 7, part. 1 (1928) and part. 2 (1930).

tortas, las que se exportan con el nombre de sheet rubber (en español «torta» o «plancha»).

La leche que quedó adherida a las incisiones practicadas en la corteza se torna negra a la intemperie y se deja coagular así, para luego enrollarla en ovillos, que se separan del otro tipo de hule. En esta forma se embarca principalmente a Nueva York, donde se le conoce como scrap rubber, o picket rubber (en español «burrucha» y en portugués sernamby). En los últimos años se limpiaba el pie del árbol, para que la leche goteara y se recogiera en el suelo, dejándola coagular en el tiempo necesario. Pasadas unas dos semanas, cuando el exudado estaba suficientemente seco, se enrollaba en ovillos que variaban de 50 a 200 libras de peso. Este es el llamado strip rubber en el comercio (en español «tira» o «cuera»).

Al iniciarse esta industria, en 1860, era frecuente encontrar árboles de hule de 4 a 5 pies de grosor, con una producción, cuando se rayaban por primera vez, de 20 galones de leche, de los que se extraían unas dos libras de hule por galón. Después de un «sangrado» ordinario, el árbol pronto se recupera y puede volver a ser aprovechado al siguiente año. Colectores inescrupulosos tumbaban a veces el árbol para facilitar la extracción. Utilizando estos perniciosos métodos era posible sacar más de un quintal de hule de los grandes árboles, pero gradualmente todos estos gigantes fueron exterminados y aun los especímenes de 3 pies de grosor se han vuelto raros. Muchos huleros, entonces, adulteraban el hule con el látex derivado del árbol de tunu; la mezcla resultante era menos elástica y, por consiguiente, de menor calidad. En consecuencia, la producción de la Costa Mosquitia obtuvo más bajos precios que la procedente de otras regiones de América Central.

Previo a 1880, el hule se colectaba en espesas tortas circulares que solamente se usaban para fabricar pintura negra de la resina derretida.

MANUFACTURA DE TELA DE CORTEZA

En la parte norte de la Costa Mosquitia se manufactura una tela pardusca y áspera, manchada, de la corteza interna de un árbol muy parecido al que produce hule (Castilla sp.). La tela, como el árbol en sí, se conoce en la región con el nombre de tunu[39], mientras los Twahka y Panamaka llaman al árbol tikam y al producto final anat[40]. El árbol no crece en la región habitada por los Ulwa, de modo que estos indígenas usan el palo de hule (tas) para elaborar telas de corteza, material al que denominan tas-buana, o sea, «hule machacado».

USOS DE LA TELA DE CORTEZA

En la actualidad, la tela de corteza sirve para fabricar exclusivamente «sábanas» y «cobijas» para la cama, y también taparrabos (M: palpura; T y P: wabuto; U: ani), pero en tiempos pasados suministraba ropa para ricos y pobres, aunque los vestidos de gala de los hombres de rango parecen al menos haber sido de algodón.

PREPARACIÓN DE LA TELA DE TUNU

El árbol de tunu se corta y se le quita la corteza. Esta última es macerada en agua por unos días, al final de los cuales se le raspa la goma pegajosa o la leche adherida. Entonces se seca la corteza al sol y se la mantiene en la choza hasta que las mujeres disponen de tiempo para aporrearla a fin de darle la consistencia de tela. En este estado es conocida como kusni por Mískitos, Tawhka y Panamaka, y auska por los Ulwa. En la medida que endurece, se encoge considerablemente, de manera que tiene que sumergirse en el río por un rato antes de comenzar a machacarla. Esta operación se lleva a cabo sobre una tuca pequeña[41] (M: tun-dusa; S: larlan) con la ayuda de un mazo de madera que tiene la forma de una corta y gruesa cachiporra con surcos longitudinales en la cabeza. Este mazo se conoce con el nombre de kabka o de para, que así son llamadas las dos pequeñas especies de palmeras de cuyo tronco se fabrica.[42]

---

[39] Este nombre aparece ya en M. W. (307,308), en la forma de tono.
[40] Amatil o quaubamatl es el nombre mexicano para una especie de chilamte, de cuya corteza se hacía papel y tela.
[41] Según Exquemelin (edición inglesa: 251), los Mískitos aporreaban la tela de corteza contra las piedras, alrededor de 1671.
[42] No es raro que la planta que suministra el material dé también su nombre al implemento. Ficus es el género de los árboles llamados «matapalos» y «chilamates» en la región del Pacífico de Nicaragua.

Los Mískitos que viven alrededor de Brus Lagoon, en la parte baja del Patuca, también hacen uso del tronco de una palmera pequeña de hojas en abanico, que crece en esos lugares y que es conocida por indígenas y extranjeros como «palmito». A fuerza de golpes, la corteza se dilata gradualmente hasta llegar a ser suave y flexible. Una vez lavada y secada, está lista para su uso y adquiere un color pardusco. Este mismo proceso es utilizado en Oceanía y mazos de forma similar son empleados para elaborar telas de corteza, conocidas con el nombre de tapa, aunque el árbol usado es una especie de mora.

TELAS BLANCAS DE CORTEZA

Una tela similar, pero de color casi blanco y de calidad superior, se obtiene por el mismo proceso con la corteza interna de una especie de Ficus (S: yakuta, yakanta), así como del palo de hule (Castilla sp.). En ambos casos la manufactura de la tela es más laboriosa. La tela de estos árboles es conocida localmente como «tunu blanco» (M: tunu pibni; S: yakanta, tas-banna); es usado por los brujos en relación con los encantamientos. Para esto, el Sukia la marca con diseños en negro y rojo, obtenidos con la ayuda de arcilla, carbón o jugos vegetales.

Raveneau de Lussan (439) menciona la elaboración, de parte de los Mískitos, de telas y cobijas a partir de la «palma bastarda»; aunque el presente autor ignora a qué tipo de árbol se refiere, pues en la actualidad no existe ninguna palmera utilizada con ese propósito.

CERÁMICA

La alfarería se está convirtiendo en un arte perdido entre los Sumus, debido a la introducción de hojalaterías baratas y recipientes de hierro, arte que para los Mískitos es completamente desconocido. Los Sumus del río Bocay han logrado cierta destreza en la fabricación de objetos de cerámica de diferentes formas y tamaños para transportar agua, almacenar comida y bebidas intoxicantes y para cocinar.[43]

---

[43] Los Mískitos actuales dependen enteramente de las ollas de hierro para cocinar, por ser más convenientes y duraderas, pero todavía obtienen de los Sumus vecinos, por la vía del comercio, grandes vasijas de arcilla para almacenar sus bebidas alcohólicas.

OBJETOS DE CERÁMICA

Las varias clases de vasijas de arcilla, usadas para cocinar y para guardar líquidos, se conocen con el nombre general de sumi entre los Mískitos y suba o san suba entre los Sumus. Algunas de las jarras mayores, usadas para fermentar bebidas alcohólicas, miden hasta 4 pies de alto. Los comales son desconocidos entre los Mískitos. Se llama liwa (T y P) o lawa (U). Jarras para agua son conocidas como putisa (M) y sutpanak (S); una pequeña taza, que se ha visto principalmente en los festivales, se llama unkra (M), sumai (T y P) o unkara (U). La mayoría de estas vasijas, especialmente las grandes, son ligeramente apuntadas en la base, de manera que tienen que colocarse en una concavidad sobre el piso de barro, o son apuntaladas con piedras para que no se vuelquen.

El fruto del jícaro sirvió en un principio como molde para las vasijas de cerámica y algunos modelos recuerdan la figura de ese fruto. Las pipas de tabaco (M: twaco mina; S: aka pan, aka pana), todavía se fabrican en estos días, mientras que los silbatos de barro sólo se encuentran en los viejos sitios de enterramiento.

MOLDEADO

La alfarería es un oficio exclusivo de mujeres. La arcilla (M: slaubla; S: sau), apreciada por su buena calidad, es traída por los indígenas desde largas distancias. El material se extrae del terreno con la ayuda de una vara fuerte y puntiaguda. Una vez limpiado de partículas extrañas, es amasado y mezclado con agua.[44]

El barro es moldeado a mano, puesto que la rueda del alfarero, como cualquier otro tipo de rueda, era desconocida en América en tiempos precolombinos. Vasijas más pequeñas se moldean directamente a partir de un puñado de barro colocado en una dura tabla de madera, sobre la que ha sido puesta una hoja grande de bijagua; se rota continuamente la hoja en el proceso del moldeado.

En caso de vasijas más grandes, la parte basal es moldeada directamente de un pedazo de arcilla y se construyen las paredes levantándolas, no en forma de una continua espiral sino de varias, que

---

[44] Wickham (c: 207) afirma que los Ulwa del río Escondido templan la arcilla mezclándola con una proporción de cenizas de la corteza de ciertos árboles de la selva, que se recoge y quema con ese fin.

en etapas sucesivas se agregan hasta alcanzar la altura deseada. Los recipientes viejos, quebrados, claramente muestran las señas de las espiras tal como fueron modelados.

Una vez alcanzada la altura conveniente, el borde superior es nítidamente rebanado con la ayuda de un fragmento de jícaro y en él se practica una melladura según la forma que la vasija va a recibir. Cuando ésta se ha secado parcialmente, se pule con la ayuda de una piedrecilla.

QUEMADO

Después de haberla secado lentamente a la sombra por varios días, la cerámica es puesta al fuego, que se hace sobre el suelo en la vecindad de la choza, dejándola quemar lentamente hasta que toda la leña y las brasas se han consumido. Ninguna pintura, barniz, ni ornamentación plástica se le aplica en la actualidad.

CERÁMICA ANTIGUA

Los objetos de cerámica encontrados en muchos sitios de la Costa Mosquitia, especialmente en los viejos entierros, indican una mayor destreza en este arte que la que muestran actualmente los pobladores de la región. La mayoría de tales vasijas no lleva pintura, pero sí finos ornamentos plásticos, aplicados a las asas y ocasionalmente a las patas también. Los diseños representan principalmente cabezas de jaguares, lagartos, tortugas y pájaros. También se han encontrado fragmentos de vasijas de trípode, con las patas modificadas en patas de animales; algunas veces éstas son huecas y contienen bolitas de arcilla como sonajas. En los montículos de conchas y en los basureros cerca del mar se han descubierto fragmentos de cerámica con agarradera de figurinas. Un tema geométrico, que a menudo aparece en las antiguas cerámicas y en las piedras talladas, es el guilloquis, o modelo acordonado, de construcción curvilínea o angular.

IMITACIONES DE BARRO ANTIGUO

Del interior de la Costa Mosquitia, probablemente en territorio Sumu, se han descubierto cabezas humanas, bustos o figuras completas, hechas de barro. El material usado, se dice, ha sido algunas veces mezclado con polvo de oro. Estos objetos se suponen ser los alter egos de jefes u otras personas prominentes enterrados en los mismos sitios de los hallazgos. Un número de estas «máscaras» fueron llevadas a Inglaterra, procedentes del interior de la Costa Mosquitia, alrededor del año de 1775; ocho de ellas han sido descritas e ilustradas por Rogers (107). Todas ellas presentan la parte trasera ahuecada en forma cilíndrica formando partes probables de urnas funerarias.

TEXTILERÍA DE ALGODÓN

Cultivo del algodonero

El arte de tejer no ha tenido aceptación entre la joven generación, pero el algodón (Gossypium sp.; M: wabmuk; S: wabmak) todavía se cultiva en forma irregular. Los arbustos, que alcanzan una altura de 8 a 12 pies, pueden encontrarse en los alrededores de casi todas las chozas; florece durante el año entero y en cualquier época se pueden ver yemas y frutos abiertos en la misma planta.

UNA OCUPACIÓN FEMENINA

El teñido e hilado del algodón y el tejido de ropa es labor exclusiva de las mujeres. Exquemelin (edición francesa: II, 269), quien escribiera en la segunda mitad del siglo XVII, afirma que éstas solamente hilaban el algodón, pues los hombres lo tejían.

MANUFACTURAS

Las viejas mujeres Sumus todavía tejen algodón para hacer taparrabos (M: palpura; T y P: doih; U: ani), cinturones, ceñidores (M: yalasawa; S: bamaksitna), hamacas (M: silmika; S: wah), bolsos para municiones o para cacería (M y S: malipuk). La larga vestimenta sin mangas, llamada wipal por los Mískitos y Kinkura por los Sumus, ya dejó de fabricarse. Todas estas telas de algodón, aunque ásperas en textura, son suaves al tacto. Ofrecen excelente calidad y los modelos son siempre entretejidos. Algunas veces se le agrega un encaje de plúmulas blancas de pato real alrededor del borde.

Según Exquemelin (edición inglesa: 251), los Mískitos hacían sábanas de algodón en tiempos pasados.

LA RUECA

La rueca (M: blakat; S: malkat, malakat)[45] consiste en un eje hecho de madera dura de la palmera de pijibay, de 1 a 1½ pies de longitud, terminado en punta de ambos extremos. Se inserta un contrapeso anillado a dos pulgadas de distancia del extremo inferior, de modo que todo el aparato semeja un trompo gigante. El contrapeso está hecho usualmente de una roca dura, pesada, parecida al mármol, que es llamada kupa por los indígenas. La caparazón de tortuga, el hueso de manatí, semillas de barro y aún madera pesada se emplean ocasionalmente para este fin. La figura del contrapeso varía considerablemente, siendo la forma cónica la más común. El mayor diámetro es de 1 a 1½ pulgadas y la altura entre tres cuartos de pulgada a una pulgada.

HILANDERÍA

Se usa un método muy curioso para hilar (M: blakaya, bitikaya; T y P: wainin, wainini; U: taibnaka). Una hebra de algodón es sacada de la mota (con la mano izquierda de la operadora), que en moño descansa sobre el regazo. Esta hebra se ata en la rueca un poco más arriba del contrapeso. El eje de la rueca se apoya sobre un guacal y se gira rápidamente por medio del pulgar y del dedo índice de la mano derecha. En cada giro, el eje de la rueca se mantiene en rotación por medio minuto aproximadamente, siguiendo el principio de la conservación del momentum por parte del contrapeso, tiempo que es aprovechado por la operadora para continuar entresacando la hebra de algodón, que queda enrollada en el eje. Este proceso se repite hasta que la rueca se carga con ovillo.

TEJIDO

El hilo de algodón es tejido (M: lukaya; T: kilnin; P: anini; U: dabnaka) sobre un telar horizontal (M: slabin; S: slabin silamba) de la más simple construcción y muy semejante al que muestran los códices mejicanos, todavía en uso por los mayas y otras tribus de América Central. Consiste en un enjullo para la hilaza y otro para la tela,

---

[45] Compare con el término mexicano malacatl, malacate.

conectados por el tramado. El primero es atado a un pilar de la casa, a unos 6 pies del suelo, mientras el otro se amarra en torno de la espalda de la que está tejiendo, por medio de una cuerda gruesa, que le permite socar el tramado a voluntad con sólo echarse para atrás. Terminado el trabajo, se enrolla en la parte de abajo. Telares de técnica similar se encuentran en América del Sur y en Oceanía.

OTRAS MANUALIDADES

FIBRAS VEGETALES

Los indígenas obtienen una resistente fibra (M: sani; S: wahso) a partir de varios árboles conocidos localmente como «mahoe» o «majagua» (M y S: sani, wabpi, wabmatis, tailu)[46]. Se entresaca la mejor fibra de estos árboles, se hiende y corta en muchos hilos al tamaño deseado para hacer mecates, cordeles, hamacas (M: silimika; S: wab) y alforjas (M: kua; T y P: wili; U: wali). Se da color a estos artículos con tinturas vegetales nativas. Las alforjas son de varios tamaños y consisten en un trenzado continuo; están provistas de una tira para la cabeza, tejida en una sola pieza con la alforja.

Fibras de la corteza interior sirven entre los indígenas también como material de amarre y siempre se encuentra alguna provisión de este material en las chozas. También se usan como mecapal, el cual, puesto en la frente, soporta el peso que se carga sobre las espaldas.

FIBRA DE PITA

La pita o zacate de seda (M: kara; S: awa), se emplea como fibra de corteza interna para usos similares. Los artículos confeccionados con ella son prácticamente indestructibles. También sirve como hilo de pescar, red y cuerda de arco; además, para remendar calzado. Su extracción es muy laboriosa. La envoltura pulposa que rodea las fibras se remueve raspando sobre una tabla la superficie de la hoja con un machete o un cuchillo de hierro pesado. Las fibras que entonces quedan expuestas se sueltan y son fácilmente jaladas, frotándolas transversalmente en la hoja, mientras ésta se mantiene extendida

---

[46] La majagua es el Hibiscus tiliaceus L. (N. del T.)

sobre la tabla. A continuación se lavan para quitarles cualquier residuo de pulpa; se secan y enrollan como cuerda sobre el muslo.

CESTERÍA

La cestería no está muy bien desarrollada, a pesar de que en la región de la Costa Mosquitia, bien mojada por las lluvias, no hay escasez de palmas, enredaderas, trepadoras y plantas epífitas, que pueden usarse en la fabricación de canastos. Algunas enredaderas se usan para amarres en la construcción de viviendas. Las alforjas hechas de fibra de corteza, o de pita, sustituyen a los canastos. Del bejuco wari se hace un canasto redondo (M y S: uslun, usnun), donde se guardan jícaras y ciertos utensilios pequeños de cocina. Otros tipos, fabricados por los Sumus, son los llamados wab-taina y sidan. Un cesto grande, a prueba de agua, conocido localmente como pataki, se obtiene del comercio con los Garífuna; está hecho de la fibra llamada siwa.

ARTÍCULOS DE CUERO

El arte de curtir ha sido aparentemente aprendido de los blancos. Los indígenas usan la corteza de numerosos árboles nativos para estos efectos. En la actualidad utilizan el cuero para forrar tambores, vestidos de disfraz, sandalias, mocasines, fajas y crudas albardas.

INDUSTRIA CAUCHERA

Ciertos indígenas han aprendido la técnica de endurecer la leche del árbol de hule (Castilla sp.), tratándola con azufre. De este modo la aplican a bolsos, cartucheras y capotes, volviéndolos impermeables. Esta industria, sin embargo, está en manos de los Ladinos principalmente.

ARTESANÍAS DE MADERA

Artículos decorados en madera (M: sulati; T y P: sini; U: panba), tallados con machete o azuela a partir de una tuca sólida, son de uso universal. En tiempos pasados, estos artículos presentaban patas muy centradas y caprichosamente decoradas, con cabezas de animal o de algún bello pájaro, recordando mucho a los metates que se encuentran ocasionalmente en sitios antiguos.

Un bastón, o un cetro de madera dura, con una cabeza humana tallada en la empuñadura, era antiguamente emblema de oficio o de autoridad, pero esta costumbre fue aparentemente introducida por los ingleses o los españoles, ya que el objeto no tiene nombre nativo. Bastones similares forman hoy parte del atuendo de los sukias Místitos.

El pilar central de la casa, en las viejas chozas de los Sumus, estaba muy decorado. El arte del tallado también se practicaba en varios implementos domésticos de madera, como por ejemplo, en los grandes cucharones (M: kustara; T y P: pan-yamma; U: kusaro) y en las cunas (M: kusañ; T y P: pala; U: lim). Los motivos tallados en madera representan generalmente cabezas humanas o de animales y figuras geométricas; rara vez diseños florales. En los festivales de los muertos, celebrados por los Místitos, se usan a veces tocados con tallas de animales o cabezas humanas.

JÍCARAS ESCULPIDAS

El jícaro común (M: kabmi, kami; S: sutak) es tallado por Místitos y Sumus con diseños geométricos simples, tales como triángulos, círculos, líneas en zigzag, paralelogramos, que recuerdan los usados en los tatuajes, en la cerámica y en las telas de tunu pintadas, como también las inscripciones sobre las grandes rocas de los ríos. Pero según los indígenas, estos diseños, sin embargo, son simples ocurrencias que sirven únicamente para identificar sus jícaras.

Sapper (f. 206-210) describe e ilustra una jícara bien tallada y pintada que obtuvo de un jefe Sumu del río Bocay.

COLLARES

Las mujeres de ambas tribus son muy ingeniosas en la fabricación de bellos collares ornamentales, de varios colores, para ser lucidos alrededor del cuello, en la muñeca, debajo de la rodilla y arriba del tobillo; los varones ocasionalmente los usan como pulseras o como ceñidor de la frente. Los diseños muestran animales, especialmente culebras. Dos modelos de collares han sido dibujados por Sapper (a:

274); uno representando canaletes y el otro la piel de la salamandra rikaya.

Los indígenas emplean cuentas de vidrio pequeñas (M: lilyura; T y P: ala; U: tasañka) que obtienen de comerciantes extranjeros. Los colores preferidos son verde, azul, negro y blanco; mientras que el rojo, café y amarillo se usan en muy raras ocasiones.

Fellechner (137), sin embargo, afirma que las cuentas azules no son apreciadas por los Mískitos y que, por el contrario, prefieren las rojas y amarillas. Hilo blanco y pequeñas agujas (M: silk; T y P: silip; U: akusa, del español «aguja»), de manufactura extranjera, se utilizan para ensartar las cuentas.

.

NAVEGACIÓN Y CONSTRUCCIÓN DE CANOAS

Los viajes se efectúan principalmente en canoas, pues casi no existe ningún camino en la región, fuera de los senderos de cacería; numerosos ríos navegables intersectan la región y forman con las lagunas y el mar los únicos medios de comunicación.

Los Mískitos que viven junto al litoral, del Cabo Gracias a Dios al sur, son excelentes marinos; eran admirados por su coraje por los mismos bucaneros (Raveneau de Lussan: 440). Los Mískitos al norte del Cabo, sin embargo, navegan en ríos y lagunas, pero rara vez se aventuran en el mar. Los indígenas que viven tierra adentro, por otra parte, le temen al mar y a las grandes lagunas, en cambio se encuentran perfectamente cómodos en el monte, siendo muy diestros en la navegación de los ríos con sus botes, sorteando los más peligrosos raudales y cascadas.

PUENTES
Puentes de bejucos, de los que se encuentran en otras partes de América Central, son desconocidos en la Costa Mosquitia. Ocasionalmente, Mískitos y Sumus improvisan un puente sobre una estrecha corriente, derribando un árbol a su través. Prefieren usar las canoas para cruzar los ríos.

TIPOS DE CANOAS
Dos tipos de canoas excavadas son usados en la Costa Mosquitia. El llamado dori, o canoa de quilla, para navegar en el mar y en las lagunas, mientras que el pipante, o canoa de fondo plano, se deja para los ríos. Las canoas de mar son veleros rápidos, aunque un tanto destartalados. Todos estos botes son excavados por medio de la azuela; los más grandes, que pueden alcanzar unos 40 pies de largo por 5 de ancho, son tallados de un solo tronco, sin ningún añadido.

PIPANTE
El pipante es un bote angosto de fondo plano que cala poca agua; por lo tanto, es particularmente adecuado para navegar en los riachuelos poco profundos del interior, donde abundan los raudales y los saltos. Se desliza silencioso sobre el agua y se maniobra con gran

facilidad, pero es muy endeble y el más ligero movimiento es capaz de volcarlo. Tanto la proa como la popa se proyectan en forma cuadrada, a manera de pequeña plataforma, lo suficientemente amplia para soportar a una persona de pie. La proa lleva un agujero donde se inserta una pértiga, perpendicular al fondo del río, para amarrar el bote de las riberas o en los bajíos. El pipante tiene un fondo muy grueso y por esa razón puede aguantar fuertes maniobras cuando lo jalan entre las rocas sobre los raudales o en los saltos.

El nombre de pipante, que es un término de uso común entre la población de habla inglesa de la vertiente oriental de América Central, deriva de la palabra Mískita pitbam, que significa plegado o corrugado. Algunos afirman que en tiempos pasados los Mískitos hacían canoas rudimentarias de juncos plisados, a las que estopaban aplicando una delgada capa de barro. Los Ladinos han degenerado la palabra original pitpan en pipante. Los Mískitos del curso superior del río Coco, que no conocen otro bote más que el pipante, aplican el nombre de dori o duri, indistintamente, a los botes con o sin quilla, pero entre sus paisanos que viven cerca del mar, dicho término está restringido al primero de los casos. En todos los dialectos Sumus ambos tipos son llamados kuria.

BATEL

Una forma grande de pipante, conocida con el nombre francés de «bateau», se usa generalmente para transportar cargamento en los ríos de la Costa Mosquitia. Se fabrica agrandando un pipante ordinario; éste se corta longitudinalmente en dos mitades iguales, entre las que se insertan tablones y luego se rejuntan las partes. También los lados se levantan. Tales barcazas o bateles son gobernados por seis remeros y tienen capacidad para transportar cinco mil libras de peso. En algunos ríos grandes operan algunos bateles hasta de 60 pies de largo y de 4 a 6 de ancho, con capacidad para 100 quintales españoles (es decir, 4,600 kilogramos, o 10,145 libras inglesas) en mercaderías. Son manejados por 10 o 12 indígenas. Una pequeña cabina, o «carroza» para los pasajeros se levanta inmediatamente enfrente de la silla del capitán, quien timonea el bote desde la popa con la ayuda de un remo gigantesco. Dicha cabina está hecha de lona, o simplemente de bambú o de grandes hojas, dando protección contra el sol y el agua.

CONSTRUCCIÓN DE UNA CANOA

La manera de cortar los árboles y ahuecar los troncos, en tiempos pasados, era la misma que se practicaba en otras partes del Nuevo Mundo antes de la llegada de los españoles. Con un hacha de piedra se anillaba la corteza y la base del árbol, dejándolo secar. Entonces se aplicaba fuego en contorno y la madera era raspada en la parte carbonizada. El proceso se repetía hasta que finalmente el árbol era tumbado. El ahuecado del tronco también se hacía aplicando alternativamente el hacha y el fuego. Se mantenía agua a mano para apagar cualquier siniestro que amenazara quemar más madera que la necesaria.

La anchura de la canoa crecía después de haberla colmado con agua durante varios días; entonces era fácil insertarle ciertos varejones y estirar la madera para ensancharla. En tiempos pasados, algunas tribus Sumus solían preparar ciertas rústicas canoas para ofrecerlas como tributo al Rey de la Mosquitia.

ÁRBOLES UTILIZADOS

A continuación enumeramos una lista de varios árboles que sirven a los indígenas mencionados para construir sus canoas:

Caoba (M y S: yulu; Swietenia macrophylla, King). Es el árbol más usado, pues es muy abundante en la Costa Mosquitia. Las canoas de este material son muy durables, aunque un poco pesadas y a menudo sufren el ataque de gusanos taladradores.

Cedro (M: yalam, winkur; S: subun, winkur; Cedrela sp.). Canoas de este tipo son muy livianas y relativamente durables; aunque la madera se parte fácilmente, ofrece la ventaja de no estar sujeta al ataque de los gusanos.

Guanacaste (M y S: tuburus; Enterolobium cyclocarpum, Griseb). Se pueden hacer largas canoas, pero su madera liviana y blanquecina no es perdurable. Debido a ciertas supersticiones en relación con este árbol, se le usa muy rara vez en la construcción de los botes (Ver la parte sobre Religión, etc.).

Saba (M: swa; S: saba; Carapa guianensis, Abubl, o Guarea caoba, C.D.C.). Esta madera difícilmente se distingue de la caoba, tanto en color como en apariencia general, aunque es menos duradera.

Santa María (M y S: krasa; Calophyllum brasiliense var.). Se usa rara vez y es más apropiada para canoas pequeñas, ya que el árbol no alcanza gran tamaño como las variedades atrás mencionadas. La madera es persistente pero dura.

Barbachele (Vochysia hondurensis, Sprague). Se usa ocasionalmente en la parte sur de la Costa Mosquitia para fabricar canoas. La madera se parece a la de la ceiba, aunque es de mayor duración. Tiene, sin embargo, el inconveniente de absorber agua, además de podrirse donde se le mete clavo.

Banak o árbol de cebo (M y S: banak; Virola merendonis?). Es un árbol grande del cual ocasionalmente se fabrican canoas.

PALANCAS

Las canoas se impulsan con largas varas o palancas, o con los remos. Estas palancas (M: kabra, kabara; T: kaba pan; P: kaba pana, kurin pana; U: pan san) se usan en aguas poco profundas, de rápida corriente y fondo sólido. En un pequeño y destartalado pipante este método de viajar no es muy agradable, especialmente para el recién llegado, pues cada vez que el botero, de pie sobre la proa, empuja con la vara, la canoa empieza a bambolearse como si fuera a darse vuelta. El capitán, sentado en la popa, timonea con un gran remo.

REMOS

Los remos (M: kwahi; T y P: kawai; U: waibna) son de hoja ancha, hechos generalmente de caoba o de cedro. Miden de 4 a 5 pies de largo y están pulidos rústicamente. Grandes remos también son usados, especialmente por el timonel, para impulsar el batel. En su extremo superior el remo presenta un ensanchamiento o «oreja» (M: kyama; S: tapani, tapaka) que sirve como asa para una mano, mientras la otra mano afianza el remo, unos dos pies más abajo. Los remos se mueven verticalmente a lo largo de la regala del bote, mientras la hoja empuja para atrás el agua, con la fuerza aplicada en rápida sucesión de golpes.

VELAS

En otros tiempos se decía que los Mískitos empleaban velas (M: kwaltara; T y P: asna nobni; U: asna nobka)[47] de algodón nativo; pero esta manera de facilitar la navegación puede ser de introducción europea. Actualmente, los indígenas hacen velas de lona o de otras telas importadas y las izan en el mar, las lagunas y en los ríos más grandes.

BALSAS

Para bajar los ríos, los indígenas también emplean balsas (M: publak; T y P: pala, dana; U: lim). Las hacen amarrando un cierto número de troncos de balsa, u otros maderos livianos, con la ayuda de bejucos o de fibras vegetales. Cuando carecen de este tipo de madera, usan a veces tallos de banano, aunque éstos pronto se saturan de agua. Los troncos quedan generalmente medio sumergidos, pero en las grandes jangadas, hechas de balsa, los nativos descienden desde el interior trayendo pesada carga de mercadería o ganado.

DESTREZA Y RESISTENCIA DE LOS BOTEROS INDÍGENAS

Tanto Mískitos como Sumus son notables por su habilidad y resistencia como boteros. Trabajan en sincronía y en cada envión todos los remos golpean al unísono en la regala de la canoa. De vez en cuando, a la señal del timonel, todos los remeros azotan simultáneamente con la parte plana de la hoja la superficie del agua.

Los indígenas ribereños del interior son muy diestros para maniobrar las canoas a través de los saltos y raudales. Cuando remontan el río, el bote es generalmente jalado siguiendo un canal lateral, o se arrastra sobre el terreno con la ayuda de fuertes mecates o de bejucos[48] que se atan a un agujero en la proa. Mayor peligro se presenta al «dispararse» entre los raudales. La canoa, impulsada a

---

[47] Estos nombres significan literalmente "tela grande".

[48] Muchos árboles están recubiertos con tales bejucos parásitos o lianas, que trepan por los troncos hasta las ramas, de las que cuelgan libremente como mecates, con tamaños desde delgados a otros que miden hasta 2, y aún 3 pulgadas de diámetro. Son más fuertes que una cuerda o un mecate y resisten la influencia del clima mucho mejor.

gran velocidad, baja entre zigzagueantes canales sembrados de rocas erizadas. En tales ocasiones, uno de los indígenas se yergue sobre la proa, balanceando la canoa con una vara, lista a apoyarla sobre cualquier roca para guiar al veloz pipante hacia rumbo seguro, y así evitar todos estos peligros. Durante la operación, cada quien guarda silencio y se mantiene alerta, salvo por los cortos y agudos gritos que el botero de proa dirige al capitán en la popa, quien asiste al primero con el golpe preciso del remo. Si la canoa «hace agua», los indios saltan por la borda y, colgándose de ella con una mano, «achican» el líquido con la ayuda de un guacal que utilizan con la otra mano.

DOMESTICACIÓN DE ANIMALES Y PÁJAROS

ANIMALES INDÍGENAS

Muchos animales nativos son mantenidos como animales domésticos. Entre los que se ven con más frecuencia están el capuchino o mono cara blanca (Cebus sp.), el mono araña (Ateles sp.), el mono aullador o congo (Alouatta sp., sinónimo de Mycetes sp.), la guardatinaja (Cuniculus sp.), la guatusa o cuílla (Dasyprocta sp.), los venados (Odocoileus sp. y Mazama sp.), el pizote (Nasua narica) y el mapache (Procyon lotor).

Wickham (b: 163; c: 200)[49] encontró una nutria domesticada entre los Ulwa del río Escondido. Las mujeres indias tienen una gran paciencia para domesticar animales jóvenes, e incluso los amamantan como si fueran sus propios hijos. Estos animales se capturan cuando todavía son cachorros.

AVES INDÍGENAS

El chompipe se ve ahora en casi todas las chozas. Entre otras aves nativas, también domesticadas por los indígenas, se encuentran: el pavón (Crax sp.), la pava (Penelope sp.), el pato real (Cairina moschata), la lapa (Ara sp.), la lora (Chrysotis sp.), el chocoyo (Conurus sp.), el tucán y el pitorreal (Ramphastos sp. y Pteroglossus sp.).

Estas aves se toman de los nidos cuando aún son polluelos, aunque también las formas adultas pueden ser domesticadas. Cuando quedan mal heridas o son golpeadas por una flecha de punta roma, se llevan a casa donde se les mantiene por algunos días sin probar bocado. Después de tal tratamiento se vuelven muy dóciles y se disponen a comer cualquier alimento que se les ofrezca.

ABEJAS NATIVAS

De vez en cuando es posible encontrar varias especies de abejas nativas, carentes de ponzoña, que revolotean en un estado semidomesticado alrededor de las viviendas indígenas. Se conoce alrededor de una docena de especies en la región, todas pertenecientes

---

[49] Mejor conocido en la región como "perro de agua". (N.d.T.)

a las familias de las Melipónidas. La más grande es del tamaño de la abeja europea.

Construyen celdas circulares y la miel es amarilla y algo ácida en sabor; no cristaliza cuando se guarda por un tiempo, como sucede con la miel de la abeja europea. Es ligeramente laxante y, por lo general, se la diluye en agua, ya sea en estado fresco o un poco fermentada. Antes de la introducción del azúcar de caña, la miel era usada como edulcorante. La cera, que es de color café claro, se usa como «cemento» para hacer flechas, lanzas y otros implementos; en ciertas regiones también se la utiliza como lumbre. Los indígenas también colectan miel de las colmenas que encuentran en el bosque y la guardan en canutos de bambú.

ANIMALES DOMÉSTICOS DE ORIGEN FORÁNEO

Los animales domésticos más comunes son el perro, el cerdo, el ganado y las gallinas; mientras que el caballo, el gato, la cabra y las ovejas se ven muy rara vez. Todos ellos son foráneos y han sido introducidos desde el interior de Honduras y de Nicaragua. Entre los indígenas son conocidos invariablemente por sus nombres en español o en inglés.[50]

Cuando la familia va de viaje, cargan con todos sus animales.

GANADO VACUNO

Las vacas (M: bip, del inglés "beef"; S: toro, tomado del español) son conocidas entre los indígenas, especialmente por aquéllos que viven en las sabanas. Se alimentan de zacate áspero, ya que los indígenas no plantan gramíneas artificiales. Casi nunca son ordeñadas, pues sus dueños no quieren "robar" la leche destinada al ternero, pero la carne es muy apreciada.

CABALLOS

Los caballos (M: aras, del inglés "horse") no son tan comunes, mientras mulos y burros se caracterizan por su ausencia. El caballo es a veces utilizado como cabalgadura por los indígenas de la sabana; la

---

[50] Los Ulwa, sin embargo, llaman a la vaca y al caballo con los mismos nombres nativos que aplican al venado (sana) y a la danta (pamka), como lo hacen cierto número de tribus de la América Central y del Sur.

carga se transporta ya sea por canoa o sobre los hombros humanos. Los indígenas montan en pelo y usan una clase de freno, que consiste en un mecate hecho de fibra de corteza, que se amarra flojamente alrededor de la quijada, dejando los extremos como riendas. Cuando cruzan un río hondo, el jinete se apea y nada al lado de la bestia, agarrándose de la crin. La manera empleada para domar un potrillo es muy simple. Un hombre lo conduce al río, atado con un mecate, hasta 3 ó 4 pies de profundidad. A continuación, otro salta rápidamente sobre sus espaldas, mientras el animal asustado comienza a corcovear en el agua. Al rato, completamente agotado, se deja someter.

CERDOS

Los cerdos (M y T: kwirku, del español "puerco"; P y U: kusi, del español local "cuche"), fueron encontrados ocasionalmente entre los Mískitos a finales del siglo XVII (M.W.: 310). Rara vez los comen los indígenas y los ejemplares gordos son vendidos a los Ladinos y extranjeros. Poco cuidado se pone en estos animales; se les deja merodear por la vecindad y buscar buena parte de su comida por sí mismos. En la noche se les encierra en el chiquero, junto a la choza, o se les lleva adentro y atan a un poste, en vista de los varios felinos que los puedan atacar.

AVES DOMÉSTICAS

Estas aves (M: kalila, del español "gallina") abundan en toda casa. Se estiman en función a la capacidad aparejante de los gallos, los que sirven también para dar la hora en la noche. Los Mískitos ya poseían ciertas aves de corral a finales del siglo XVII (M.W.: 310). Entre los Sumus estas aves son llamadas sakara y katarama; que más bien parecen nombres onomatopéyicos; términos similares se encuentran en otras partes de América Central.

PERROS

En cada vivienda mískita siempre se encuentran alguno que otro malévolo y famélico perro, listo a robar en un instante si uno no está atento. Se les mantiene para entretenimiento, como vigilantes, pero sobre todo como perros de caza. Buenos canes, especialmente aquéllos entrenados para cazar jaguares o pumas, son de muy alto precio. Los indígenas suelen alimentarlos muy poco, por temor a que pierdan todo interés en la cacería. Estos perros son, por lo tanto, flacos, con sus largos huesos muy visibles a través de la piel. Merodean por la casa durante la noche y buscan su cubil al pie de la cama de los amos, siendo por tanto los responsables de la abundancia de pulgas, ávidas de sangre, que se encuentran entre las viviendas indígenas.

Según Belt (204) los Sumus que vivían en las cabeceras del Río Grande solían visitar periódicamente los pueblos españoles en busca de perros. Trocaban una escopeta o un gran perol de hierro por un simple can, siempre que fuera del color deseado. Algunos Ladinos, en los alrededores de Olama, habían iniciado, en esos días, el negocio de la crianza de perros para suplir la demanda. Estos indígenas mostraban especial interés por los perros de color negro, con preferencia a los otros de diferente color.

Lehmann (C: I, 405) afirma que los Mískitos anteriormente enterraban un perro rojizo (pauan) junto con el amo fenecido, en la creencia que lo serviría en su viaje de ultratumba. Sin embargo, el autor nunca ha observado que los Sumus, ni los Mískitos, muestren preferencia por un determinado color.

No hay registros de la antigua presencia, en la Costa Mosquitia, del "xulo" (Xolot), o perro mudo, que fue domesticado en la región del Pacífico de Nicaragua en tiempos de la conquista. El nombre nativo de perro común (M: yul; S: sul, sulu, solo) muestra una estrecha afinidad con esa palabra náhuatl. Allen ha identificado al perro mudo en cuestión con el mapache, el cual, sin embargo, es denominado suksuk por Mískitos y Sumus.

AGRICULTURA

La agricultura no se encuentra altamente desarrollada en la Costa Mosquitia, como en el resto de Honduras y de Nicaragua; sin embargo, suministra los medios principales de subsistencia.

PREPARACIÓN DEL PLANTÍO

Para hacer sus plantaciones (M: insla; S: yamak), los indígenas limpian un pedazo de la selva, generalmente ubicado en las riberas de un río navegable. El trabajo arduo, que consiste en tumbar los árboles y despejar el terreno, es obra esencial de los hombres. Los grandes árboles selváticos se dejan en pie, pero otros gigantes de la selva se botan. Este trabajo tiene lugar a principios de la estación seca, alrededor de febrero o marzo. A comienzos de mayo se aplica fuego a toda la masa entremezclada.

Una vez preparado el terreno en esta forma entran las mujeres a tomar posesión del área, ocupándose de plantar y desyerbar. Algunas veces marido y mujer siembran juntos, pero la cosecha queda en manos del sexo femenino.

El hacha, el machete y la "barreta", o chuzo, son los únicos implementos agrícolas empleados. La elevada temperatura y humedad, por todo el año, permiten un constante crecimiento de la vegetación y aun los árboles dan frutos en todas las estaciones.

El suelo es por lo general muy fértil, aunque grandes parches en la región están cubiertos con sabanas de suelos arenosos y de gravas muy inadecuados para cultivo, ya que producen sólo escaso pasto, pinos, encinos y varias especies de plantas matorralosas. Los indígenas de esas regiones se ven por tanto compelidos a hacer sus plantíos en las riberas del río, a considerable distancia, a menudo, de sus viviendas.

INFLUENCIA DEL CULTIVO SOBRE LA SELVA

El monte, que se genera nuevamente a partir de las semillas de los árboles selváticos que germinan en el terreno, es cortado de vez en cuando. Después de haber obtenido dos o tres cosechas de la plantación, comienza a aparecer en el lugar una variedad de malezas arbustivas y de gramíneas que se enraizan sobre el terreno. Se abandona entonces el plantío, pues los indígenas consideran que ya no vale la pena emplear un gran esfuerzo para mantener el terreno limpio. Más bien prefieren hacer una nueva plantación (M: insla disan; S: yamak wisam), aclarando otro pedazo de la selva virgen que asegure una mejor cosecha.

El monte que viene creciendo en la plantación abandonada (M: insla prata; S: yamak ba) al no ser interferido más continuamente termina por ahogar malezas y gramíneas. Como todavía existe un cierto número de árboles grandes que se respetaron al inicio, la plantación abandonada, después de 15 ó 20 años, no mostrará diferencias con el bosque primitivo que la rodeaba. Pudiera cortarse nuevamente para hacer una nueva plantación.

Como la región está escasamente habitada, los indígenas siempre encontrarán selva virgen a corta distancia de sus viviendas. Además, como algunos de ellos son seminómadas, pueden cambiar el sitio de la villa de vez en cuando. De continuar haciendo sus plantíos en el mismo lugar, en forma repetida cortando y recortando el monte, provocarán un gran cambio. El suelo no contendrá más las semillas de los árboles selváticos y gramíneas, y matorrales pronto tomarán posesión del lugar. Este fenómeno puede observarse alrededor de ciertas villas donde, debido a esta acción, la selva ha sido obligada a retroceder pulgada por pulgada en forma progresiva pero eficaz.

BANANOS Y PLÁTANOS

Vale la pena anotar que la más importante planta alimenticia entre los Sumus y Mískitos que viven tierra adentro, el banano (M: siksa; S: wakisa, pasa, inkin), no es nativo de América. Fue aparentemente traído por los españoles desde las Islas Canarias, en los primeros años del descubrimiento; primero a Santo Domingo (Haití) y luego a tierra firme. Según el testimonio de los bucaneros de finales del siglo XVII, bananos y plátanos eran ya cultivados en ese tiempo por los Mískitos de Cabo Gracias a Dios.

Raveneau de Lussan (429) vio, en 1688, muchos bananos sobre las riberas del río Coco y afirma que habían sido plantados por los Albaoüinas (= Sumus), así como por las corrientes. También encontró esta planta cultivada por los Mulatos, que vivían en la vecindad de Cabo Gracias a Dios (438). Dampier (I, 9-10) menciona los plátanos entre los Mískitos, aunque no dice nada con respecto a los bananos. Exquemelin (edición inglesa 114, 251), por otra parte, vio bananos, plátanos y «racoven»[51] entre esta misma tribu, así como entre los Kukras de Corn Island, cuando visitó la costa en 1671 y 1672. M. W. (302, 310) también menciona bananos y plátanos como plantas cultivadas por los Mískitos.

Existe una gran variedad de bananos y plátanos cultivada por estos indígenas, pero la más común, hasta el momento, es la llamada «Gros-Michel» (también Jamaica, Martinica, Guadalupe o Bluefields), que se conoce entre los Ladinos como «patriota» o «blanco» y constituye la única variedad que tiene demanda en el mercado internacional.

El banano chino o enano (Musa chinensis, Syn. M. bumilis y M. cavedisbi), que es el cultivado en las Islas Canarias para suplir los mercados europeos, también se siembra aquí, aunque poco; representa la única especie adecuada para desarrollar en la zona templada y en las mayores alturas de los trópicos. Se cultiva en Florida y al sur de Louisiana, donde las llaman «horse banana».

Algunas variedades del plátano (Musa paradisiaca normalis; M: plato, del español «plátano»; S: waki), también son cultivadas por ambas tribus. Existen algunos nombres nativos para ciertas variedades locales, tanto del plátano como del banano.

YUCA O TAPIOCA

La yuca dulce (Manihot palmata Muell, o M. aipi Pohl; M: yaubra; S: malai, maley), es bastimento para los Mískitos costeros; también la cultivan los que viven tierra adentro, así como además los Sumus. Esta planta alimenticia fue mencionada por Raveneau de Lussan (438), Exquemelin (edición inglesa: 251), y M. W. (310). La yuca amarga (Manihot utilissima Pohl) es desconocida entre Mískitos y Sumus, aunque es extensamente cultivada en dos diferentes

---

[51] Este nombre es probablemente el término corrupto de pacoba, bakaoeba o bacoven, nombre del banano en Brasil y las Guayanas. Esta palabra deriva de pako o pakoba, «banana» en la lengua Tupí-Guaraní. En la edición española de la obra de Exquemelin (p. 453) la palabra, en efecto, se deletrea «bacoves». Compare también Van Panhuys, Observation on the Name Bacove, 21 International Congress of Americanists. Goteborg, 1925.

variedades por los Garífuna y los Paya de Honduras, quienes eliminan el venenoso ácido prúsico que contiene usando métodos ingeniosos.

QUEQUISQUE

Esta planta, que es conocida localmente entre la población de habla inglesa con el nombre jamaiquino de «coco» (Xanthosoma sagittifolium Schott; M: duswa; S: wilis), se cultiva también por su tubérculo comestible. Es muy similar en aspecto y hábitos a la malanga (Colocasia sp.), que sirve de bastimento en las islas del Pacífico.

BATATAS

Hay algunas variedades de batatas (Ipomoea batatas Poir.; M: tawa; S: pai). Esta planta alimenticia fue encontrada por varios autores del siglo XVII entre los Mískitos del Cabo Gracias a Dios (Exquemelin, edición inglesa: 251; Dampier: I, 9; M. W.: 310). También era cultivada por los aborígenes de Corn Island en esos días (Exquemelin, edición inglesa: 114).

ÑAME

Diferentes variedades de ñame (Dioscorea sp.) son cultivables; de origen africano, los indígenas no tienen nombres nativos para esta planta. Existe, sin embargo, una variedad semisilvestre, de color morado que es llamada usi por Mískitos y Sumus; es la que probablemente menciona Dampier (I, 9) y M. W. (310).

OTRAS LEGUMBRES

Ayotes y pipianes (Cucurbita pepo L.; M: iwa; S: ati) se cultivan hasta cierto punto, mientras que el chayote (Sechium edule Sw.; M y S: mukula) y el tomate (Lycopersicum esculentum Mill.) se plantan en forma irregular. Esta última planta parece ser nativa, aunque no existe un nombre aborigen para ella.

MAÍZ

El maíz indio (Zea mays L.; M: aya; S: am, ama), que forma el bastimento práctico para toda América Central, se cultiva muy espaciadamente entre los Mískitos. Sin embargo, ya había sido observado entre ellos durante la última parte del siglo XVII, por Raveneau de Lussan (438) y por M. W. (308, 310). Esta planta alimenticia es mejor estimada por los Sumus, especialmente por los Twanka y Ulwa, que cultivaban una variedad nativa de maíz de inferior calidad. Se almacena colgándolo del techo, entre la humareda, para evitar su enmohecimiento.

FRIJOLES

Los frijoles rojos y negros (Phaseolus vulgaris L.), que se utilizan como comida básica en amplias áreas del norte y del oeste de América Central, se cultivan en muy pequeña proporción tanto entre Mískitos como entre Sumus. La variedad roja es la que usualmente se encuentra; es un poco más pequeña que los frijoles rojos arriñonados de los Estados Unidos. Ambas tribus tienen un nombre nativo (M: snek, snik; S: sinak) para esta planta; como estas designaciones también se aplican a una enredadera que crece silvestre y que carga unas frutitas en forma de frijoles, es muy probable que los verdaderos frijoles hayan sido introducidos sólo en tiempos recientes. En efecto, esta planta alimenticia no es mencionada por ninguno entre los escritores del siglo XVII.

ARROZ

Esta planta (Oryza sativa L.) es raramente cultivada y de reciente introducción; se le conoce por su nombre inglés o español. El grano es pesado y redondo y difiere considerablemente del arroz silvestre, nativo de América tropical (Zizania sp.), cuyo grano es largo, estrecho y oscuro.

PALMA DE PIJIBAY

El pijibay o palma de pijibay (Guilielma utilis Oerst.; M y S: supa), se cultiva en toda la Costa Mosquitia por sus frutos comestibles, generalmente alrededor de las viviendas indígenas. El nombre centroamericano de esta planta parece haber sido tomado de la lengua Arawak de Haití. La palmera es probablemente de origen suramericano y se cultiva extensamente en las regiones tropicales de ese continente.

Se le identifica bajo una gran variedad de nombres, entre los cuales los siguientes son los mejores conocidos: gachipaés, cachipaes o cachipay (Colombia); chonta[52] (Ecuador), piritu, projao (Venezuela), pupunha (Brasil), paripu, paripi y peach palm (Guayanas).

En la vertiente atlántica de América Central esta palmera crece tan al norte como el río Tinto en Honduras, pero por el Pacífico su límite norte llega hasta el Lago de Nicaragua. Se le encuentra sólo en estado cultivado y, si se la ve en lugares aislados, es para indicar que ahí existieron villas. Una variedad silvestre, que ofrece frutas pequeñas no comestibles, se encuentra en la Costa Mosquitia hasta el sur de Bluefields; ahí se la conoce como «pijibay de monte» o «wild supa».

PALMERA DE COCO

El cocotero (Cocus nucifera L.) llamado kuku por ambas tribus, se encuentra en estado semisilvestre por toda la costa; algunas de las tribus del interior han plantado también unos pocos árboles. Esta palmera no es mencionada por los bucaneros que visitaron la Costa Mosquitia, como Exquemelin, Dampier y Raveneau de Lussan; sin embargo, la encontró M. W. (310). Los indígenas hacen poco uso del coco, salvo para beber su agua o comer la suave copra de su nuez joven; muy pocos extraen el aceite, como lo hacen los creoles y los Garífuna.

CAÑA DE AZÚCAR

La caña de azúcar (Saccharum officinarum L.; M: kayu, del español «caña»; S: tisnak), fue introducida al Nuevo Mundo por los españoles en la primera parte del siglo XVI; primero a las Indias Occidentales y luego a la Tierra Firme.[53] Los diversos escritores bucaneros no dicen una palabra de su existencia entre los Mískitos. La primera mención de esta planta, en la Costa Mosquitia, se debe a M. W. (310), quien afirma que el Rey Mosco Jeremy tenía algunas en su plantación, pero en este tiempo (1699) los indígenas todavía

---

[52] Del Quechua chontarúrru o chontaduro.
[53] Hernán Cortés, el gran conquistador de México, introdujo la planta de Haití a Honduras (Trujillo), tan temprano como en 1526.

desconocían cómo extraer azúcar del jugo de la caña. En la actualidad beben el jugo después de dejarlo fermentar; también lo hierven para hacer sirope y panela.

CACAO

A pesar de ser una planta nativa, el cacao (Theobroma cacao L.; M y S: kakay) es solamente cultivado por los Ulwa, pero en épocas pasadas también era producido por los Mískitos (M. W. 308, 310). Los indígenas también colectan las cápsulas de diversas variedades de cacao que crecen en forma silvestre a la sombra de las selvas.

El cacao pataste o «werbra cacao» (Theobroma bicolor, Humboldt y Bonpland; M: uran; S: kuru), se cultiva en las vecindades de las chozas.

CACTOS

Sloane (a: p. LXXVII) reporta que los Mískitos cultivaban la tuna (Opuntia) para la crianza de la cochinilla; esto debe ser un error, sin embargo, porque dicha industria estaba limitada a las tribus indígenas de la región del Pacífico y del interior, particularmente en México, Guatemala, El Salvador y Honduras.

ÁRBOLES FRUTALES

Los árboles frutales nativos más comunes, además de los enumerados atrás, son los siguientes: piñas (Ananas sativas; M: pibto; S: masa, masabti), papayas[54] (Carica papaya L.; M: twa, twas; S: ulmak, ulumak), aguacate o pera de lagarto (Persea gratissima, Gaertn; M: sikya; S: sikya, sarin), anona (Anona muricata L.; M: dwarsap; S: sapot), guayabas (Psidium guajava L.; M: sikra; S: burimak), marañones (Anacardium occidentale L.; M y S: kasau) y sandías (Citrullus vulgaris, Schrad; M y S: rayapisa). Los jocotes (Spondias purpurea L.), aunque aparentemente nativos, se encuentran rara vez; su nombre indígena de ploms se deriva del vocablo inglés "plums".

---

[54] Los viejos escritores Exquemelin (edición inglesa: 251), Dampier (I, 9) y M. W. (308, 310), encontraron esta fruta entre los Mískitos al final del siglo XVII; en esos días era también cultivada por los aborígenes de Corn Islands (Exquemelin, edición inglesa: 114).

Los más importantes árboles frutales de origen foráneo son los cítricos (naranjas, limones, limas, cidra y toronjas), mangos (Mangifera indica L.), árbol de pan (Artocarpus communis, syns. incisa), tamarindos (Tamarindus indica L.) y manzana-rosa (Eugenia jambos L.).

JARDINES

Alrededor de las casas muchos indígenas cultivan también unos pocos árboles frutales y otras plantas. El jícaro (Crescentia cujete L.; M: kabmi; S: sutak) es muy común en estos jardines. Se le aprecia por su fruto, del cual se saca un receptáculo de cocina muy útil.

Unos pocos arbustos del algodonero (Gossypium peruvianum Cav.; M: wabumk; S: wabmak), chiles (Capsicum sp.; M: kuma; S: anmak, anmak) y achiote (Bixa orellana L.; M: aula, tmarin; S: awal) también se encuentran cerca de cada alojamiento.

Un cierto número de flores son además cultivadas, como la caléndula africana, dondiego blanco y morado, y el hibisco carmesí.

LA PESCA Y SUS APAREJOS

Una buena proporción de los alimentos consumidos por los indígenas primitivos se obtienen del mar, las lagunas y los ríos. La pesca, por tanto, es una ocupación en la cual ambas tribus han alcanzado un alto grado de destrezas. Los principales implementos utilizados para este propósito son los arpones, anzuelos, redes, arcos y flechas.

JABALINA

La jabalina o arpón para arrojar (M: waisku; S: suksuk), se usa en el mar, las lagunas y los ríos grandes. Tiene un fuste de madera, de 8 a 9 pies de largo, en cuyo extremo frontal se ha insertado una punta de hierro con púas. El fuste es de madera fuerte, delgada y liviana, sacada de un árbol llamado «magaleta» (M: sibnak, sinak; S: sina); los Ulwa, sin embargo, usan para este fin la madera de otro árbol conocido por ellos como pan-kuba, del que se dice ser muy superior a la especie atrás mencionada. La punta de acero, flojamente insertada, mide de 4 a 5 pulgadas y es de una vieja lima, en cuyos bordes se ha pulido una doble serie de púas con la ayuda de otra lima. Antes de la introducción del hierro y del acero, los indígenas hacían puntas de lanza de astillas de bambú. Un cordel, de unos 50 pies de largo, viene atado a la punta, mientras que el otro cabo se enrolla en una larga carrucha de madera liviana que actúa como flotador y está adherida al otro extremo del fuste. Los indígenas llaman al flotador kunkun, nombre que los Sumus aplican también al árbol de balsa (Ochroma lagopus Sm.) del cual se construye. Algunas veces el cedro rojo (Cedrela sp.) o las raíces de la anona de pantano (Anona palustris), son empleados por los Mískitos con este mismo fin.

La jabalina es utilizada solamente para los grandes peces, tal como el róbalo, que tiene forma de carpa (M y S: mopt) y el sábalo real (M y S: tapam, tahpam), parecido al salmón, los que se encuentran con frecuencia en los grandes ríos.

Dos hombres trabajan juntos, por lo general, cuando pescan con este implemento. El primero, en la proa del bote, hace señales a su compañero con la mano, indicándole cómo timonear. Se deslizan silenciosamente en el agua y cuando tiene el pez a tiro, es decir a unos

60 pies de distancia, el que va parado en la proa levanta la jabalina con su mano derecha y se dispone a lanzarla contra la presa, cuyo cuerpo posiblemente no ve a través del espesor del agua. La única señal visible es la «onda», o sea, la pequeña ola que el pez produce en la superficie del agua cuando va nadando perezosamente debajo de ella. Los indígenas saben adivinar la especie de pez, así como la profundidad a que nada bajo el agua. Pueden ser unos dos pies. La jabalina es lanzada en tal forma que penetra al agua casi verticalmente; los indígenas rara vez fallan; han practicado este deporte desde que eran chicos. Al dar con el pez la cuerda se desenrolla; el arpón y la carrucha se separan del fuste, aunque permanecen unidos entre sí por la cuerda. La carrucha actúa como flotador e indica los movimientos de la presa; con su ayuda el pez es localizado. Cuando éste se cansa es jalado hacia la canoa, se le da muerte con varejón y se iza. El fuste, que es de madera flotante, se recupera también.

Al comienzo de la estación lluviosa los Mískitos suelen practicar este deporte por la noche, especialmente en las lagunas. En lugares donde el agua entra en contacto con la salada, se ven reflejos producidos por los peces que nadan en el sitio, indicando la presencia de éstos.

En noches oscuras el pez es arponado con la ayuda de una antorcha de pino, que es blandida por un tercer hombre en el bote. El resplandor de la antorcha atrae a los peces y permite al que va en la proa espiar la presa, la cual es inmediatamente atravesada por el arpón. Este deporte de pesca con antorcha se practica principalmente en noviembre y diciembre.

Los Sumus muy rara vez emplean este implemento de pesca, que es de muy poco uso en las pequeñas corrientes pedregosas, donde la gran mayoría de esta tribu habita. Por otra parte, muchos Creoles y Ladinos que viven en la costa han aprendido de los indios a manejarlo.

ARPONEANDO MANATÍES

Un arpón similar, pero provisto de una punta no mayor de dos pulgadas de largo, mostrando una o dos púas, se usa para capturar el manatí o «vaca de mar» (Trichechus sp.). El fuste y flotador son idénticos a los usados para alancear pescado, pero el hilo es más grueso y fuerte ya que el manatí es un animal muy grande y poderoso. Dampier (I, 35-36) nos narra el método practicado por los Mískitos para asegurar este gran mamífero, forma que todavía se utiliza en esta época.

Los indígenas van en busca del manatí en la madrugada, cuando el animal se encuentra pastando en las riberas de los ríos y lagunas. La canoa es cubierta a veces con ramas y montes, dando la apariencia de un árbol o de una isla flotante.

Cuando arponeado, el manatí escapa a gran velocidad, seguido por los indígenas, quienes pueden adivinar el rumbo que lleva por el flotador que ondula sobre la superficie del agua. Se las arreglan para recoger el flotador y atar el extremo del hilo a la proa del bote. Gradualmente avanzan hacia el animal, jalando la cuerda a medida que se acercan. Pero la víctima, al ver u oír que la embarcación se aproxima, escapa una segunda vez, arrastrando la canoa con todo e indígenas, con no poco riesgo para éstos. Finalmente, el manatí queda totalmente exhausto; los indígenas entonces se le acercan y lo matan con sus machetes, o con varejones, y luego lo meten en su pequeña embarcación.

Como el manatí suele pesar entre 500 y 600 libras, esta operación no es muy fácil. Para ello ambos indígenas se lanzan al agua; agarrados del bote por la borda lo inclinan para inundarlo parcialmente; empujan la presa desde abajo hacia la canoa. Luego «achican» el agua introducida con una jícara, mientras la embarcación gradualmente resurge. Cuando ya toda el agua ha sido extraída, se montan de nuevo y reman triunfantes rumbo a casa con su presa.

ARPONEANDO TORTUGAS

El arpón (silak) que se utiliza para alancear tortugas no viene provisto de flotador; es una cuerda de unas 30 brazas de longitud, cuyo extremo distante se amarra a la proa del bote. El fuste es de madera de pijibay, o de cierta especie de palma silvestre, conocidos entre los Mískitos con los nombres de apo y rauwa; se le ata la cuerda firmemente, puesto que el fuste no flota. Este tiene un grosor de 2 a 3 pulgadas y se adelgaza gradualmente hasta terminar en punta en su otro extremo. Lleva por cabeza una punta de hierro o de acero, amarrada con una banda metálica, que evita que el fuste se parta en dos al golpear la tortuga, pues el arpón se lanza con gran fuerza. La punta o cabeza, localmente llamada «pegoste» (silak), tiene forma triangular y lleva una púa en cada uno de sus tres bordes laterales. Mide sólo de 1 1/2 a 2 pulgadas, que en efecto contribuye a perforar la caparazón de la tortuga sin penetrarla ni matarla.

Los indígenas se las arreglan para acercarse por detrás o directamente en frente de la presa, pues ésta no ve muy bien hacia adelante. Cuando la tortuga sube a la superficie para respirar, lo que sucede con intervalos de unos 20 minutos, se lanza el arpón al aire en tal forma que descienda verticalmente sobre ella, perforando su resistente caparazón. Si se tira oblicuamente, rebotaría sobre la concha lisa. Una vez golpeada, la tortuga desaparece bajo el agua jalando la cuerda y el bote tras ella, pero al cabo de un rato queda exhausta de tanto forcejeo. A continuación se inunda el bote e inclina debajo de la presa para levantarla, ya que ésta suele pesar hasta varios centenares de libras. Sacudiendo la canoa de uno a otro lado los indígenas logran extraer bastante agua, para permitir su flotación; lo que es «achicado» con un guacal. Después de haber extraído la cabeza del arpón se tapona la herida con una tela, de otra manera la tortuga moriría.

Estos reptiles son también arponeados de noche; su presencia es señalada por la línea de luz fosforescente que producen en el agua. Un implemento más pequeño se utiliza para capturar tortugas marinas jóvenes y para las diferentes, y aun menores, variedades que habitan en los ríos.

RED DE TORTUGAS

Los Mískitos de Tasbapauni (en Pearl Lagoon) usan también grandes redes para pescar tortugas; miden de 50 a 100 brazas de largo y de 6 a 8 pies de anchura, hechas de cuerda importada. Estas redes han sido introducidas en la región por los pescadores de las Islas Cayman y de las Islas de la Bahía. Estas redes presentan mallas muy grandes; son fijadas en el centro y flotan con boyas colocadas en las márgenes. Tortugas de madera se usan como señuelos atadas a la red para atraer a la presa, la cual queda atrapada entre las mallas donde fácilmente se le captura. Algunas veces las tortugas mueren en la red, imposibilitadas de alcanzar la superficie para respirar.

OTROS MÉTODOS PARA CAPTURAR TORTUGAS

Los indígenas también cogen tortugas marinas en la noche, cuando salen a la playa para excavar el agujero donde depositan sus huevos. Estos animales suelen tapar cuidadosamente el hoyo y ocasionalmente hasta lo cubren con hojas y madera dejadas por la bajamar, previniendo así su detección. Pero los indígenas son muy ingeniosos para descubrir los huevos; se guían por las huellas que deja la tortuga en la superficie arenosa. Hincan con un palo apuntado los lugares sospechosos y por las partículas mojadas que se le adhieren inmediatamente adivinan que un huevo ha sido perforado. Extrayendo el palo lo examinan y huelen; habiendo arribado a una conclusión satisfactoria, proceden a abrir el hoyo. También suelen correr tras las tortugas, detenerlas y voltearlas sobre sus espaldas hasta rendirlas inútiles.

La tortuga verde (M: wh, lih; S: wili), es considerada como un muy apetitoso bocado, aunque la caguama y la carey son también comidas.[55] Esta última especie provee de una concha de mucho valor. Las tortugas son encerradas en un corral o empalizada, llamados «crawls»[56], formados con postes de mangle, enterrados en aguas marinas poco profundas donde son mantenidas hasta que se necesitan para comer.

Varias especies de tortugas de agua dulce, entre las que sobresale la «bocatora» (M: kuswa; S: kowa, kuwa)[57] son también altamente apreciadas como alimento. Se cogen con anzuelo o buceándolas. Algunos indígenas también capturan tortugas marinas por este procedimiento, sacándolas con sus propias manos. Pero esta hazaña es más bien peligrosa, por los mordiscos del animal y los filosos corales. La tortuga bocatora está manchada de negro y amarillo y sólo se le encuentra en los grandes ríos. Deposita unos 20 huevos redondos en la arena, el cieno y aun en la tierra dura. Los huevos vienen

---

[55] La tortuga verde es la Chelonia mydas; la caguama, Caretta caretta y la carey, Erethmochelys imbricata. (N.d.T.)
[56] Del español «corral».
[57] M. W. (312) da este nombre en la forma de cushwan.

encerrados en áspero pergamino calcáreo y son considerados como un delicioso bocado.[58]

LANZAS

Dos variedades de lanzas largas, con punta fija, se emplean para capturar peces. No se arrojan, sino que se mantienen en la mano mientras dan con el pez. Estos implementos se encuentran principalmente entre los indígenas ribereños, tanto Mískitos como Sumus. El delgado pero resistente fuste, que puede medir entre 10 y 15 pies de largo, se fabrica del tallo del árbol que los ladinos llaman «cacao» (M: sakalpibni; S: babasnak). De ambos implementos, el más común (M: sibnak; S: suksu) tiene una punta de arpón, muy similar a la de la jabalina. El otro (M y S: daka) viene provisto de una pieza apuntada, de alambre grueso o de algún otro metal que parece clavo, nombre que también le aplican los Ladinos que lo usan para pescar.

ANZUELOS

La pesca con anzuelo (M: Kyub, T y P: kuyul; U: simin) es realizada por las mujeres, los niños y los viejos principalmente. El hilo se fabrica de fibra de pita (Bromelia sp.) y se tiñe de negro con zumo de vegetales, que la vuelven menos visible. Los anzuelos son de manufactura extranjera, pero en tiempos pasados se usaban de huesos encorvados. Los indígenas utilizan como carnada gusanos, arañas, saltamontes o frutas (guayabas, higos silvestres).

En cierta época del año, cuando las frutas del higuero silvestre, o de otros árboles que crecen al borde de los ríos, comenzaban a caer, los indígenas pescaban sin necesidad de carnada. Tiraban la línea latigando la superficie del agua, dejándola hundir y luego alzándola con un movimiento peculiar de la muñeca. Este ruido es interpretado por el pez como si se tratase de la caída de las frutas y, al intentar atraparlas, queda enganchado en el anzuelo.

REDES DE PESCAR

Una pequeña red (M: ilis, tan; T: wilino; P: aua; U: yano), hecha de fibra de pita, es usada por ambos, Mískitos y Sumus. Con ella

---

[58] La "bocatora" es la Pseudemys ornata. (N.d.T.).

cierran la desembocadura de los angostos riachuelos para capturar los peces que intentan entrar en el río principal. Wickham (B: 238; C: 203) ya mencionaba el uso de redes de arrastre entre los Ulwa del río Escondido; los indígenas las empleaban en las aguas someras de las pozas que quedan entre las rocas de los raudales y saltos.

La atarraya y el chinchorro han sido introducidos recientemente entre los Mískitos. La primera se ha vuelto especialmente popular. Teniendo la red recogida en su mano, el indígena la arroja hacia el agua, como si fuera a lazar, y de tal forma lo hace que de un simple tiro cae abierta en toda su extensión, sorprendiendo y cogiendo a los peces que nadan en ese lugar; la presencia de éstos la detectan por ciertos movimientos en la superficie del agua. Bolitas de plomo, o piedrecillas redondas, se amarran a los bordes de la red para mantenerla baja en el agua.

ARCOS Y FLECHAS

Algunos peces de agua dulce, especialmente los chatos que parecen percas de color morado oscuro y que los Mískitos llaman tuba (S: pabwa, pahawa pan) se matan con arco y flecha (ver Implementos de Caza y Pesca). Otros dos peces semejantes, la moga (M y S: moba) y el guapote (M: sabsi; S: musa), se cogen de la misma forma.

Los pescadores se sientan horas enteras a la orilla del agua, produciendo continuamente un silbido bajo, de triste entonación, del que se dice atrae al pez al alcance de la flecha. Esto requiere gran paciencia, cualidad que no les falta a los indígenas, especialmente cuando van de cacería o de pesca. La punta de la flecha se mantiene algunas veces a un pie debajo de la superficie del agua. Cuando se aproxima la presa, sale la flecha disparada como un rayo; rara vez falla en su blanco. Debido a su liviandad, el fuste retorna a la superficie con el pez atravesado. Este ejercicio es extremadamente dificultoso, pues varía con la distancia de la presa, su profundidad en el agua y la refracción de la luz. En caso que el pescador falle, la flecha retornará a la superficie en el mismo ángulo en que fue orientado el disparo.

PESCA POR ENVENENAMIENTO

También se cogen pescados envenenando el agua de los pequeños arroyos. Para esto, los indígenas utilizan varios bejucos, en especial la Seriania inebrians (M: balasa; T y P: wana; U: wabnari); todas estas variedades se conocen en América Central con el nombre quechua de «barbasco», o con el azteca de «amol» (amolli). El bejuco es machacado con piedras planas o con un mazo de madera, para que suelte el venenoso jugo lácteo. En una parte estrecha del arroyo se intercepta la corriente con una especie de cerco de caña o de varas, piedras o ramas, formando un ángulo que apunta hacia el medio del cerco. A cierta distancia, aguas arriba de este lugar, la planta machacada se echa al agua; su jugo venenoso se esparce y adormece a todos los peces en la vecindad. Estos flotan entonces sobre la superficie y son arrastrados por la corriente, hasta quedar detenidos por el cerco. Son colectados por los indígenas metidos en el agua, quienes los arrojan hacia la ribera. Peces grandes, que no quedan enteramente atontados, son fácilmente arponeados en esta circunstancia. Por este método, una enorme cantidad de pescados puede ser cogida en poco tiempo. A los peces pequeños se les deja flotar y, una vez fuera de las aguas contaminadas, se recuperan más abajo. El jugo de barbasco es también venenoso para el hombre, pero no afecta el sabor del pescado así muerto o atontado por el mismo. Esta manera de pescar está muy generalizada en ambas Américas.

PESCA CON DINAMITA

También se cogen peces haciendo explotar dinamita en las pozas más profundas y remolinos de los ríos. Este método lo practican principalmente los indígenas que viven cerca del distrito minero, donde se pueden obtener fácilmente candelas de dinamita. Varios accidentes graves han resultado entre los indígenas por pescar de esta manera.

TRAMPAS DE PECES

Trampas para pescar (pispat), de forma cilíndrica, son también fabricadas por los indígenas del presente con rajas de bambú. Son de reciente introducción y no existen nombres nativos para ellas. En un extremo tiene este implemento una entrada en forma de embudo, con la punta dirigida hacia el centro de la trampa, de modo que el pez puede fácilmente penetrar en ella pero no salir.

OTROS MÉTODOS DE PESCA

Un método muy singular de pesca se usa de vez en cuando para capturar ciertas especies que tienen el hábito de saltar fuera del agua, cuando se sienten perseguidas por otros peces. Los indios reman despacio, a lo largo de las riberas del río; mecen el bote tan violentamente como pueden y hacen mucho ruido golpeando las riberas con los remos. Los peces saltan fuera del agua aterrorizados, cayendo dentro de la canoa donde se les da muerte inmediatamente, evitando así que se escapen con otro salto. Este método fue observado por Ferdinando Colón, en 1502, en la costa atlántica de Panamá; los nativos lo usan para capturar un pececillo que llaman «sardina». La canoa va provista de una mampara levantada longitudinalmente de proa a popa. El pez aterrado, al saltar fuera del agua, da contra este obstáculo y cae directamente en el fondo de la canoa.

Sucede a veces, y no infrecuentemente, que remando sobre un cardumen después de la estación de reproducción, el golpe de los remos puede causar que algunos peces salten fuera del agua y caigan dentro de la canoa. La lisa común, excelente pez comestible muy parecido al arenque, se encuentra en cardúmenes en las lagunas y los grandes ríos. Se coge fácilmente en noches calmas y oscuras remando en silencio junto a ella y luego golpeando repentina y violentamente el costado del bote con el remo. Una especie gigante de lisa, llamada kunbkale por los indígenas, tiene el instinto de saltar fuera del agua ante cualquier ruido súbito. Este pez no muerde el anzuelo y es capaz de saltar fuera de la red.

Durante la estación seca se cogen peces fácilmente en los lechos abandonados de los ríos o en las lagunas, de los mismos que pueden encontrarse a lo largo de los grandes ríos, pues todas estas corrientes cambian de curso constantemente. Durante la estación lluviosa las aguas de los principales ríos entran a estas lagunas, pero en el verano sucede lo inverso. Estos viejos lechos se transforman entonces en lugares favoritos de pesca para las mujeres y los niños. Para esto, represan una parte poco profunda del cauce y luego achican el agua para coger los peces entrampados. Si una llovizna fría ocurre en el momento, la temperatura de estas aguas estancadas bajará considerablemente, hablando en forma relativa, y muchos peces morirán expuestos al frío.

Por la noche se usan hachones para atraer a los peces e inducirlos a salir a la superficie, donde se les da muerte a machetazos; este instrumento también se usa para partir en dos a los peces «dormidos», que son fácilmente detectados con las antorchas.

A lo largo de las riberas y entre las rocas, los indios también pueden «sentin» a ciertos peces y crustáceos.

CAPTURA DE LAGARTOS

La cola de los pequeños cuajipales y de los lagartos es comida ocasionalmente. Estos horrendos reptiles son cogidos con la ayuda de grandes garfios. Young (61) nos ofrece el siguiente relato de la manera practicada por los Sumus para capturar estas criaturas repulsivas pero, es necesario aclarar, este método sólo se aplica a especímenes jóvenes. «Un indio Sumu, cuando mira un lagarto cerca de la ribera del río, se lanza intrépidamente al agua, llevando un mecate de manufactura nativa, con un lazo corredizo en el extremo, hasta alcanzar a la criatura; entonces diestramente le ata de una pata, mientras su compañero en el mismo momento, sosteniendo el otro extremo del mecate, jalará vigorosamente; el lagarto es sacado al instante y despachado».

CRUSTÁCEOS Y MOLUSCOS

Langostas, cangrejos y moluscos (conchas, almejas, ostras) son también colectados por las mujeres y constituyen un importante artículo alimenticio. En las lagunas más grandes son comunes dos clases de ostras comestibles; la más pequeña, u ostra del manglar, se adhiere a las raíces del árbol de mangle, mientras que la mayor forma bancos en ciertas partes de las lagunas.

Un pequeño molusco bivalvo, conocido localmente como «cockle» (M y S: abì) parece haber jugado, en época pretérita, un importante rol como alimento. En efecto, en la ribera occidental de la laguna de Bluefields se ha descubierto un cierto número de montículos de desechos, hasta de 20 pies de altura, consistentes en conchas de esta especie, intercaladas con fragmentos de utensilios domésticos de piedra, hueso o cerámica. Dos de esos túmulos fueron estudiados por el autor en Cucra Point, en 1921. Los formaban, casi exclusivamente, la pequeña concha atrás mencionada, cuyo molusco se encuentra todavía en las aguas someras de la laguna. Conchas de ostra eran raras, a pesar que existen extensos bancos de la misma en ciertas partes de la laguna de Bluefields. Estos montículos conchíferos (conchales, basureros, desechos de cocina), conocidos también por la palabra danesa Kjokkenmodding, indican sin lugar a dudas los sitios de antiguos asentamientos; por su gran tamaño resulta evidente que se requirió un largo período de tiempo para su acumulación. Un cierto número de ellos también se encontró en el sitio de Bluefields, así como un poco al norte; han sido desmantelados para terraplenar las calles en esa población. Ver también Bell (a:260; b:18), Wickham (b:251-252) y Spinden (532-533).[59]

HECHIZOS PARA PESCAR

Ciertos hechizos, se dice, son muy eficaces para dar suerte al pescador. Se estiman como de gran valor ciertas piedras que se encuentran en el estómago de algunos peces, pues quienes la posean tendrán muy buena suerte en la captura de esa especie de pez en particular. El cráneo y las espinas de las especies más grandes se guardan en la choza bajo la misma creencia. Cuando los indígenas capturan el pez palometa (M y S: trisu), regresan al agua los huesos y los tiran en el mismo lugar, en la suposición que al hacerlo así siempre les acompañará la buena suerte en la pesca de la palometa. Pero si una mujer encinta come de tal pez, éste no volverá a morder anzuelo en lo que resta de la estación de pesca.

---

[59] En la bahía de Angi, cerca de Monkey Point, el arqueólogo nicaragüense Jorge Espinosa descubrió, en 1973, un gigantesco conchal, verdadero basurero de bivalvas del género Tivela. Estimada su edad en unos 7,000 años, parece representar el más antiguo vestigio, arqueológicamente comprobado, de ocupación humana en el litoral caribe de la América Central. (N. de T.)

IMPLEMENTOS DE CAZA Y DE GUERRA

Las armas juegan un importante papel entre los pueblos primitivos, pues estos las usan para defenderse de los animales salvajes en el bosque, además contra los de su propia especie, quienes son aún más peligrosos que las bestias de la selva. En el presente ya no las requieren para guerrear, pues las varias tribus viven en paz, pero ofrecen todavía a los indígenas los medios de procurarse una buena parte de sus provisiones alimenticias.

ARMAS DEFENSIVAS

Este tipo de armas han desaparecido, puesto que las guerras entre tribus terminaron, pero en tiempos pasados los Místikos empleaban escudos redondos (Kabaika) hechos de madera liviana o de cuero de danta. También han sido reportadas armaduras de cañas plegables, cubiertas con piel de jaguar y adornadas con plumas. Los Místikos norteños usan un peto de algodón trenzado, como el que utilizaban los aztecas (Bancroft: I, 723).

CERBATANA

Se dice que la cerbatana todavía se encuentra entre los Ulwa del río Escondido, pero este autor no pudo obtener ningún detalle pertinente a esta arma. Lehmann (c: I, 503), sin embargo, da el nombre de makar (compare con el vocablo Bribri mako) a la cerbatana de los Ulwa del río Murra, un afluente norteño del Río Escondido. Según Bell (b: 232), los niños indígenas tenían una pequeña cerbatana con la que soplaban bolitas de cera negra, para matar avispas, mariposas y pequeñas lagartijas caseras. Las fabricaban de un carrizo llamado brasipi, que mide 1½ pies de largo entre las junturas.

El uso de cerbatanas, como implemento de caza y de guerra, apunta necesariamente hacia la dotación de dardos envenenados. En efecto, Benito Garret y Arloví, en un documento del año 1711 (Peralta, b: 59), afirman que algunos Místikos usaban venenos para flechas. Bancroft (I, 722-723) dice que estos indígenas utilizaban el jugo de manzanillo (Hippomane mancinella L.), para envenenar flechas y dardos, pero no señala de dónde sacó esta información. Es bien conocido que los indios Chocó y Tule (Cuna, San Blas) de Panamá, al igual que los Caribes de las Antillas Menores, envenenaban sus flechas, en tiempos pasados, sumergiéndolas en el jugo lechoso de dicho árbol. Nunca he visto el árbol en cuestión en la Costa Mosquitia, ni conocido su nombre nativo; Ziock (69, 2370) sin embargo lo llama liwakumya en lengua Mískita, y da este nombre también a uno de los islotes de los cayos Mískitos.

Las secreciones de una ranita nativa, de color azul-verdoso (Dendrobates tinctorius) pueden también haber sido usadas para envenenar flechas, a como lo hacen varias tribus en Colombia.

LANZAS Y VENABLOS

Estos implementos, con puntas de hueso de pescado o de pedernal, eran usados anteriormente para cazar y pelear, pero ahora se emplen únicamente en la pesca (Ver la Pesca y sus Aparejos). Ferdinando Colón menciona estas armas y dice que eran fabricadas con la madera de una palma negra como carbón y dura como cuerno, ostentando huesos de pescados en la punta. La jabalina o lanza de aventar es evidentemente el arma mencionada en los viejos documentos españoles con el nombre de «vara para tirar». Según Exquemelin (edición inglesa: 114), lanzas de una braza y media de longitud, con un diente de lagarto en la punta, constituían una de las principales armas de los aborígenes de Corn Islands.

HONDAS

Pequeñas hondas (M: praupraukya), que lanzan piedras, se usan de vez en cuando para matar pájaros.

CACHIPORRAS

Clavas de madera (M: dyra prukaya; T: di baunin; U: dibaunaka), con dientes de lagarto incrustados, constituían un arma muy peligrosa en tiempos pasados, pero ya desaparecieron desde hace muchos años.

ARCO Y FLECHA

Arcos y flechas parecen haber sido la principal arma de las tribus en consideración; todavía se dice que fueron desconocidas por los nativos de Corn Islands, quienes aparentemente pertenecían a los

Kukra, una de las sub-tribus de los Sumus (Exquemelin; edición inglesa: 114). Se conoce, sin embargo, que los Kukra que vivían en la costa de la laguna de Bluefields poseían flechas y una descripción al respecto nos ha sido legada por el mismo Exquemelin, cuyo barco ancló en esa laguna en 1671. Una mañana varias mujeres, esclavas de ese barco pirata, fueron atacadas por un grupo de indios, resultando heridas por un gran número de flechas. Estas eran de madera de palma, de 8 pies de largo (5 a 6 pies según la versión francesa), de sección circular y del grueso del dedo pulgar. Sus puntas portaban agudos pedernales, firmemente atados a la flecha, junto con púas de madera, de modo que le daban más bien la apariencia de arpón; la otra extremidad terminaba en punta. Otras flechas tenían en el extremo delantero una cajita de madera, de un pie de largo, llena de piedritas redondas, evidentemente para incrementar el poder de la flecha. Los indígenas habían tenido el cuidado de colocar ciertas hojas en esta caja, para amortiguar el ruido producido por las piedritas en su trayecto. Algunas de estas flechas estaban pintadas en rojo (Exquemelin, edición inglesa: 247-248; edición española: 446; edición francesa: II 257-258).

No existen registros que prueben que estos indios ensartaban plumas en sus flechas, ni parece haber existido método que conocieran para guiar su dirección.

En la actualidad los Mískitos no hacen uso del arco y flecha, salvo para pescar. Los viejos Sumus todavía prefieren estas armas para cazar, ya que no producen ningún ruido y no espantan a las presas de los alrededores, como lo hacen las armas de fuego. El extremo inferior de la flecha es afianzado entre el pulgar y el índice de la mano derecha, mientras la mano izquierda es colocada sobre el arco y sirve para dirigir la flecha y curvar el arco también.

EL ARCO

El arco (M: pantamanka; T y P: las; U: siban oka, la casa de la flecha), se fabrica de la madera dura de pijibay y o de cortés (Tecoma chrysantha, D.C.). Está pulido groseramente y es aplastado, con su sección transversal rectangular u oblonga. Es más ancho en el centro (alrededor de una pulgada), angostándose progresivamente hacia las extremidades, es decir, hasta un cuarto de pulgada, mientras la longitud varía de 4 a 5 pies. La cuerda (M: pantamarika awa; T y P: las wabni; U: siban wabka) es de fibra de pita; viene atada a ambas extremidades del arco y se mantiene siempre tensa.

LAS FLECHAS EN GENERAL

La flecha (M: trisba; S: siban, sikarna), al igual que el arco, se fabrica de pijibay. Es siempre de sección redonda y casi uniforme en grosor; en la parte delantera, sin embargo, es gradualmente adelgazada, terminando en una punta. El otro extremo se inserta en el hueco de un carrizo silvestre firmemente retenido con la ayuda de la fibra de pita; en la porción terminal del carrizo se colocan pequeñas piezas de madera, atadas con cierta cuerda para evitar que se raje o sufra cualquier daño en su roce con la cuerda. Cera nativa (M: blas; S: balas), es aplicada a la cuerda, actuando como barniz y protegiéndola del sol y de la lluvia para que no pierda su elasticidad.

El carrizo silvestre (M: yaburus; S: dapa) que se usa como fuste de la flecha, es cortado inmediatamente después que florece, o sea en agosto o septiembre. La parte superior de la vara florida es la que se emplea. Se deja primeramente en el fuego por algunos minutos, para volverla más flexible y facilitar su enderezado. Los indígenas cuidadosamente prueban la rectitud y el balance del carrizo mirándolo a su largo mientras lo retienen con el brazo extendido. Después de esta operación se deja secar y endurecer al sol. Los carrizos se atan en gavilla y se suspenden del techo, sobre el humo de la cocina, para cuando se necesiten; esto los vuelve inmunes, tanto a los insectos taladradores como a los gusanos.

FLECHAS PARA PESCAR

Existen varios tipos de flechas. La forma más simple, llamada slauni por Mískitos y Creoles y sikarna por los Sumus (pan suban en el dialecto del río Patuca), sólo sirve para pescar; consiste simplemente en un fuste de carrizo silvestre en cuyo interior se ha insertado una vara apuntada de pijibay, endurecida al fuego y firmemente atada, tal como se describe atrás. Esta vara se pule con la ayuda de un machete, que se usa a manera de cepillo de carpintero. Este tipo de flecha es el más largo que se encuentra en la Costa Mosquitia, llegando a alcanzar hasta 6 pies de longitud. De vez en cuando es tallada a ambos lados con púas más o menos definidas. La flecha no se hunde, debido a su fuste liviano como una pluma, sino que flota en la superficie. El uso de esta flecha, en la Costa Mosquitia, se ha extendido también a algunos Creoles y Ladinos.

FLECHAS PARA CAZAR

Este tipo de flecha (M: trisba; S: siban) mide solamente 5 pies de longitud y el fuste de caña es mucho más corto que el usado en la flecha de pescar. A diferencia de esta última, la vara de madera dura no es apuntada sino que lleva como cabeza insertado un pedazo de hierro o de acero, de los arcos de un tonel o de otros recortes de hierro. Esta cabeza tiene forma lanceolada, con bordes filosos. Como el arte de derretir metales es desconocido entre estos indígenas, estas cabezas de flechas son fabricadas con la ayuda de limas. Según Exquemelin (edición inglesa: 251), en 1671 los Mískitos usaban puntas de hierro o dientes de lagarto en el extremo de sus flechas. Pedernal, obsidiana, concha de tortuga, huesos filosos de pescado y dientes de tiburón, eran también aprovechados para este fin, en tiempos pasados. Flechas con púas, trinchantes o cabezas de flecha compuestas son desconocidas actualmente.

FLECHAS PARA AVES

Para aves y animales menores los indígenas usan pequeñas flechas, de punta roma o encerada, a las que llaman uru los Mískitos y ubo o ubur los Sumus. Estas flechas no son para matar, sino para aturdir a la presa, de modo que puedan recobrarla viva. Las usan en las casas para espantar a los perros, cerdos y aves de corral, sin necesidad de levantarse de sus asientos.

ALJABA

Los aljabas (M: trisba taya, "piel para flechas") eran de uso ceremonial aparentemente y se utilizaban para cargar con las flechas en los festivales. El carcaj se hacía de la piel de venado puco (gamo rojo), según lo indica su nombre sumu (T: sana untak; P: sana onitak; U: sana oktak). En la actualidad las aljabas han desaparecido completamente y las flechas las lleva siempre el cazador en las manos.

ARMAS DE FUEGO

Los bucaneros de finales del siglo XVII aparentemente introdujeron las armas de fuego entre los Mískitos. [60]En tiempos recientes estas armas han llegado a las manos de los Sumus. Los indígenas usan una escopeta que se carga por el cañón, llamada raks o rakbus por los Mískitos y arakbus o arakbas por los Sumus. Estos nombres son evidentemente de origen europeo y derivan del español "arcabuz", del inglés "harquebuz" y del francés "arquebuse". La pólvora se conoce con su nombre inglés (pautar), pero los tiros que generalmente se guardan en pequeñas calabazas de pispis (Lagenaria lagenaria), son llamados por los indígenas "Huevos de escopeta" (M: raks mabra; S: arakbus suma). Escopetas de doble cañón (M: raks sutki; S: arakbus sutki), o sean "rifles chachaguas", se encuentran ocasionalmente.

HABILIDADES PARA CAZAR

La caza es muy abundante en esta parte escasamente habitada de la América Central. El indígena es un excelente cazador; la agudeza de sus sentidos es maravillosa y nada escapa a sus ojos. Cada ruido es

---

[60] Es posible que las armas de fuego hayan sido introducidas entre los Mískitos, desde las más tempranas épocas, en los años de 1630 a 1641, cuando las dos islas de Providencia y Santa Catalina, aguas afuera de la Costa Mosquitia y que hoy pertenecen a Colombia, fueron colonizadas por puritanos ingleses. Estos establecieron relaciones amistosas y comerciales con los Mískitos, que vivían principalmente alrededor de Cabo Gracias a Dios y en Sandy Bay en ese tiempo. En 1633 un cierto capitán Susex Camock, miembro de la colonia puritana, parece que fundó un establecimiento en Cabo Gracias a Dios. Habiendo ganado la confianza de los indígenas, logró que el hijo de uno de los más importantes jefes fuera llevado a Inglaterra, donde estuvo por dos años, a cambio del coronel Morris que quedó como rehén entre los indios. Algunos entre estos últimos visitaban ocasionalmente Providencia, donde aprendieron inglés y fueron instruidos en la religión cristiana. (Sloane, a: pp LXXVI-LXXVII; Bridges: II, 138-139). En 1641 esta colonia puritana que para entonces había encontrado cómo hacer negocio con la piratería, más que con la pacífica labor agrícola, fue desalojada por una expedición española; sus habitantes entonces buscaron otras regiones, especialmente las islas Bahamas.

Según Exquemelin (edición francesa: II, 277), quien escribió en 1678, los primeros bucaneros de un barco francés que ancló en Cabo Gracias a Dios, 60 años antes, es decir alrededor de 1618, establecieron relaciones amistosas con los indígenas; estos bucaneros fueron, por lo tanto, los primeros europeos con quienes los Mískitos entablaron amistad.

advertido y comprendido; la distancia y dirección de donde procede es estimada con sorprendente exactitud. El indígena posee un maravilloso instinto que le permite descubrir con gran facilidad huellas de animales, determinando por ellas la especie a que pertenecen. Persigue la presa a través de los matorrales con la sagacidad de un sabueso.

UNA OCUPACIÓN MASCULINA

La esposa nunca acompaña al marido en la verdadera cacería, donde ella podría interponerse sin conocer el manejo de las armas. Cuando un grupo de hombres organiza una partida de caza, la cual puede tomar más de un día, pueden hacerse acompañar por los miembros de su familia. Una vez que arriban al lugar que se dice rico en caza, construyen un cobertizo temporal, de donde salen a excursionar en diferentes direcciones. Los cazadores parten al amanecer y antes del anochecer regresan a juntarse con sus mujeres y niños, quienes los esperan en la choza provisional. La mejor hora para cazar es en la mañana, antes de las 9, y por la tarde después de las 4; que es tiempo cuando los animales y los pájaros buscan su alimento. Por el resto del día la selva está quieta y la mayoría de los pájaros sestean en la copa de los árboles.

VIAJE AL TERRITORIO DE CAZA

El viaje se realiza principalmente en pequeños pipantes, ya que los cazadores dejan el bote en cierto punto, de donde parte un sendero hacia algún buen territorio de cacería que generalmente coincide con una región donde abundan los árboles frutales. Para un extranjero tales «picadas» son difícilmente perceptibles, aquí y allá aparecen marcas en los árboles, hechas con el machete y ramitas en fila, aunque el camino sea ancho, o cuando atraviesan a campo abierto. Al avanzar siempre miran al sol y observan el movimiento de las nubes, que por lo general llevan un curso de noreste a suroeste en la Costa Mosquitia. Intuitivamente conservan una imagen mental de la dirección de la cual proceden. Caminan solos, en silencio, alertas y a veces se detienen para escuchar.

ACECHO

El indio es un experto espía, aunque no un consumado deportista; casi nunca dispara a la presa móvil, salvo al centro de una bandada de pájaros en movimiento. Por tanto, rara vez falla en blanco, aunque no es necesariamente un buen blanqueador. Debido a su ligera vestimenta se mueve en medio de la selva sin hacer ningún ruido. Su color también parece mimetizarse con el del bosque.

IMITANDO LA VOZ DE LA PRESA

Los cazadores indígenas suelen imitar el llamado de los animales y el canto de los pájaros con el objeto de atraerlos a la distancia de sus flechas o de su escopeta. Pitos de hueso (M: kyki wasbaya; S: malka kui) se utilizan para atraer a la guatusa (Dasyprocta p.) hacia ciertos árboles, en el tiempo en que éstos botan frutos. Este truco es especialmente exitoso durante la época de apareamiento de ciertos animales. El indígena conoce perfectamente los hábitos de la presa.

PERROS CAZADORES

Un grupo de perros sarnosos y famélicos, apreciados por su habilidad para inquietar a la presa, se observan en las villas indígenas. Con la ayuda de dos perros grandes, entrenados para este fin, se arrincona al jaguar y se ahuyenta al puma hacia un árbol, donde se le puede disparar fácilmente. Cuando el indígena sube por el río, se mantiene cerca de la ribera y deja que sus perros merodeen por el monte. Cuando éstos sorprenden a la presa, comienzan a ladrar al instante y logran ahuyentarla hacia el río. Este es un método muy común para cazar guardatinajas, que viven en las márgenes de las corrientes y se arrojan al agua cuando son perseguidas. Dicho roedor también se refugia en los troncos huecos, o se entierra en el terreno, donde es difícil atraparlo. Su carne es deliciosa y apreciada por el extranjero corriente.

Antes de emprender la cacería, el hocico del perro es restregado con ciertas hierbas de modo que la presa se confunda al olerlo. Este procedimiento se supone también despeja el olfato del perro y agudiza su percepción. Una infusión de una pequeña planta parásita llamada en español «lengua de venado», es administrada por los Sumus a sus perros de caza cuando quieren agarrar un ciervo.

ARMAS DE CACERÍA

Escopetas que se cargan por el cañón (M: raks, rakbus; S: arakbus, arakbas) usan en el presente todos los Mískitos para cacería, así como el arco y la flecha (ver Implementos de Caza y Guerra), los que son todavía utilizados por los Sumus para estos mismos fines. La flecha no se dispara contra ningún objeto que está más allá de los 75 pies de distancia, pero tiene la ventaja de no ahuyentar a las otras presas en los alrededores, como lo hace la descarga de la escopeta. Cuando se encuentran con una horda de sahínos, los cazadores la rodean y cada quien trata de disparar varias flechas, antes que la asustada manada encuentre una brecha donde escapar. Cada cazador lleva de tres a cuatro flechas, pues la caña silvestre se quiebra por lo general en los pataleos del animal herido; los especímenes más largos pueden en cambio quebrar el fuste de madera o desprender la punta de hierro de la flecha.

Cepos, trampas y lazos casi no se usan en el presente. Se dice que los Kukra son diestros en capturar caza mayor excavando un foso en las cercanías de un árbol frutal. Lo camuflan cuidadosamente con la ayuda de ramas y hojas y abren una pequeña senda para inducir a la víctima hacia el agujero.

VENADO

Animales nocturnos, especialmente las dos especies de venado que existen en la región (Odocoileus sp. y Manzama sp.), se cazan de vez en cuando con la ayuda de antorchas. A fines de la estación seca se pone fuego a la sabana y se organizan partidas para cazar venados y otros animales, que son empujados hacia un rincón, donde pueden ser fácilmente asegurados. Venados, guardatinajas y pájaros constituyen la principal caza que habita en la sabana y a lo largo de la costa.

JABALÍ

El jabalí de labios blancos (Tayassu sp.), es altamente estimado por su carne; viaja en grandes hordas que pueden ser escuchadas a distancia. Ocasionalmente se abalanza sobre el cazador, obligándole a buscar refugio en un árbol; sin embargo, alguna gente de monte afirma que todo lo que uno puede hacer en tales circunstancias es refugiarse detrás de un árbol grande, por cuyos lados los animales pasarán corriendo, sin intentar volver sobre sus pasos. El jabalí más pequeño, o sahíno de collar (Pecari angulatus), presenta una glándula lumbar que los europeos en tiempos pasados consideraron como ombligo; esta glándula tiene que ser cortada inmediatamente después de muerto el animal, porque de lo contrario la carne difícilmente se comerá. El peso de estas bestias puede oscilar entre 50 y 100 libras. Los jabalíes, como casi todos los animales comestibles tienen un «dueño», según suponen los indígenas, quien los mantiene encerrados ocasionalmente y no los suelta a menos que el sukia practique ciertos ritos de encantamiento y presente alguna pequeña ofrenda.[61]

OTROS MAMÍFEROS

Entre otros animales de caza, los más estimados son dos especies de monos, el mono-araña (Ateles sp.) y el carablanca o capuchino (Cebus sp.). La danta (Tapirella bairdii, syn. Elasmognathus bairdii) es considerada como un bocado especial en ciertas regiones de la Costa Mosquitia, pero en otros lugares se dice que su carne es dura, malsana e incluso tabú. Los Mískitos la llaman tilba, nombre con que ya era mencionada a finales del siglo XVII, en la forma de tilbu (M. W. 311).

IGUANAS

La mayor lagartija es la iguana verde (Iguana tuberculata), que generalmente se caza cuando busca alimento en las márgenes del río, o sobre las ramas de un árbol que se inclina sobre sus aguas. A veces trata de escapar, lanzándose hacia el río, pero los indígenas intentan capturarla zambulléndose tras ella. Otras veces la mantienen viva, hasta que se requiera para comida. Para este fin, quiebran los huesos de las patas traseras y delanteras, le desarticulan la columna vertebral, o le tuercen las piernas, atando las delanteras sobre la espalda o las traseras sobre la cola con sus propios tendones. El pobre animal queda así incapacitado para fugarse. Los huevos de la iguana son igualmente apreciados.

---

[61] El jabalí de labios blancos (Tayassu pecari) es llamado en la Costa Atlántica "Waree" (guarf) y es más temido que el sahino de collar (Tayassu tajacu). (N.d.T.)

PÁJAROS

Varias especies de pavas y chachalacas (Penelope, Ortalis, Pipile), el pavón negro de cresta amarilla (Crax sp.), la gallina de monte (Tinamus sp.), codornices (Ortyx sp.), perdices (Odontophorus sp.), palomas (Columba sp.) y patos salvajes (Cairina moschata) se estiman como aves de caza.

REGRESO DE LA CACERÍA

Una vez terminada la caza, la presa es cargada a hombros hasta la canoa. Cuando un animal grande, como el jabalí, ha sido muerto, cada par de patas es atado con la ayuda de bejucos, así las delanteras como las traseras. El indígena, metiendo sus brazos a través de las gazas formadas, lo echa sobre sus espaldas con la cabeza de la bestia colgando hacia abajo, cargándola como mochila. Un mecapal, que pasa sobre la frente, puede ser también atado a la presa para ayudar a soportar su peso.

Si los cazadores no pueden acarrear de una sola vez todas las piezas cobradas, se deja una parte colgada de las ramas de algún árbol, fuera del alcance de los otros animales de rapiña.

Una vez arribada la canoa a la villa, el indígena simplemente toma sus armas y remos y se va a casa caminando; envía a su esposa a la orilla del río para que se ocupe de la presa. El pelo del animal es chamuscado con fuego encendido al aire libre; los vecinos, que por lo general son parientes cercanos del cazador, tienen derecho a una porción de la carne.

A continuación se pone un gran perol en el fuego, pues los indígenas no se ocupan del mañana y consumen, si es posible, toda la comida el mismo día. Las mujeres y los niños no tienen paciencia para esperar que la carne esté bien cocinada; cortan pequeños tasajos, para asarlos sobre las brasas y así comerlos con unos pocos bananos y plátanos. Si no pueden acabar con toda la vianda el mismo día, guisan el resto de la carne, sin salarla, a fuego lento. (Ver arte culinario.)

HECHIZOS DE CAZA

Se usan muchos hechizos para tener suerte en la caza. A piedras o guijarros, de los que se encuentran en el estómago de ciertos animales, se les atribuyen virtudes para atraer la misma especie y ponerla frente a la mira de la escopeta.[62] A los huesos, dientes y cráneos de los animales muertos en la cacería también se les concede el mismo poder. Esto explica la presencia de quijadas de animales, cráneos de venado, dientes de jaguar, plumas y picos de pájaros, en cada choza. Pero no sólo se guardan como hechizos sino también como trofeos, de esos que el dueño puede sentirse orgulloso; él siempre se toma el placer de relatar las circunstancias bajo las cuales cazó la presa en cuestión y por cierto alardea con las mayores exageraciones y en la forma más animada posible. Ciertos objetos son usados como talismanes para prevenir ser dañado por el espíritu del animal muerto.

---

[62] Hay una historia muy común entre los Sumus sobre una variedad manchada de venados que es extremadamente rara. Si el animal detecta al cazador primero, éste no podrá cazarlo y ninguno de sus disparos le acertará. Si por el contrario, él descubre primero al venado y logra herirle mortalmente, el animal agónico vomitará una piedra, cuya posesión asegura al cazador el poder matar a muchos venados en el futuro. Una virtud similar es atribuida por los Ladinos a las piedras verdes amazónicas, o «piedras hijadas» (Lapis nephriticus).

EL ARTE DE LA GUERRA

GRAN ESTIMA POR LOS GUERREROS

Estos pueblos primitivos eran muy aguerridos por naturaleza en época pasada y todos los hombres se tornaban en soldados en caso de conflicto. Los honores dependían principalmente del éxito en la guerra. Sabemos que entre los Mískitos los guerreros bravíos eran tenidos en gran estimación. Los llamaban taplu o tabplu, una palabra que nos recuerda el término tapaligui, que se aplicaba, según Oviedo, entre los Nicaraos, Chorotegas y Chontales a aquellos hombres que habían ganado una lucha cuerpo a cuerpo ante la vista de sus ejércitos; eran premiados por su valentía, admitiéndolos a los diferentes escalafones de los guerreros.

ENTRENAMIENTO MILITAR

El arco y la flecha fueron las principales armas entre ambas tribus bajo consideración. (Ver Implementos de Caza y Guerra.) Desde la infancia los niños Mískitos practican con armas de juguete, que les fabrican sus padres. Son capaces de desviar una flecha dirigida hacia ellos, con la ayuda de un palo pequeño, no mayor que el cañón de una escopeta para aves, siempre que la arrojen una por una. (Dampier: I, 8.)

Hasta hace 50 años los Sumus organizaban ocasionalmente grandes festivales, llamados asan lauwana, durante los cuales realizaban una serie de entrenamientos militares y tomaban los pasos necesarios para defender sus territorios contra la invasión de Mískitos y españoles. Tenían lugar en ciertos rincones aislados de la selva, fuera de la vista intrusa de los extraños, donde concurrían todos los hombres Sumus desde muy lejos, siendo su asistencia cuestión de honor. Las mujeres no eran admitidas, sin embargo, ya que se las relacionaba siempre con cierta impudicia ceremonial; se quedaban en algunas chozas cercanas, donde preparaban comida que era transportada al festival en manos de ciertos muchachos.

Los hombres que tomaban parte en el asan lauwana se pintaban todo el cuerpo de negro y no se cubrían más que con taparrabos. Tenían que estar ceremonialmente «puros» (sunu), condición que se lograba mediante la abstinencia con sus mujeres y de sal, del chile rojo y de las bebidas intoxicantes. Cualquiera que osare ir al festival en estado de «impureza», estaba supuesto a morir de manos de un horrible gigante, cierta clase de espíritu malévolo que venía de los montes vecinos caminando hacia la choza con una aljaba llena de flechas. El gigante era bien recibido y se le ofrecía puput (chicha, licor de maíz) pues cada quien le temía.

Durante el asan lauwana se realizaban contiendas de resistencia para que los jóvenes se entrenaran en soportar el dolor sin proferir ningún lamento. También se lograba enderezar entuertos que habían estado suspensos por algún tiempo. Uno de los hombres dobla su torso y permite que su oponente golpee su espalda, tan duro como pueda, con la punta de sus codos, hasta que se canse de golpearlo. Se supone que el castigado no debe dejar escapar ningún gemido, ni mostrar cualquier otro síntoma de dolor. De vez en cuando el sometido dice simplemente yan al yan, «yo soy hombre», mientras su adversario replica yan bik al yan, «yo también». Cuando éste último se cansa de propinar codazos, los dos hombres intercambian lugar y aquél tiene entonces que soportar el mismo tratamiento sobre su espalda como el que acaba de aplicar sobre su contrincante.

Cualquiera que renuncie a la competencia, antes que su oponente se canse de golpearlo, es tenido como cobarde; algunas veces la muerte ha sobrevenido a consecuencia de estos terribles golpes.

Este método de pelear es desconocido entre los Mískitos. Practicaban más bien un poco de pugilato, aceptando como cosa de honor dar y recibir golpes alternadamente y cada contendiente no trata de golpear sin parar sino intentar como mantenerse en pie.

PREPARACIÓN PARA UNA EXPEDICIÓN

Cuando los Mískitos proyectaban una excursión armada contra otras tribus indígenas, o contra los españoles, acudían a uno de los sukias principales para saber si tendrían éxito. Si la predicción del sukia, una vez consultados los espíritus, era desfavorable en relación con el proyecto, la pretendida expedición era abandonada. (M.W. 307-308.)

Ambas tribus practicaban el hábito de pintar el cuerpo en forma espeluznante, quizá con el objeto de amedrentar al enemigo. Peleas limpias se desconocían. Los ataques se llevaban a cabo de noche y al enemigo le tomaban por sorpresa.

GUERRAS ENTRE TRIBUS

Mískitos y Sumus se hacían la guerra continuamente, hasta finales del siglo XVII (Dampier: I, 9-10; M.W: 300 a 302, 305). Las guerras intertribales continuaron a lo largo del siglo XVIII y se resolvieron a favor de los Mískitos, quienes habiendo recibido armas europeas, a través de su asociación con los bucaneros de Jamaica, fueron capaces de conquistar a las varias subtribus de los Sumus a las que impusieron tributos en forma de canoas, pieles de venado, maíz, cacao, hule, etcétera.

Los Payas de Honduras fueron de igual manera expulsados de la costa, habiendo los Mískitos avanzado en esa dirección hasta el río Tinto o Black River y empujando a sus enemigos hacia las cabeceras de varios ríos. Desde finales del siglo XVII en adelante, los Mískitos organizaron frecuentes incursiones al territorio de los Paya y les impusieron tributos tales como ganado y otras cosas que éstos tuvieron que robar a su vez, a riesgo de sus vidas, en los vecinos asentamientos españoles, para evitar que sus familias fuesen llevadas y vendidas como esclavos. Durante estas incursiones los Mískitos se apoderaban de las casas, esposas y niños de los Paya y los tenían hasta que sus demandas fueran satisfechas. En respuesta a este tratamiento bárbaro, muchos Paya buscaron protección entre las poblaciones españolas (Long: I, 326-327). Estas incursiones mískitas hacia la región Paya se continuaron hasta época reciente (Young: 81; Conzemius, b: 32-33).

Los Mískitos no sólo llegaron a ser los amos de toda la Costa Atlántica, desde el río Tinto hasta el Río San Juan, sino que además extendieron sus depredaciones siguiendo por el mar en canoas, tan lejos al sur como la Laguna de Chiriquí y aún más allá. Estas incursiones fueron la causa principal del despoblamiento de la región de Talamanca, en Costa Rica. Los Mískitos también avanzaron tierra adentro, remontando el río Sixaola de Tilirí hasta la confluencia de los ríos Coen y Lari.

Aisladas expediciones de pillaje a territorio costarricense y panameño, de parte de los Mískitos, todavía continuaron prácticamente durante el siglo XVIII. Cockburn (236) afirma que invadieron Chiriquí en 1732. Se dice que en 1758 estaban dedicados a capturar indios para esclavos en los alrededores de Bocas del Toro (Cuervo: I, 349-353). Roberts, escribiendo en 1816, decía lo siguiente, en relación al asedio de los Mískitos sobre el territorio de los indios Valientes del noreste de Panamá:

Los Valientes son enemigos de los españoles y pagan anualmente un cierto tributo o reconocimiento al Rey Mosco, el cual consideran como un regalo voluntario, de acuerdo con una antigua costumbre, más que como un acto de sumisión o un símbolo de sometimiento. En más de una ocasión se han negado a pagar este tributo y hace unos 50 años, cuando se originó una disputa sobre el asunto, el tío del Rey Mosco, con todos los jefes y séquito que le acompañaban, en número de casi 50 hombres, cayeron sacrificados a su resentimiento. (Roberts: 71.)

Aun se dijo que los Mískitos fueron más lejos, al extremo de intentar subyugar a los indios de San Blas (también llamados Cuna u Tule) del istmo de Panamá, contra quienes organizaron su última expedición alrededor de 1796. Pero los invasores, unos 300 hombres bravos, fueron casi exterminados en sus diferentes intentonas, habiendo regresado muy pocos a casa. (Roberts: 49-50.) Hasta aquí llegó el límite de su influencia hacia el sur, en el istmo de Panamá; los mismos indígenas señalan a King Buppan's Bluff (Peñasco de Buppan, Frontón de Guapan), un promontorio situado a unas 22 millas al este de la isla del Escudo de Veraguas, como la avanzada más austral lograda por sus antepasados.

De esta manera los Mískitos consiguieron extender sus dominios prácticamente sobre todo el litoral Atlántico, desde Cabo Honduras (cerca de Trujillo, Honduras), hasta la Laguna de Chiriquí (Panamá). Su lenguaje fue entendido por muchos indígenas de las tribus vecinas (Sumu, Rama, Paya) y todavía juega el rol de lengua franca en ciertas partes de la Costa Mosquitia. El papel de los Mískitos en América Central, en épocas pasadas, era semejante al de las tribus Caribes de América del Sur y de las Antillas, aunque en esta última región la influencia de los ingleses fue suplantada por la de los daneses.

Los nombres geográficos de raíz mískita, que se encuentran a lo largo de la Costa Atlántica de Costa Rica y Panamá hasta King

Buppan's Bluff, deben su origen a las expediciones de pillaje atrás mencionadas (Conzemius, a: 300-306). Aun así, los Mískitos nunca intentaron establecer poblaciones permanentes en tan vasta región, no pasando más al sur de Pearl Lagoon, donde se asentaron a finales del siglo XVIII. Al mismo tiempo también se extendieron aguas arriba de algunos grandes ríos, como el Patuca, Guagua (Wawa), Cucalaya, Prinzapolka, Río Grande y en especial el río Coco; sobre este último se internaron hasta Bocay, es decir a unas 300 millas del mar, siguiendo el serpentino curso del río.

TRATAMIENTO DE LOS PRISIONEROS

Como se mencionó atrás, los Mískitos iniciaron sus expediciones esclavistas penetrando al territorio de sus vecinos hacia fines del siglo XVII. Las mujeres y los niños cautivos eran mantenidos como esclavos (M: alba; S: warau)[63], o vendidos a los comerciantes de Jamaica que arribaban ocasionalmente a la Costa. A los muchachos, cuando llegaban a la pubertad, se les permitía tomar una mujer mískita, y los hijos de tales uniones, se criaban como miembros libres de la tribu.

Las expediciones en canoa por el mar, para capturar esclavos, estaban particularmente dirigidas hacia la región de Talamanca (en el sureste de Costa Rica), donde muchos indios Tiribí (Terbi), fueron reducidos a la esclavitud. El mismo destino encontraron los aborígenes que vivían alrededor de la laguna de Chiriquí (M.W: 302; Peralta, a: 20,93,95; Peláez: II,156; Young: 35; Conzemius, a: 300-301). Muchas referencias sobre los Mískitos como esclavistas pueden encontrarse en los escritos de los historiadores Juarros, León Fernández, R. Fernández Guardia, Ayón, Gámez y Vallejo.[64]

---

[63] Esta palabra tiene evidentemente alguna conexión con albawina, nombre con que los Mískitos llamaban a los Sumus anteriormente, o quizás a todos sus enemigos indígenas en general. Los Caribes Negros o Garifes aplican a los Mískitos el nombre de idudu, que originalmente significaba «esclavo». (Compare con la palabra itoto, «esclavo», en la obra del Padre Gumilla.)

[64] Ver también la Gaceta Oficial de Costa Rica, 1864; A. von Frantzius, Archiv für Anthropologie, IV, 1870, p. 104; Thiel: Datos cronológicos para la historia eclesiástica de Costa Rica, San José, bajo 1893; Restrepo: Viajes de L. Wafer, Bogotá, 1888, p. 110.

En 1722, España protestó ante las autoridades británicas de Jamaica por todas estas expediciones esclavistas, alegando que los Mískitos habían capturado, en el valle del río Matina y en las islas Tojares (laguna de Chiriquí), a más de 2,000 indios (Talamancas, Viceitas, Arinamaes, Abubaes), quienes fueron vendidos a los comerciantes de Jamaica a cambio de armas y municiones. El 8 de octubre de 1722 Diego de la Haya, Gobernador de Costa Rica, envió una nota a las autoridades de Jamaica para la restitución de estos indios. (Peralta, a: 20-31; Fernández: IX,153.)

Los Sumus aparentemente no esclavizaban a sus prisioneros, sino que los mataban en el acto. La práctica de escalpar les era desconocida, pero extraían dientes y uñas de las desdichadas víctimas para lucirlos alrededor del cuello como trofeos. Ciertas subtribus de los Sumus eran caníbales y asaban a los enemigos que capturaban en guerra.

ALIANZA DE LOS MÍSKITOS CON LOS BUCANEROS

Durante el siglo XVII los bucaneros, quienes andaban muy activos en el mar Caribe pillando el comercio de España, establecieron relaciones amistosas y comerciales con los Mískitos, los cuales a su vez eran enemigos de los españoles. Según Exquemelin, el primer barco pirata que ancló en Cabo Gracias a Dios era francés. El capitán fue bien recibido y obsequió unos pocos regalos a los indígenas, quienes en correspondencia le ofrecieron los productos de sus plantíos. Cuando zarpó, tomó dos indígenas con él para aprovisionar su barco con alimentos, convencido de la gran destreza de los nativos para pescar. Ambos indígenas fueron muy bien tratados, aprendieron el francés y después de uno o dos años fueron regresados a casa. Desde entonces franceses y Mískitos se hicieron amigos. Mujeres indígenas fueron ofrecidas a los primeros durante su estadía en Cabo Gracias a Dios y en pago los bucaneros entregaron utensilios de hierro. Nunca tuvieron dificultad para conseguir pescadores indígenas, cuando salían a sus correrías, y algunos de ellos hasta aprendieron el idioma mískito. Los franceses dieron a conocer sus nuevos amigos a los ingleses. Muchos indígenas sirvieron, durante tres o cuatro años, en barcos piratas, aprendiendo francés o inglés y recibiendo en pago utensilios de hierro (Exquemelin, edición inglesa: 250; francesa: II, 262-264).

Parecería, sin embargo, que más tarde los bucaneros ingleses fueron más estimados que los franceses. Dampier (I, 8) afirma que los indios "gustan de los ingleses, pero no aman a los franceses", pero según Sloane (A; I, p. LXXVIII), los Mískitos no permiten que otra nación, salvo la inglesa, se asiente entre ellos; muestran cierta disposición hacia los daneses, pero odian mortalmente a los franceses por su conducta lasciva con sus mujeres. Las versiones de estos dos escritores ingleses deberían quizás ser aceptadas con reserva.

Los Mískitos prestaban una valiosa asistencia a los bucaneros porque eran, y todavía lo son, excepcionalmente diestros con el arpón. Cuando una partida de bucaneros zarpaba sin provisiones, ponía proa hacia los sitios donde se alimentaba la tortuga verde, o anclaba en una laguna en busca de manatíes. En estos lugares dos indígenas eran enviados en sus pequeñas canoas. Bastaban dos Mískitos para capturar suficiente pescado, manatí o tortuga y así avituallar un barco de 100 hombres. Por esa razón eran muy estimados por los bucaneros y casi todo bajel, procedente de Jamaica, llevaba un par de indígenas a bordo (Exquemelin, edición inglesa: 250; Dampier: I, 1-2, 35-37, 160, 181, 234, 277, 453, y II, parte 13, 109; Raveneau de Lussan: 440).81

Los Mískitos no eran solamente utilizados como pescadores por los bucaneros sino también como hombres de armas tomar. Eran arrojados y corajudos en los asaltos y tenían su parte en el botín. Con estos ladrones de mar los Mískitos aprendieron el uso de las armas por primera vez y pronto demostraron tener buena puntería (Dampier I, 2, 8). Mískitos salteadores aun acompañaron a los bucaneros en sus correrías en el Océano Pacífico. En enero de 1681, una partida de filibusteros ingleses, al mando de Sharp y Watling, estaban surtos frente a la isla de Juan Fernández en el Pacífico Sur, a unas 40 millas al oeste de las costas de Chile. Viéndose amenazados por tres barcos españoles corrieron hacia su nave, alzaron anclas y escaparon, dejando atrás a un Mískito de nombre William, quien se encontraba cazando en el monte en esos momentos. Este indígena llevó una vida solitaria en la isla por tres años, al final de los cuales fue rescatado por otra partida de bucaneros ingleses al mando de Cook. El primer tripulante del barco de rescate que saltó a tierra fue casualmente otro Mískito, llamado Robin. Dampier se encontraba entre la tripulación y es quien relató esta historia (I, 84-86).

EXPEDICIONES DE PILLAJE A LOS ASENTAMIENTOS ESPAÑOLES

Bajo la guía de sus aliados, los bucaneros, los Mískitos también realizaron incursiones al interior de Honduras y Nicaragua en tiempos pasados, remontando los grandes ríos. Así sorprendieron y saquearon los asentamientos españoles más cercanos, capturando a mujeres y niños. Durante el siglo XVIII los pueblos de Catacamas, Juticalpa, Segovia (ahora Ocotal), Jinotega, Matagalpa y ciertos asentamientos en Chontales fueron destruidos enteramente en varias ocasiones, al extremo que algunas de estas plazas se trasladaron a cierta distancia, lejos de los ríos navegables, donde quedaron menos expuestos a los asaltos (M.W.: 300, 302, 306; Peláez II, 165; Peralta, b: 102, 120; Belt: 241, 255-356). En ese tiempo la producción de Nicaragua se embarcaba por la vía del río San Juan, pero este importante curso estaba a menudo en poder de los indígenas.

Los asaltos Mískitos a los asentamientos españoles eran también llevados a cabo, aunque ocasionalmente, tan al norte como el río Chamelecón, en Honduras; algunas veces estos indios se unían a los ingleses, cortadores de madera de tinte, que operaban en la región que desde entonces ha sido llamada Honduras Británica.

Más frecuentemente las canoas de los Mískitos se dirigían al sur, hacia el río Matina en Costa Rica, donde los españoles tuvieron importantes plantaciones de cacao durante el siglo XVII. Estos establecimientos fueron abandonados más tarde en vista de las incursiones de los indios. Los historiadores de Costa Rica dedican largos espacios al referirse a estas incursiones en su territorio (Ver también M.W.: 302, 307, 310). Aunque tales invasiones cesaron gradualmente, durante la última parte del siglo XVIII, los Mískitos siguieron ejerciendo ciertos actos de autoridad sobre esa costa por algún tiempo. Todavía en 1838 monopolizaban la pesca de la tortuga carey hasta Puerto Limón, exigiendo tributo a los pescadores que se ocupaban de tal operación (Cooper: 12).

MÍSKITOS EN LA GUERRA DE LOS CIMARRONES DE JAMAICA

Los Mískitos rindieron una asistencia muy valiosa a los ingleses de Jamaica, cooperando con ellos en la supresión de la revuelta de los Cimarrones en dicha isla. Estos Cimarrones eran descendientes de los Negros y Mulatos que se escaparon a las montañas, para preservar su libertad, cuando los ingleses desalojaron de Jamaica a los españoles, en 1655.

El 25 de junio de 1720, se firmó un convenio entre Sir Nicholas Lawes, gobernador de Jamaica y Jeremy (Jeremías) «Rey» de los Mískitos, donde este último se comprometía a mandar una partida de indígenas para que persiguiesen a los esclavos rebeldes. Este tratado fue formalmente acordado y aprobado por la Asamblea de Jamaica.

Doscientos indígenas fueron traídos a Port Royal y organizados en compañías al mando de sus propios oficiales. Su salario era de 40 chelines por mes, más un par de zapatos. Se quedaron en la isla por varios meses y rindieron muy buen servicio a los ingleses. Pocos años después los Cimarrones volvieron a rebelarse y alrededor de 1725 el Capitán Robert Lade trajo cien indios «Musquetos» a Jamaica para combatirlos (Lade: II, 7, etc.).

Posteriormente en 1738, doscientos Mískitos llegaron nuevamente a la isla con el mismo propósito. Se organizaron en compañías bajo la dirección de sus propios líderes, guiados por blancos asignados a cada compañía para conducirlos hasta el enemigo. Jugaron buen papel como rastreadores y con su asistencia los Cimarrones fueron pronto acosados por todos los flancos, cortados de sus suministros y obligados a firmar la paz (Long: II, 344-345; Edward: I, 529-530).

ARTE CULINARIO: MÉTODOS PARA PREPARAR ALIMENTOS

Estos indígenas obtienen su comida mediante la agricultura, la caza, la pesca y la recolección de frutas silvestres en el bosque. Entre los Mískitos que viven cerca de la costa el alimento básico es la yuca dulce, pero en los otros sitios de la región su lugar está ocupado por el banano; entre los Sumus el maíz también juega un rol importante.

Cuando están en casa, los hombres nunca cocinan y considerarían tal tarea como algo que rebaja su dignidad, pero después que regresan de cacería asan la carne que no va a ser consumida inmediatamente. Los indígenas manifiestan un voraz apetito cuando la comida es abundante, especialmente si hay pescado o carne a disposición; por otra parte, en caso de faltar el alimento, son capaces de viajar y de trabajar con escasamente algo que comer.

SIRVIENDO LA COMIDA

No existe ninguna regulación para comer, el alimento puede ser ingerido a cualquier hora. Una vez lista la comida se sirve primero a los hombres adultos las mejores y mayores porciones, mientras éstos reposan en sus hamacas. Un guacal de caldo o sopa (M: pilali; S: di wasni, diwaska) y una hoja de bijagua conteniendo sal, les es también ofrecido. Las mujeres y los niños comen juntos, sentados en el suelo, formando un círculo alrededor del resto de la comida que es puesta sobre un mantel de hojas grandes. Poco sobra, como regla, una vez que han sido atendidos los hombres, aunque mujeres y niños se han anticipado en tomar su porción de alimento. Mientras el puchero hierve se agolpan alrededor del fuego y se mantienen comiendo pequeños tasajos de carne, junto con bananos y plátanos asados en las brasas. Los indígenas no hablan cuando comen; a un invitado no se le hacen preguntas mientras esté comiendo, pues ello sería considerado como una falta de etiqueta.

ALIMENTOS ANIMALES

Carnes y pescados se cuecen o se asan a las brasas. La carne procede de la cacería; los Mískitos que viven en el borde de la sabana son dueños también de algunas reses que sacrifican para obtener carne. Otros animales domésticos, como cerdo y aves de corral, rara vez se comen; se les vende comúnmente a los extranjeros; lo mismo sucede con los huevos de gallina. Los indios, por lo general, no prestan mucha atención a la carne y a los productos de animales de origen foráneo. Ciertos animales nativos son tabú. La carne favorita entre ambas tribus es el mono colorado (Ateles sp.) y el jabalí de labios blancos (Tayassu sp.).

Algunas veces los Sumus comen ranas (M: burka; S: burka, burki) quitándoles primero la piel sobre las brasas; para los Mískitos estos anfibios son tabú. Comen huevos de pájaros, aunque estén podridos, pero los de gallina no son estimados. Las hembras aladas de los zompopos (Atta cephalotes syn. Oecodoma cephalotes; M: wiwi; S: isdan) son también colectadas cuando van en busca de nuevas colonias; ambas tribus ponen a asar los abdómenes de estos insectos.

Los pequeños peces son envueltos en hojas de bijagua y asados a las brasas. Este procedimiento es usual cuando están fuera del hogar, donde no hay sartenes a disposición. Los pescados preparados en esta forma saben exquisitamente ya que todo el sabor se conserva. Tal envoltorio es llamado kakatip por los Mískitos y Wi Wana por los Sumus. Los Mískitos que viven junto al mar también guisan los pescados en aceite de coco. Este último se obtiene raspando la copra e hirviendo la leche hasta que el aceite sube, siendo luego desnatado.

ANTROPOFAGIA

Es muy probable que en tiempos pasados los esclavos capturados a tribus enemigas fueran ocasionalmente aprovechados como un artículo de dieta entre los Mískitos y Sumus. Existen pruebas que el canibalismo era practicado entre los Sumus. Lo reportó Colón, en 1502, en la región entre los cabos de Honduras y Gracias a Dios. En 1612, los Twahka mataron y devoraron a una partida de españoles (Conzemius b: 27). Más tarde, durante la segunda mitad del siglo XVII, un bucanero fue asado y comido por los Kukra de Corn Island (Exquemelin, edición inglesa: 114). Un documento español de 1739 o 1740 indica que los indios Tunglas acostumbraban capturar cristianos para engordarlos y luego comerlos. M.W. (305) nos refiere que los Ulwa les sacaban primero las uñas de las manos y pies a sus infelices víctimas, aún vivas, y zafaban sus dientes a golpe de piedras. Luego las asaban sobre una parrilla de varas verdes. Consideraban este alimento como el más delicioso.

El canibalismo fue, sin embargo, una costumbre ceremonial, probablemente un rito de venganza. El cuerpo del enemigo era mutilado y cortado en pedazos, para destruirlo completamente. El pelo, los dientes y las uñas eran extraídos y lucidos como collares, pues a dichas partes se les atribuían poderes mágicos. Comerse al enemigo era en realidad un acto considerado como el mayor de todos los agravios, pues mediante tal acción quedaría destruido no solamente en este mundo sino también para el más allá.

CONSERVACIÓN DE LA CARNE Y EL PESCADO

Después de una exitosa cacería la carne que será preservada por algún tiempo es colocada en una baja tarima o parrilla (M: trin; S: pala, lim) de varas verdes y asadas a fuego lento encendido debajo y asistido por los rayos del sol tropical. No se agregaba sal. De vez en cuando se la volteaba. El fuego era mantenido por varios días, después de los cuales la carne quedaba casi tan seca como chuleta ahumada.

Los pescados pueden también preservarse secándolos al sol, después de extraerles las vísceras y restregarles sal sobre sus flancos descamados.

ALIMENTOS VEGETALES

Vegetales tales como yuca, batatas, ñames, banano verde y plátanos son cocidos en agua (ocasionalmente en leche de coco), o con carne, pescado o simplemente asados en las brasas. La yuca asada es llamada bulbul por los Mískitos.

El fruto del pijibay también se cuece para quitarle la piel. Variedades inferiores de esta fruta son maceradas y consumidas como bebidas ligeramente agrias o fermentadas.

Hacen también cierta clase de pan (M: tani; S: dipis). El maíz seco es molido en el metate, añadiéndole un poco de agua. Se envuelve en grandes hojas de bijagua a la manera de los «tamales» de los Ladinos. Pocos días después, cuando la masa se ha vuelto agria, se pone a hornear entre las brasas. Los Sumus también lo ponen a hornear ocasionalmente, después de moler el maíz, pero sin dejar que la masa se agríe; a tal producto le llaman pan, como en español. Los Ulwa hacen este pan generalmente de maíz tierno.

La médula o «cogollo» de varias palmeras (Attalea, Chamaedorea, Euterpe, Iriartea, Oreodoxa) puede ser comida en encurtidos o cocida; tiene un sabor ligeramente amargo. La médula y las pequeñas frutas ácidas de la piñuela (Bromelia pinguin L.; M: absi; S: absi, wakari) son también apreciadas. En épocas de escasez las yemas suaves del bambú son también cocidas y comidas.

Las hojas de una pequeña planta silvestre, llamada pepino o calalu (Phytolacca decandra L.), es comida por los indígenas de vez en cuando, como espinaca; han heredado esta costumbre de los Creoles y de los Negros. El nombre común de calalu para esta planta tiene sabor africano; los Mískitos la llaman tilba pata, «comida de danta». Los indígenas y ladinos usan algunas veces las hojas como jabón; de ahí el nombre local de «jaboncillo» en español.

FRUTAS SILVESTRES

Los indígenas también recogen las frutas de un buen número de árboles que crecen en estado silvestre, entre los cuales mencionamos como más importantes los siguientes: el jocote-jobo (Spondias lutea L.; M: pabara; S: walk), nancite (Byrsonima crassifolia H.B.K.; M y S: krabo, karabo), mamey (Lucuma mammosa Gaert.; M: kuri; S: sipul), níspero (Sapota zapotilla Coville; M: iban; S: iban, sabakan), guapinol (Hymenaea courbaril L.; M: laua, laka; S: tipi); también varias especies de guayaba enana (Psidium sp.; M: kru; S: kuru, arayan); ojoche (Helicostylis ojoche K. Sch.; M y S: pisba, tisba); manzana de mono (Moquilea platypus Hemsl.; M: puramaira; S: lasat); uva de playa (Coccoloba uvifera L.; M y S: wabam), icaco (Chrysobalanus icaco L.; M y S: tawa) y varias especies de granadillas o frutas de la pasionaria (Passiflora sp.; M: drap, tutbuñ; S: wablulun, sunsun, wabamtari).

ENSILAJE

Cierta clase de ensilaje de varios tipos de comida, tales como bananos verdes, plátanos y pijibay es realizada ocasionalmente por los Mískitos. Tales alimentos son conocidos con el nombre de bisbaya; pueden ser preservados por seis meses o más.

Los bananos verdes y plátanos se pelan y se entierran, envolviéndolos en hojas grandes de bijagua. Los indígenas aseguran que ningún gusano se introducirá a la comida si el trabajo ha sido hecho con cuidado. El entierro no se descubre sino hasta cuando se necesite. Las frutas retienen su color blanquecino natural, pero se tornan negras inmediatamente al ser expuestas al aire. La bisbaya se consume ya sea en forma de bebida, después de hervirla en agua, o se hornea entre hojas para producir una clase de pan (M: bisbaya tanka; S: bisbaya parni).[65]

La fruta de pijibay, que también ha sido tratada de este modo, es luego consumida en forma de bebida. Se le hierve una vez desenterrada, se amasa, cuela y mezcla con wabul.

Los Sumus rara vez hacen uso de esta técnica de conservar comida, salvo con el maíz. Este se macera en una lejía de cenizas para remover la cáscara y luego se entierra por unos pocos meses. Una vez extraído del terreno se preserva en canastas suspendidas sobre humo, hasta que se requiera como alimento. Estos varios tipos de bisbaya despiden un olor poco grato, que puede ser sentido a gran distancia.

Otra manera de ensilaje es practicada con mayor frecuencia por los Sumus. El maíz y el banano, una vez desprovistos de cáscara, se colocan en agua circulante hasta que prácticamente fermenten; luego se secan al sol. Para llevar a cabo esta operación se les envuelve en hojas y se depositan entre las aguas de un arroyo vecino. Este tipo de comida (M y S: kwakwa, tabra, tulis) presenta también un cierto olor desagradable.

---

[65] Bell (b: 27) afirma que los Creoles de Bluefields convertían los plátanos en «foofoo», es decir, los cortaban, ponían en grandes canastos y los enterraban hasta que se pudrieran parcialmente; luego los secaban al sol y hacían harina. El nombre «foofoo» es vocablo que los Mískitos han corrupto en pupu para aplicarlo ahora a los bananos verdes y a los plátanos que han sido cocidos, machacados y dándoles la forma de tamales.

CONDIMENTOS, ESTUPEFACIENTES, ESTIMULANTES, EXCITANTES, ETCÉTERA

TABACO

El sukia usa el tabaco (nicotiana tabacum l.) como narcótico para lograr una condición de salvaje éxtasis; durante tal situación anómala se supone entra en trance con los espíritus. También exhala el humo del tabaco sobre las personas enfermas para purificarlas.

Aun así, no es seguro que el tabaco fuera conocido por estas dos tribus en tiempos precolombinos. Los nombres para esta planta (M: twako; S: aka) señalan una posible introducción por los europeos. Sin embargo, las tribus indígenas que vivían en la región del Pacífico de Nicaragua, en la época del descubrimiento, conocían el tabaco y lo fumaban en forma de puros. La palabra «tabaco» era aplicada a una clase de pipa por los nativos de Haití. El implemento consistía en un pequeño tubo de madera, en forma de «Y»; dos de sus extremos se insertaban en la nariz, mientras el tercero se mantenía en el humo que desprendía el tabaco al quemarse; de esta manera eran inhaladas las emanaciones.

En la actualidad los indígenas en consideración no cultivan la planta. Las hojas de tabaco se importan desde los Estados Unidos y este producto extranjero se prefiere al que se cultiva en América Central. Entre los Sumus el fumado es una acción confinada preferentemente a los hombres, aunque es práctica demasiado común entre las mujeres y los niños Mískitos. La hoja se fuma principalmente en pipa (M: twaco mina; S: aka pan, aka pana), que se fabrican localmente de barro, madera u olote; también se pueden comprar pipas importadas en las pulperías locales. Según Wickham (c: 206), los Ulwa del río Escondido no fuman en pipa, pero enrollan la hoja formando puros toscos, a la manera europea. Muy pocos mascan tabaco y el hábito de inhalar por la nariz es completamente desconocido. Entre las mujeres, la pipa se hace circular alrededor, cada una exhalando unos cuantos resoplidos antes de pasarla a su vecina. Una dote de tabaco es tácitamente aceptada como pago por la adquisición de comida en las partes más atrasadas de la región. Se espera que el viajero dé una o más hojas de tabaco por cualquier pequeño favor que reciba.

PIMIENTO ROJO O DE CAYENA

Varias especies de chile-congo, muy picantes (M: kuma; S: anmak, anmak), crecen en estado semisilvestre como arbustos perennes (Capsicum frutescens L. y C. baccatum L.); se usan en la comida como estimulantes y excitantes. Se encontraban en la cocina mískita en tiempos de Dampier (I, 9).

Los Mískitos generalmente preparan una especie de «salsa» (M: kuma laya; S: anmak wasni, anmak waska) con estos pimientos, los cuales son machacados agregándoles luego un poco de jugo de limón y sal. La guardan en botellas y la vierten en pequeña cantidad sobre los alimentos cuando los están comiendo. Los Sumus, por otra parte, muelen los chiles en el metate con sal gruesa. Al servir la comida las mujeres colocan un poco de esta mezcla sobre hojas grandes, para que cada quien sazone su comida al propio gusto. Estos chiles también pueden reemplazar a la sal enteramente. Las chiltomas más grandes (Capsicum annum), que crecen como plantas anuales, se siembran ocasionalmente para ser comidas como verduras.

SAL

No existen registros que demuestren que los indígenas obtenían sal de las incrustaciones naturales salinas que se encuentran ocasionalmente en la región, las cuales son visitadas por ciertos animales salvajes.

Los Mískitos que viven cerca del mar consiguen sal, de vez en cuando, hirviendo el agua de mar o de las adyacentes lagunas salobres. Durante la época más álgida de la estación seca, se dice, estas lagunas son aún más ricas en sal que ciertas partes del mar mismo. El agua se hierve en grandes cacerolas de hierro, hasta que se evapora dejando los depósitos de sal en el fondo en forma de torta. Los Sumus que viven a corta distancia del río Prinzapolka y en Brangma's Bluff[66] usaban en tiempos pasados un método laborioso y primitivo, descrito por M.W. (302), de la manera siguiente:

Hacen una hoguera cerca de la costa y cuando la leña está bien quemada la separan y toman uno de los tizones ardientes para sumergirlo rápidamente en el mar y sacarlo al instante, sin templarlo

---

[66] En el sitio donde actualmente se levanta Puerto Cabezas. (N.d.T.)

ni poco ni mucho, porque en el primer caso las gotas de agua hirviendo en las brasas se consumirán rápidamente por el mucho calor, quedando el carbón quemado incompletamente, y en el segundo caso las brasas se extinguirán y no darían suficiente calor para convertir las gotas de agua en incrustaciones de sal. Tan pronto se forman éstas, son raspadas a mano y recogidas en una hoja; luego se vuelve el leño así tratado al fuego, mientras el proceso se repite sucesivamente con los otros tizones que están prendidos y listos, de modo que en media hora un hombre puede obtener hasta una media libra de sal gris.

En prácticamente todas las lenguas de América Central los vocablos para sal y mar son idénticos. Los Mískitos, sin embargo, no tienen un nombre nativo para la sal y la llaman como en español, mientras el término para mar es kabo. [67]Los Sumus llaman al mar como a la sal kuma, nombre que los Mískitos más bien aplican a los chiles rojos.

SUSTITUTOS DE LA SAL

Los Sumus del interior sustituyen la sal con la ceniza de la raquis de ciertas hojas de palma, en particular de la pacaya o palma de col de montaña (Chamaedorea sp.; M: silina; S: tapal) y de una especie más pequeña y espinosa conocida por los indígenas como kabka. Las cenizas se colectan en un recipiente con agua caliente para disolver su contenido salino. Una vez removidas las impurezas, la solución se evapora en comales, a fuego lento, hasta que depositen una materia cristalina blanca que hace de sustituto de la sal. Este método fue observado por el misionero franciscano Fernando de Espino en 1668 o 1667 entre los indios (Sumus o Paya) que vivían alrededor del río Guampú en Honduras.[68]

---

[67] Cabo es nombre español y la frase «El Cabo» se refiere al Cabo Gracias a Dios, situado en la desembocadura del río Coco. Reforzando este nombre, algunos han afirmado que los Mískitos fueron originalmente una tribu de tierra adentro, que no conocían el mar, al que vieron por primera vez cuando bajaron por el río Coco hasta El Cabo, adoptando este nombre como sinónimo de la gran sábana de agua. Esta aplicación no es, desde luego, muy satisfactoria.
[68] «Hacen sal de unos árboles que hay en aquellas montañas, a manera de coyol coco; rajan este árbol, haciendo astillas, quémanlo, hacen ceniza, y a fuego manso

VAINILLA

Sloane (a: p. LXXVII) se refiere al método que empleaban los Mískitos para curar la vainilla (Vainilla planifolia; M y S: ditti bainia). El presente autor no ha observado que los indígenas hagan uso de las vainas, salvo para dar sabor a una bebida hecha de cacao y maíz.

ACHIOTE

El achiote (M: aulala, tmarin; S: aal) es cultivado principalmente para extraer el pigmento facial que como materia roja colorante rodea las semillas; no lo usan como condimento, salvo en casos esporádicos, en lugares donde este hábito ha sido introducido por los Ladinos.

ACEITES DE COCINAR

La médula contenida en las semillas de varias palmas sirve para hacer aceite, del que se usa de vez en cuando en la cocina. El más importante es el extraído del coco. Se raspa la nuez y luego, puesta a hervir, se desnata el aceite en la medida que sube. Las semillas del corozo (Attalea sp.), de la palma africana (Elaeis melanococca Gaertn.), del huiscoyol (Bactris borrida Oert.) y de la palma kaska se abren ocasionalmente para extraer el aceite de la médula. Aceite de cocina también se obtiene de los frutos rojos de un árbol de la selva (M: yari; S: yara) y de un pequeño arbusto llamado wari-klua por los Mískitos.

EDULCORANTES PARA COMIDAS Y BEBIDAS

Previa la introducción del azúcar de caña, los indígenas tenían que depender de bananos y plátanos maduros y de miel silvestre para endulzar ciertas bebidas. En la actualidad el guarapo de la caña se hierve para sirope o se hace panela. Tan pronto como el jugo ha sido exprimido de la caña, se echa en un gran caldero puesto al fuego; a medida que crece la temperatura, se levanta la espuma que es desnatada con la ayuda de un colador de guacal, atado al extremo de una larga vara. Cuando el líquido café ha adquirido la consistencia

---

le van calentando hasta que se convierte en sal; es muy blanca pero no tan fuerte como la que usamos.» (Serrano y Sanz: 368).

deseada, se vierte en botella y se guarda hasta que se necesite. Para hacer las panelas se continúa hirviendo el jugo y finalmente se vacía en moldes de madera, donde cristaliza.

VARIOS

Las bayas redondas del pimiento (Pimienta officinalis), que crece silvestre en la selva, se reúnen y secan al sol para dar sabor a ciertas bebidas.

La pimienta negra y la canela han sido también introducidas en la cocina nativa; ambas especies se compran en las pulperías locales.

Mascar coca, que fue una costumbre habitual entre los Nicarao de la costa del Pacífico al tiempo de la conquista, parece que fue un hábito nunca conocido en la Costa Mosquitia.

Comer tierra (M: tasba; S: sau), barro (M: slaubla; S: sau), arena (M: auya; S: kaubmak) y carbón (M: kwasko, tmasko; S: kusmak) es muy común entre mujeres y niños.

AGUA PARA BEBER

La entera región está bien suplida de agua y los indígenas la obtienen de las corrientes para beber en cuyas riberas están establecidos sus asentamientos. Los que viven cerca del mar excavan pozos.

BEJUCOS DE AGUA

Existen algunas variedades de lianas de agua, cuyo tamaño varía de 3 a 5 pulgadas y que se encuentran por toda la selva. Cuando el tallo es simplemente tajado, sólo produce unas pocas gotas de agua; el bejuco tiene que ser cortado inmediatamente a 2 ó 3 pies un poco abajo, para que fluya una corriente continua de agua, lo suficiente para saciar la sed de una persona. Los indios levantan el tallo cortado en posición vertical, permitiendo a la savia drenar directamente a la boca. El bejuco tiene que ser cortado primero arriba, de lo contrario la savia ascenderá tan rápidamente que difícilmente muy poca se obtendrá.

MIEL

Los indígenas son muy afectos a la miel (M: nasma; S: amak) producida por varias especies de abejas silvestres, sin ponzoña, que hacen sus nidos en troncos huecos. La entrada fácilmente se adivina observando a las abejitas que revolotean en derredor.

Los indígenas escalan el árbol, o lo botan para obtener la miel. Esta se toma siempre como bebida diluida en agua, pero aún en su estado natural no es viscosa, sino casi tan fluida como el agua. Tiene un sabor acídulo y altamente fragante. Cuando los indígenas se encuentran lejos de casa suelen prepararse una comida a base de miel de dicha abeja, pero el extranjero corriente no la prefiere y la encuentra muy inferior a la producida por la abeja domesticada de Europa. Los nativos colectan en canutos de bambú la que no pueden consumir de inmediato y la llevan a casa para sus familias.

LECHE

El consumo de leche de vaca no está generalizado. Cuando yo pregunté la razón a algunos Sumus, del curso superior del Waspuk, se limitaron a responder que ellos no eran terneros para beber de esa leche.

BANANOS Y PLÁTANOS

Una gran variedad de bebidas nutritivas, de procedencia vegetal, son preparadas por los indígenas en consideración. Los bananos se consumen principalmente en la forma de potaje, conocido localmente como "wabul". Para esto se usa el banano verde, antes que su contenido de almidón se transforme en azúcar. Se pelan y cuecen en un perol de hierro. Luego se les agrega agua mientras se baten en el mismo perol con la ayuda de una vara. En el proceso se vierte agua fría, poco a poco, mientras toda la preparación continúa batiéndose. No se añade sal.

El wabul se sirve generalmente entre las comidas; si un extranjero arriba a una villa indígena, las mujeres preparan inmediatamente algo de esta bebida para ofrecérsela. Rara vez la brindan a un hombre blanco desconocido, ya que algunos extranjeros mal educados han rechazado con desdén el wabul que les ha sido presentado. La bebida es siempre servida en jícaras, que son los vasos de los indígenas.

Bananos y plátanos maduros se utilizan ocasionalmente para preparar el wabul, pues los plátanos verdes son demasiado duros y resistentes para ser machacados. El sabor puede mejorarse si en lugar de agua fría se añade leche de vaca o de coco, brebaje que es mejor aceptado por el extranjero común.

Los Sumus que viven en el río Patuca son muy aficionados a una bebida hecha de bananos maduros, los cuales cuecen, machacan y dejan por uno o dos días en grandes recipientes de barro hasta que la masa se torna agria. Si los bananos han sido solamente medio cocidos, la bebida será de un color ligeramente amarillo y en ese caso se denomina pauni. Si por el contrario, las frutas están bien cocidas, la bebida resultante se torna roja oscura, en cuyo caso se denomina wakira pauni ("bananos rojos"). El nombre miskito para cualquiera de ambas bebidas es paunlaya ("bebida roja").

PALMA DE ACEITE

Los frutos de la palma "home" o palma aceitera (Elaeis melanococca Gaertn.), llamados obon o ubun por los indígenas, se hierven para liberar la pulpa roja que rodea la semilla. Esta pulpa se cuela, a continuación, a través de una jícara agujereada y se mezcla con wabul. Ésta es una de las bebidas más agradables y nutritivas, que solamente la preparan los Mískitos, ya que la palma de aceite no crece tierra adentro, en la región habitada por los Sumus. Es la misma palma de cuyas semillas los Mískitos preparan el bien conocido aceite para el cabello, llamado batana en la Costa Mosquitia. La bebida ha sido elogiada por Raveneau de Lussan[69] (438-439) y por M. W. (308), aunque ninguno de ellos menciona que la probaron, salvo mezclada con el wabul, como es el caso al menos con los Mískitos del curso bajo del río Coco. Este brebaje parece haber sido mencionado por Exquemelin (Edición inglesa: 251) bajo el nombre de acbioc.

MAÍZ

Cierto número de bebidas nutritivas se preparan del maíz. Una de las más comunes es la llamada "pinol" por los Ladinos (M: ayumicar; S: dr boko, am tok). Se tuestan los granos a las brasas hasta que comienzan a "saltar"; luego se muelen en el metate y se guardan hasta que se necesiten. Pero si el maíz no quedó bien molido, las partículas secas dan la sensación de carraspera cuando pasan por la garganta.

---

[69] Este autor las llama boon.

155

En el curso superior del río Coco y sobre el río Bocay los indígenas son muy aficionados a otra bebida (M: wasphu; S: masbol) hecha de maíz. Los granos secos se muelen y cuecen; se les agrega una pequeña porción de maíz germinado que imparte un ligero sabor dulce a la bebida. Se ingiere ya fresca o después de haberla dejado que se torne agria.

ATOL

(M: aya-makala; S: kuri, am-tunum-ba, ama tunaniba). Es una bebida muy refrescante que el extranjero corriente sabe apreciar. Los granos tiernos o verdes se extraen de la mazorca con navaja, luego se pasan por un colador y la bebida está lista. Es muy estimada especialmente entre los Ulwa. Una bebida parecida, pero de inferior calidad, se prepara de maíz viejo; se conoce como ulan por Mískitos y Sumus. Si se deja agriar, se la denomina aya swabni (M) "maíz agriado" y dipis (S).

POSOL

(M: pusul; S: saua) es consumido de vez en cuando; parece que fue introducido por los Ladinos. Esta bebida se hace de la "masa" o pasta de maíz, preparada con lejía y luego molida en el metate. Generalmente se toma sin endulzar.

PINOLILLO

Una excelente bebida alimenticia es preparada del cacao por los Sumus, especialmente por la subtribu Ulwa. Las semillas se tuestan ligeramente sobre las brasas para quitarles el tegumento. Luego se muelen en el metate junto con una buena porción de maíz tostado. Para prepararla se toman dos cucharadas de polvo con un poco de sirope y se añaden a una jícara de agua, agitando la mezcla por unos breves momentos con el "molenillo". La bebida resultante se parece mucho al chocolate de los Ladinos, en consistencia y sabor, aunque algunas veces resulta carrasposa debido a la presencia del maíz molido.

De vez en cuando se adultera con el meollo tostado y molido de las semillas de la palma esconfra, del pijibay o del zapote; puede también dársele sabor con vainilla y canela. M. W. (308) observó esta bebida entre los Mískitos y afirma que, en esos días, la endulzaban con plátanos maduros y con miel silvestre.

BUNYA O BEBIDAS AGRIAS

Estos indígenas son muy aficionados a consumir verduras, una vez que han sido dejadas agriar. Este es el caso especial de la yuca, batatas, ñame y pijibay. Después de cocerlas en agua, se macera la masa y la pasta resultante se envuelve cuidadosamente en hojas a prueba de agua, amarradas con tiras o fibras vegetales, para ser colocadas en los chimbos de la choza. Se usan hojas de bijagua generalmente para este fin, ya que son fuertes y no se rajan como las hojas del banano y del plátano. Esta preparación es conocida como bunya entre los Mískitos y tapan por los Sumus; sin embargo, los Mískitos del interior usan el nombre sumu cuando entre los ingredientes no va la yuca.

Los Sumus también preparan maíz de esta manera; lo cuecen y muelen sobre una piedra hasta que adquiere la consistencia de una espesa pasta.

Esta comida agria la llevan siempre cuando viajan. Si el indígena quiere calmar la sed o saciar el hambre, se detiene junto a una corriente, pone un puñado de esta pasta en la jícara y la mezcla con agua. En el caso de maíz o pijibay, la cubierta espesa es exprimida con las manos y descartada.

BEBIDAS INTOXICANTES

Orgías y bacanales juegan un rol importante en las francachelas semirreligiosas y en la vida social de las dos tribus en consideración. Afortunadamente para los indígenas, ellos nunca tienen dinero para comprar bebidas alcohólicas en las cantinas y sus preparaciones caseras les consumen mucho de sus provisiones como para emborracharse frecuentemente.

DESTILACIÓN

Parece que los indígenas nunca aprendieron cómo destilar, pues antes de la llegada de los europeos sólo se intoxicaban a base de un cierto número de bebidas fermentadas. El ron o aguardiente (M: tabpla; S: tapalni, tapalka, literalmente "amargo") puede ser obtenido por los indígenas en las pulperías locales. En Honduras y Nicaragua la manufactura de este espíritu es monopolio del gobierno, el cual lo ofrece en concesión a contratistas, que por lo general son sustentadores políticos del partido en el poder. Existen, sin embargo, muchas destilerías privadas, ilegales, escondidas en las partes más recónditas de estas repúblicas, operadas principalmente por Ladinos. Levy (b:300) señala que los Ulwa del río Escondido destilan un líquido alcohólico a partir de la yuca, con la asistencia de un alambique de barro; éste probablemente corresponde al dibujado por Belt (233) en las vecindades de Santo Domingo de Chontales, en las cabeceras del río Escondido. Me he topado con un simple aparato similar entre los Paya de Honduras. En estos dos casos, sin embargo, servían para destilar jugo de caña o azúcar café. Belt (233-234) describe tan ingeniosa "cususera" con las siguientes palabras:

(...) consistía de dos ollas de barro, de manufactura nativa, una encima de la otra. A la de arriba se le había quitado el fondo y estaba pegada con barro a la inferior. Ésta, con el licor fermentado, estaba al fuego. El alcohol se condensaba sobre el fondo plano de un plato de estaño que cubría la olla de encima, y sobre el cual caía agua fría; las gotas destilaban sobre una tablita inclinada hacia un largo tubo de madera que las conducía directamente a las botellas.

BEBIDAS FERMENTADAS

Un buen número de bebidas fermentadas suelen preparar estos indígenas. Se les conoce localmente con el nombre general de misbla (M: misla, 28; S: wasak); nombres distintos son dados, sin embargo, a las bebidas hechas de maíz. Se preparan en forma idéntica, aunque los ingredientes son diferentes en cada caso. Estas variadas bebidas se guardan en grandes vasijas de arcilla o en barriles de manufactura extranjera; los Mískitos del siglo XVII también usaban canoas para este fin, como lo hacen los Paya en el presente (Dampier: I, 10).

(a) De yuca

Entre los Mískitos y algunos de los Sumus, la más importante de estas bebidas es la que se hace de yuca dulce (Manihot palmata Muell.); su preparación no difiere esencialmente de la kawa o kava de los polinesios. Primero se pela la raíz, luego se cuece, maja o simplemente se corta en pequeños pedazos que se ponen en un tonel u olla de barro (M: sumi; S: suba, sau suba). Se añade agua caliente y todo el conjunto se cubre con grandes hojas para que el calor provoque la fermentación. Una pequeña porción de la raíz es masticada por las mujeres y una vez bien empapada de saliva se escupe dentro del recipiente para activar la fermentación. Este proceso también puede acelerarse añadiendo jugo de caña y aún batiendo tambores. De vez en cuando la masa es batida y despumada con la ayuda de una angosta vara en forma de remo, ya que entra en efervescencia como si fuera mosto. La fermentación está concluida en dos o tres días. El brebaje se parece mucho a la mantequilla, aunque un poco agrio en sabor. Su poder intoxicante no es muy fuerte, pero los indígenas lo consumen en tal cantidad que finalmente se desploman completamente borrachos.

(b) De otras verduras y frutas

La anterior receta puede también ser usada con las batatas, ñames y otros tubérculos, así como con las frutas del pijibay y la nuez del palo de pan.

Las frutas del marañón y de otros árboles, como bananos y plátanos, son simplemente majadas con la adición de agua, dejando que el jugo se fermente a su debido tiempo. La bebida más fuerte es la que se prepara de las piñas asadas, la cual había sido ya mencionada durante la segunda mitad del siglo XVII por Dampier (I, 10) y M. W. (308). Jugo de caña suele ser añadido a estas varias bebidas para aumentar su efectividad.

El puro jugo de caña fermentado se consume extensivamente en ciertas regiones, especialmente entre los indígenas del río Patuca. El jugo simplemente se exprime con la ayuda de un sencillo molino manual y la fermentación es asistida al añadir al líquido una porción pequeña de un bejuco leguminoso (M: snek, snik; S: sinak), que carga unas vainas pequeñas como frijoles.

(c) De maíz

Entre los Sumus el maíz (Zea mays L.) toma el lugar de la yuca como principal ingrediente para preparar la bebida alcohólica favorita. Los Sumus y los Mískitos del interior preparan un cierto número de bebidas de este grano. La más fuerte es la llamada puput por los Twahka y Panamaka y sili por los Ulwa, aunque es desconocida para los Mískitos; se reserva para las grandes festividades tales como la sau y la asan-lauwana. El maíz seco se muele en el metate, se envuelve entre grandes hojas a la manera de los "tamales" de los Ladinos y así se cuece en agua hirviente.

Luego se conserva por semanas o meses sobre el humo de la cocina, llegándose a cubrir por un moho gris al que debe su nombre (puput, "gris").[70] Unos pocos días antes de celebrar la fiesta, se saca la masa del envoltorio, se desmorona y cuece con una cantidad poca de agua; se vierte a continuación en un hoyo abierto en el suelo, sobre el que se ha levantado un cobertizo provisional. Una espesa capa de hojas de bijagua o de corteza de balsa evita que la bebida entre en contacto directo con el terreno. La fermentación estará completa en dos o tres días y la bebida lista para paladear. Antes de escanciar este licor poderoso se filtra y diluye en agua.

Otra bebida intoxicante (T y P: mabkrus; U: labapitubdey) se prepara de la siguiente manera: se muelen los granos de maíz verdes o maduros, se envuelven en hojas y hierven en agua. Después, cuando la masa se ha enfriado un poco, es masticada por las mujeres y dejada fermentar. Del maíz nativo germinado se prepara otra bebida similar (M: aya urwan; T: am uus; P: ama uus; U: am patan), pero no es masticada ni envuelta en hojas. Entre los indígenas esta última bebida es algunas veces conocida con el nombre español, muy generalizado, de chicha (sitsa).

(d) De palmera de coyol

Ocasionalmente la savia de varias especies de palmas, como el coyol (Acrocomia vinifera Oerst.) y el cohune o corozo (Attalea cobune) se deja fermentar. Se derriba el árbol y en su tallo se corta una concavidad inmediatamente debajo de la corona de palmas. En cuestión de media hora la savia se acumulará en el agujero, escapando muy poca por la base donde ha sido cortada. La savia puede tomarse

---

[70] Crévaux (Voyage dans l'Amérique du Sud, París, 1883, pp. 405-406) da la receta para una bebida de maíz que es preparada en las Guayanas de manera idéntica.

fresca, pero por lo general se la deja fermentar, proceso que toma unos dos o tres días en completarse. Este "vino" tiene color amarillo claro.

(e) Otras bebidas fermentadas

Exquemelin (edición inglesa: 215) da el nombre de acbioc a la bebida fermentada más común entre los Mískitos del siglo XVII, a la que describe de la siguiente manera:

"Está hecha de una semilla de palma, majada y luego puesta a macerar en una infusión de agua caliente hasta que se asiente en el fondo. Este licor, una vez colado, tiene un sabor muy placentero y es muy nutritivo".

Las semillas a que se refiere son probablemente las de la palma de aceite, de las que hoy se prepara una bebida no fermentada (ver bebidas no fermentadas).

Levy (b:300) señala que los Ulwa del río Escondido también preparan licores fermentados de las semillas tiernas del achiote y de la pulpa que rodea el cacao silvestre (Theobroma bicolor). El mismo autor (b:308) menciona igualmente una bebida hecha de cocos, endulzada mediante la adición de plátanos maduros o miel silvestre.

GOBIERNO Y ORGANIZACIÓN SOCIAL

No existen ningunas trazas de divisiones en clases o en grupos afines exogámicos. La organización tribal entre estos pueblos primitivos sigue esencialmente lineamientos democráticos.

En tiempos pasados parece que los Mískitos no estaban regidos por un jefe supremo, salvo en tiempos de guerra, cuando una asamblea de ancianos escogía a un comandante para que dirigiera las operaciones militares (M.W: 307). La selección recaía generalmente en un guerrero célebre por sus proezas. Según Exquemelin (edición francesa: II, 264) la preferencia se otorgaba a un indígena que hubiera acompañado a los bucaneros, pero al restablecerse la paz su autoridad cesaba.

En las leyendas miskitas existen registros de individuos que capturaron los poderes del gobierno a base de violencia. La insignia distintiva de una jefatura parecía consistir en un cetro de madera o en un pectoral metálico que pendía del cuello. Los poderes de los numerosos curanderos (sukya) eran también muy grandes, pero no se sabe exactamente cómo éstos intervenían en los asuntos del gobierno. Parece, sin embargo, que en ciertas ocasiones los poderes temporales y espirituales los ejercía una misma persona.

Jefaturas hereditarias no se conocían en la Costa Mosquitia sino hasta el establecimiento de la influencia británica. Uno de sus jefes, un Mískito, fue más tarde proclamado rey, en realidad un títere en las manos de sus protectores extranjeros, quienes ayudaron a que su autoridad nominal fuese extendida más ampliamente por toda la costa. Se le otorgó un cetro y una corona de plata de pequeño valor intrínseco, conferidos por las autoridades británicas de Jamaica. El régimen del "rey" Mískito era absolutamente despótico. Sus órdenes eran transmitidas por sus oficiales (Kwatmas), quienes portaban una caña o un bastón como símbolo de autoridad delegada, formalidad posiblemente introducida por los ingleses o los españoles. Una medalla de plata, una espada o cualquier otro objeto que se supiera pertenecía al rey surtía el mismo efecto. Tales muestras incrementaban la credibilidad en el portador y el inmediato cumplimiento de lo que se ordenaba. Los comerciantes extranjeros también solicitaban al rey tales prendas, que las utilizaban como pasaportes; cada indígena estaba en la obligación de proveerles asistencia, alojarlos, venderles comida y aprovisionarlos con lo que precisaren para continuar en su viaje, siempre a base de un pago razonable. No es necesario advertir que los indígenas del interior no prestaban mucha atención a tales recomendaciones.

Además del rey, había otras tres importantes autoridades entre los Mískitos, quienes gobernaban áreas comparativamente extensas y eran conocidos como "general", "gobernador" y "almirante". Numerosos jefes menores, llamados por los Mískitos wita o wibta (literalmente "cabecillas") residían en las villas más grandes.

Actualmente el gobierno de las dos repúblicas, Honduras y Nicaragua, está representado por los comandantes, quienes son invariablemente Ladinos. Ocasionalmente nombran subcomandantes indígenas para áreas más extensas, pero su autoridad es prácticamente insignificante. Los indígenas rinden ciertas deferencias a las personas viejas de los asentamientos, en especial al sukya. Los oficiales enviados desde Tegucigalpa o Managua rara vez son mejores elementos y a veces cometen grandes abusos entre los tímidos y pacíficos aborígenes. También se encuentran con frecuencia gente de baja moral, que trata de enriquecerse imponiendo multas sobre los indígenas en ventaja de sus propias bolsas, u obligando a los nativos a trabajar para su beneficio personal.

ADMINISTRACIÓN DE JUSTICIA

En tiempos pasados el castigo de los criminales era confiado a la persona agraviada, más que a oficiales especiales de justicia. Si la persona injuriada no tomaba ninguna acción para vengarse, era considerada como cobarde.

Hacia la mitad del siglo XVIII la influencia inglesa se extendió hasta la "corte" del principal jefe Mískito. Ciertos oficiales especiales conocidos con el nombre de Kwatmas (del inglés "quartermasters"), fueron encomendados para ejecutar las órdenes del gobierno y administrar justicia. Se infligían castigos en la forma de multas, azotes y muerte por horca; la prisión era desconocida. En sus periódicas visitas estos oficiales acostumbraban a dar de coyundas a toda la gente joven que lograban agarrar, como remedio para curarlos de la pereza y de la mezquindad, merecieran o no el castigo. A esto le llamaban "enseñar al pueblo" (M: upla smalkaya; S: moib sumalnin, moib sumalnaka), con el propósito de inculcar principios sobre buena conducta y moralidad. Un relato de tales procedimientos es ofrecido por Bell (B: 278-282).

ROBO

Un ladrón era obligado, de acuerdo con la ley indígena, a restituir por duplicado el valor del objeto robado.

INFANTICIDIO

Este acto aparentemente no era considerado un crimen, en tiempos pasados, bajo ciertas circunstancias. (Ver: Niños; su nacimiento y educación).

HERIDAS

Por cualquier herida inferida, con intención o sin ella, se colectaba pago en "moneda de sangre" (M: tala mana; T y P: a minit; U: awas makalnak).

HOMICIDIO

El asesino tenía que seguir a su víctima en la muerte. Si no lo hacía voluntariamente, los parientes de la víctima lo podían matar sin riesgo de castigo para ellos; además, en tal caso, su memoria era deshonrada. La lex talionis se aplicaba rígidamente.

El envenenamiento es actualmente el método usual para despachar a un enemigo. El veneno se administra con ron o licor fermentado, con la ayuda de una tercera persona, aprovechando cuando la pretendida víctima está borracha. Este método de dar muerte se ha vuelto más bien común en años recientes. Los indígenas usan como veneno algunas drogas nativas fuertes, bilis de lagarto, e incluso cianuro robado de las minas de oro. Los Mískitos del río Coco se suponen hacen uso frecuente de venenos. Si un indígena mata a su enemigo con la ayuda de un arma de fuego, flecha o cuchillo, tiene que seguirlo en la muerte, pero esto no parece ser el caso si lo ha envenenado.

ADULTERIO

La moralidad está en mengua, especialmente entre los Mískitos. La mayoría de las disputas y crímenes que ocasionalmente se llevan a cabo es el resultado de riñas por asunto de faldas. El marido ofendido inflige una severa paliza a la esposa infiel e intenta estrangularla o ahogarla hasta que confiese el nombre del otro delincuente, del cual exige un pago en reparación (M: marin mana; T y P: yal minit; U: yal makalnak). Tal "pago mujeril" consiste generalmente en una vaca o un arma de fuego.

Fuera de este caso, apalear a la mujer no es común. Ocasionalmente una mujer puede suicidarse por haber recibido una severa paliza de su marido en pago de su infidelidad y éste tiene la obligación de recompensar a sus familiares. Bell señala (a:251) que conoció hombres que mantenían esposas casquivanas con el único propósito de sacar provecho de sus descarríos.

DEUDAS

Si un deudor rehúsa pagar o retornar y reembolsar el objeto o el dinero pedido en préstamo, el acreedor puede ir a su plantación y cobrárselas en especies, sin riesgo de castigo. Si la deuda no puede ser cobrada en forma amistosa, el acreedor, en lugar de reñir con el deudor, puede destruir cualquier propiedad que pertenezca a tercera persona, con el fin de ejercer presión sobre aquél para que repare el daño.

VARIOS

Algunas veces un indígena, que ha sido groseramente ofendido y es incapaz de demandar pago en reparación, comete suicidio; en tal caso el ofensor tiene que hacer lo mismo. Este sistema lleva a casos complicados; el siguiente ha sido registrado por los misioneros moravos:

Una mujer Mískita, siendo continuamente maltratada por su marido, huyó de la casa. Éste fue a buscarla a casa de los suegros, donde le dijeron que su esposa se había ahorcado para no seguir sometida al bárbaro tratamiento. El marido comprendió lo que esto significaba, no tuvo reparo en suicidarse. Después, la mujer, a quien todos creían muerta, regresó a la villa. Pero entonces los parientes de su difunto marido le exigieron que se suicidara también, culpándola de haber causado la muerte de aquél por abandono del hogar. Como la infortunada mujer se resistiera, pues no tenía el coraje de hacer lo que se le pedía, los parientes de su marido la agarraron y colgaron del árbol más cercano.

Estos actos de venganza no eran considerados como crímenes, sino simplemente como castigos merecidos, con los cuales se expiaban faltas supuestas o reales. Así, un asesinato a menudo era el primer eslabón de una cadena de crímenes similares, ya que los parientes del primer victimado se consideraban comprometidos, según la costumbre indígena, a terminar con el asesino.

Los suicidios se cometían generalmente ahorcándose o descargando un arma de fuego en la garganta. Nadie podía intervenir para que una persona acabara con su vida en las circunstancias antes mencionadas.

En general, casi no existen actos criminales entre los indígenas y se respeta la vida y propiedad de los extranjeros; varios casos de piratería, es decir de pillaje por parte de los Mískitos, de barcos que han zozobrado en la costa, han sido registrados sin embargo.

CARÁCTER

El indígena, como regla general, es muy franco, cándido, silencioso, flemático, honesto y confiable; pero también revanchista, ingrato e inclinado a la bebida. Aun entre su propia clase, los indígenas muestran gran reserva cuando son abordados por primera vez, pero al rato cambian y pronto se comunicarán en detalles las respectivas aventuras de viajes y cacerías.

La tacañería se considera como el peor de los vicios y el extranjero que es muy liberal en ofrecerles pequeños regalos es pronto proclamado a los cuatro vientos como un "buen hombre" (M: waikna pain; S: al yamni, al yamka).

Todos estos indígenas son algo inclinados a la pereza y aficionados a quedarse todo el día en sus hamacas. Aun así, uno admira su gran paciencia, destreza y resistencia en la caza y en la pesca. Pueden remar bajo sol ardiente por 10 horas al día, parando únicamente por corto tiempo a mediodía para preparar su comida.

Hay que tener mucha paciencia en las relaciones con los indígenas, el autocontrol lo consideran como una de las virtudes cardinales. Si un trabajador ha sido insultado por su patrón, continuará en la jornada hasta terminar, o por el tiempo en que ha sido contratado, sin mostrar signos visibles de insatisfacción. Al final de su compromiso cobrará por su tiempo y sin dar razón buscará otro lugar donde trabajar. El indígena siente poco respeto por el recién llegado que con frecuencia manifiesta súbitas explosiones de temperamento.

Como regla general estos indígenas no son pendencieros, sobre todo los hombres, pero cuando las disputas se levantan entre mujeres hay que esperar el lenguaje más vulgar y obsceno, que no para por horas enteras. En estas circunstancias, las que riñen siguen con sus ocupaciones habituales, pero no dejan de salir a la puerta de vez en cuando para soltar su andanada y ser oídas por todos. Cada una trata de abrumar a su adversaria resaltando las debilidades y defectos en su apariencia personal, así como los hábitos y moralidad de la contrincante. Sin embargo, rara vez se moquetean. En tales lances los hombres se quedan como pasivos mirones, pues se espera no deben interferir en tales pleitos. No obstante, tratarán de persuadir a sus esposas para que desistan de emplear lenguaje tan soez y se dediquen mejor a preparar la próxima comida.

El contacto con los extranjeros está modificando rápidamente el modo de ser indígena; los ha vuelto menos tímidos, más comunicativos y hospitalarios, pero por otro lado los ha tornado menos confiables y dependientes. Ha introducido la mendicidad entre ellos, práctica que desconocían anteriormente. Los Sumus, más primitivos, nunca piden al extraño, aún en estos días; si éste les ofrece una hoja de tabaco o algo parecido, pronto retribuirán dándole en intercambio algo de comida. El Sumu no se presta a responder preguntas, simplemente dirá un talnas-yan; "yo no sé", o cualquier respuesta evasiva, pero el Mískito con frecuencia responderá con una mentira deliberada. Las preferencias pueriles por cualquier cosa extranjera son también consecuencia de sus contactos con el hombre blanco.

El Mískito híbrido difiere grandemente en carácter del indígena puro, debido a su notable mezcla de sangre negra y a su larga asociación con comerciantes y colonos extranjeros. Son más bien bullangueros, atrevidos, insolentes, aventureros, autoconfiados, arrogantes y, en la actualidad, proclives a dominar a sus vecinos más pacientes y pacíficos. En el pasado, algunos entre los Sumus, Paya y Rama estaban sujetos al "Rey" de la Mosquitia, a quien tenían que pagar tributo en forma de canoas excavadas, ganado y otros artículos. El predominio de los Mískitos sobre las otras tribus de la Costa Mosquitia comenzó hacia finales del siglo XVII, cuando aquéllos llegaron a familiarizarse con el uso de las armas de fuego a través de la agencia de los bucaneros. Los Mískitos todavía emprendieron, en los años siguientes, expediciones de pillaje por el litoral de Costa Rica y Panamá, para esclavizar indios y asaltar las plantaciones de cacao de los españoles.

NOMBRES PERSONALES

Los miembros de la misma familia se llaman entre sí, generalmente, según la edad y sexo, como padre, madre, marido, mujer, hijo, hija, hermano mayor, hermana menor, etc. Los infantes no reciben ningún nombre individual hasta no observar en ellos alguna peculiaridad en su apariencia, manera, hábito o carácter.

Los viejos nombres indígenas han sido prácticamente suplantados por nombres españoles o ingleses. En la costa los nombres ingleses parecen ser los preferidos, pero en el interior casi todos los nombres adoptados son del idioma español. Los indígenas generalmente toman sólo un nombre, que puede ser cristiano, o un apellido que suele ser cambiado de vez en cuando. Un bien conocido Mískito del río Patuca, dueño de mucho ganado, tomó incluso el nombre de "Honduras".

Los extranjeros que viajan a la Costa Mosquitia son frecuentemente preguntados por los indígenas sobre el nombre de su cumiche. Es bastante difícil encontrar un nombre que les parezca, ya que no aceptan ninguno previamente usado en la región. M. W. (304) nos informa que a finales del siglo XVII los Mískitos más prominentes tenían los nombres que les fueron dados por los bucaneros; a cada aventurero que pasaba por la costa le era solicitado un nombre, para uno de los indígenas, quienes pensaban que un mismo bucanero no debería ofrecer más de un determinado nombre a un cierto indígena.

Mencionar el nombre de una persona muerta es tabú entre las tribus en cuestión y se considera un insulto repetirlo en presencia de sus parientes. Pero en ningún caso gusta al indígena ser llamado por su nombre directamente. Es por tanto difícil averiguar el nombre real, especialmente si son mujeres, a quienes generalmente se les conoce como la esposa, la hija, la madre, la hermana, etc., de fulano o de sutano. En tiempos pasados éste era también el caso entre los hombres, pero debido a sus trabajos en los cortes madereros, minas y otras empresas, tuvieron que dar su gracia para distinguirlos de los otros trabajadores, haciendo desaparecer gradualmente esta reticencia. Cuando yo tenía a cargo un corte de caoba en el río Coco tuve al principio una gran dificultad para obtener los nombres de los nuevos empleados, especialmente de los Sumus. Invariablemente me decían que eran el hijo de fulano, o me daban el nombre de la villa de donde procedían. Sin embargo, si estaban presentes otros indígenas, uno de éstos respondía presto a mi pregunta dándome el nombre del indígena particular al que yo interrogaba.

La serie de palabras de relación que utilizan los miembros de una familia Mískita para llamarse entre sí, sin usar nombres propios, es bastante complicada, la cual puede ser reemplazada por una entera serie nueva cuando ocurre una muerte en la familia. Marido y mujer se llaman entre sí mayi, "mi consorte". Antes de nacer el primer hijo el esposo llama a su mujer kika, "niña", mientras ella le responde wabma, "joven". Después de nacido el primogénito se llaman mutuamente lubpi yapti, "mamá de mi niño" y lubpi aisa, "papá de mi niño", respectivamente. A la muerte de un hijo se llaman entre sí con el nombre de sukrika. Las palabras mabma o masa se usan con frecuencia para dirigirse a un hijo o a un hermano, mientras que kika o misis se aplican a la hija o la hermana.

Los viejos eran siempre llamados como dama, "abuelo" y kuka, "abuela" entre los Mískitos; emplear sus nombres personales, hablando con ellos, se considera un gran irrespeto.

Una pareja de hombres o mujeres pueden intercambiar sus nombres, o simplemente algún tipo de posesión personal, como muestra de perpetua amistad, llamándose entre sí libra. Esta costumbre es común entre los Mískitos y se la encuentra ocasionalmente entre los Sumus. Dicha amistad es tan querida por ambos como si fueran hermanos y un indígena puede confiar la esposa a su libra con toda seguridad.

FORMA CORRIENTE DE SALUDAR

Estrechar la mano (M: mihta sibaya; T y P: tin ishinin; U: tin isibnika) constituye actualmente la forma general de salutación, pero este hábito parece ser de introducción extranjera. Cuando dos indígenas se encuentran, el uno dirá "¿cómo estás?" (M: naksa, abreviación de nabki sma; T y P: parasta; U: yampara), mientras el otro responderá "Muy bien" (M: ainhwa sna; T y P: yamil lik yan; U: yamka yan). Cuando se despiden, los Mískitos se dicen aisabi, contracción de aisabya (de yawan kli aisabya, "hablaremos nuevamente"), que corresponde al Twahka yulbaudaran. Los Twahka, sin embargo, hacen uso más frecuente de la forma general de salutación, parasta, cuando se despiden, mientras sus allegados Panamaka dirán kaltadaran y los Ulwa kaltawaran, o sea "nos veremos".

Cuando un indígena regresa después de una ausencia prolongada, su parentela femenina se sentará en un rincón de la choza y, arrojando un paño sobre sus cabezas, comenzarán a entonar un lamento.

RECEPCIÓN A LOS VISITANTES

No existen casas comunales para hospedar a los extranjeros; a éstos generalmente se les dirige a la casa de la persona principal, o a la del sukia. Los visitantes que arriman en canoa deben anunciar su llegada soplando una concha de mar. Si una partida de indígenas arriba a un asentamiento cuyos hombres están ausentes, no desembarcan a menos que tengan parentela ahí; de lo contrario, se limitan a hablar con las mujeres desde la canoa.

En épocas pasadas la recepción a un extraño, o visitante, parece haber sido de una naturaleza más demostrativa que como es hoy. Exquemelin (edición inglesa: 252), al referirse a los Mískitos del Cabo Gracias a Dios, señala que "el anfitrión camina una distancia de 300 a 400 pasos desde su casa para recibir a sus invitados y, al llegar a su presencia, se acuesta frente a ellos, sin moverse, como si estuviera muerto. El invitado entonces lo levanta y juntos marchan al convite. Aquí los huéspedes se acuestan en turno y el dueño de la casa los levanta uno por uno y con sus manos los conduce a la habitación para ofrecerles asiento". Esta costumbre ha sido descartada desde hace mucho tiempo. En la actualidad el anfitrión no sale a encontrar a su visitante, pero lo recibe con un apretón de manos dentro de su choza o en la puerta.

Entre los Sumus (Twahka y Panamaka), he observado ocasionalmente que el invitado camina hacia la casa del anfitrión sin decir una sola palabra. Este último entonces se dirige a él con esta palabra: aiwana man, "¿llegaste?", a la cual el otro responde aiwana yan, "ya vine". Entonces se le ofrece uno de esos asientos de madera o una hamaca. El dueño de casa llama luego a su esposa e hija, para que le traigan algo de wabul, u otra bebida o comida. Si el invitado es un viejo conocido de las mujeres, ellas subestimarán la bebida o la comida que le ofrecen, mientras el invitado está supuesto a elogiarla. Si no se conocen, se trae el wabul sin intercambiar cortesías. Jamás se interroga al visitante cuando está comiendo, ya que sería una falta de etiqueta. Cuando ha terminado de comer, el dueño de la casa le preguntará de dónde viene y qué lo trajo a estos lares. También inquirirá si vio bastantes animales de caza durante su viaje y si éstos estaban flacos o gordos. Cuando el visitante parte, simplemente dice: yawa yan, "me voy", y se marcha, mientras su anfitrión replica casi lacónicamente, yawa man, "¿te vas?".

BESOS

Entre los indígenas el beso es absolutamente desconocido. Manifiestan su afecto simplemente olfateando a la otra persona y restregando la nariz contra la mejilla de ésta en actitud aspirante; esta costumbre prevalece en amplias áreas del mundo. Los padres aplican la nariz contra la cara, cuello o cuerpo de sus nenes, inhalando su olor como si husmearan, pero nunca tocan la piel del niño con los labios. Las palabras "besar" y "oler" se traducen por la misma frase (M: kia walaya; T y P: waya dakanin; U: winika dabnaka), que significa literalmente "sentir el olor".

Entre los Sumus (y la vecina tribu de los Rama también) nuestra forma de besar es aborrecible y mirada como si fuera una manifestación casi de canibalismo.

CÓMPUTO DEL TIEMPO

PYU O QUIPOS PERUANOS

Formas primitivas de los complicados quipu del Perú existen entre Mískitos y Sumus. Consisten en mecate simple con nudos, llamados pyu o piu (S: ma), palabra que es etimológicamente relacionada con quipu. Cuando el indígena parte hacia un viaje, entrega a su mujer una cuerda o cordón con tantos nudos como el número de días que espera estar ausente; cada nudo equivale a un día. La mujer desata uno de estos nudos cada noche y, de esta manera, ella sabe, con un vistazo al pyu, cuántos días estará ausente su marido, con la esperanza de que éste arribe en la misma noche que le corresponda desatar el último nudo. Cuando el indígena trabaja como jornalero, mantiene un registro de los días trabajados atando un nudo a una cuerda al fin de cada jornada y finalmente compara el número de nudos totales con la suma de los días que le acredita su patrón. Estas pequeñas cuerdas desempeñan también el rol de tarjetas de invitación para una gran fiesta. Son llevadas por el mensajero al jefe de cada villa invitada. Por la noche se desata un nudo; el último representa el día del encuentro.

En lugar de cuerdas anudadas existen otros sistemas de pyu, como, por ejemplo, tablitas o piezas de madera en las cuales se han abierto muescas con una navaja, o donde se han perforado pequeños agujeros para recibir angostas clavijas. Las mujeres también usan jícaras en las cuales colocan, o de las cuales retiran, una piedrita por cada día que pasa. Cada una de estas muescas, clavijas o piedritas significa un día.

La presencia de estos quipu simplificados entre Mískitos y Sumus ya había sido observada por Roberts (270) y por Sapper (c:265). Sistemas similares pueden encontrarse entre las tribus Talamanca de Costa Rica y en muchas partes de América del Sur y de Oceanía. Conjuntos bien complejos se conocen solamente en el antiguo Perú, en cuyos elaborados quipu los nudos tienen un diferente valor de acuerdo con su arreglo posicional. Los usaban para cálculos del calendario y también para llevar estadísticas.

DÍAS

Las distancias de un lugar a otro se expresan por el número de "dormidas" o noches que uno tiene que pasar durante el viaje. La hora aproximada del día no se deduce por la longitud de la sombra, sino directamente de la posición del sol. Los indígenas apuntarán al cielo e indicarán aproximadamente la ubicación de ese cuerpo celeste en el momento en que cierta acción tuvo lugar.

AÑO

Los indígenas calculan el año de acuerdo con el retorno de la estación seca, o verano; ambos términos "año" y "estación seca" se expresan con el mismo vocablo (M: mani; T y P: kure, kuri; U: mamaka). La aproximación de la estación lluviosa o invierno (M: li mani, li taim; S: wasma), o de la estación seca, la conocen por la conducta del mundo animal y vegetal. Muy pocos entre los indígenas son capaces de conocer su edad aproximada. La gran erupción del Cosigüina, en 1835, sirvió antiguamente de fecha conveniente para comenzar a computar el tiempo.

MESES

Anteriormente el año estaba dividido en 13 meses o "lunas" (M: kati; S: waiko) de 29 1/2 días cada uno, correspondiente a la duración promedio de una revolución sinódica de la luna. Conocían, sin embargo, que el año solar es equivalente a bastante menos que 13 revoluciones lunares, de modo que el décimo tercer mes era ocasionalmente omitido para mantener a la luna en concordancia con las estaciones. En la actualidad el año de 12 meses ha sido adoptado. Los nombres de esos son los siguientes.[71]

---

[71] Nota del Editor:

Las notas del cuadro que aparece en la página anterior, en que el autor presenta los nombres de los meses en Mískito, Twahka y Panamaka, son las siguientes:

a) Aladi es corrupción del término inglés holiday (festividad).
b) Este árbol florece en enero.
c) La caña brava florece en junio o julio.
d) Pájaro migratorio que arriba en agosto.

La conducta de los elementos, la apertura de ciertas flores, la maduración de ciertos frutos, el canto de ciertos pájaros y la época de reproducción de ciertos animales, cada cosa en su estación, conforman de este modo el almanaque de los indígenas.

NUMERACIÓN

El sistema de números es vigesimal, pero en Honduras, tanto Mískitos como Sumus, cuentan también en decenas (vide Conzemius, d:81-820). Los números altos se expresan ahora generalmente en inglés o en español, pero en tiempos pasados se indicaban con las palabras de "bastante", "mucho", o con expresiones tales como un "puñado de arena" o un "mechón de pelos".

INSTRUMENTOS MUSICALES Y DE SEÑALES

La música es principalmente instrumental; casi nunca se escucha música vocal, la ejecuta principalmente el Sukia cuando practica sus encantamientos.

TAMBOR

Nuestro común tambor, conocido por su nombre inglés (M: drum; S: durum), es el instrumento musical favorito entre los hombres; ha sido extremadamente popular desde que lo introdujeron las guarniciones inglesas en el siglo XVIII. Los indígenas los construyeron por sí mismos y los tocan durante sus bacanales con la ayuda de bolillos de madera (M: mibta; S: tinmi).

El tambor horizontal, hecho de un tronco hueco con un corte longitudinal en forma de H (el teponaztli de los mexicanos y el tunkul de los mayas), que se usaba para señales en diferentes partes de América y Melanesia, parece no fue conocido en la región considerada. El tambor común se usa a veces para anunciar a los vecinos sobre una fiesta a base de misla.[72]

---

e) Pájaro migratorio que llega en septiembre; es una especie de cazamosca (Tyrannus intrepidus).

[72] Los extranjeros que viven en la Costa Mosquitia usan en broma la frase "telégrafo de monte" cuando se refieren a la forma rápida en que las noticias a veces viajan, pero no existe tal método misterioso entre los indígenas. Se dice que los Mískitos que viven en la sabana, cerca del mar, envían ocasionalmente noticias haciendo

El tambor vertical nativo (M: kunbi, kurbaya; S: pantan, panatan) tiene forma de copa grande, excavado de un sólido bloque de caoba o cedro; mide por lo menos 3 pies de altura, incluyendo el pie que ha sido tallado de la misma madera. El diámetro más pequeño está en la base, directamente encima del pie que le sirve de apoyo; la corona está formada por un pedazo de piel de animal (venado, sapo, iguana o danta), que se mantiene estirada por medio de una cuerda fuerte, atada en torno de los bordes pendientes de la piel y firmemente amarrada al casco del tambor. Se golpea con las manos y se usa solamente en las ceremonias mortuorias. Este instrumento corresponde al buebuetl de los antiguos mexicanos.

SONAJAS

Cascabeles de calabaza, redondos u ovoides, que son juguetes comunes para nuestros nenes, figuran entre los instrumentos musicales de la Costa Mosquitia y se usan por todas las partes del Nuevo Mundo. Son manipulados por las mujeres principalmente, en especial durante las festividades mortuorias para acompañar las danzas. Estos chischiles se hacen de los frutos del jícaro, una vez removida la pulpa que contiene a través de un agujero practicado en el tallo. Se introducen luego piedrecitas, cantos rodados, semillas duras o frijoles. Finalmente, un palo que actúa como mango se inserta en el recipiente, penetrando en forma tallada, traspasándola y angostándose hasta salir por un agujerito opuesto donde se agarra. En otros especímenes, el mango no atraviesa la jícara, sino que queda firmemente unido por medio de fibras que pasan a través de varias perforaciones practicadas en uno de los extremos de la jícara. Las semillas golpean las delgadas paredes internas y contra el eje central, resonando como si fueran castañuelas.

---

fuego en la sabana. Pero esto no es una buena señal, ya que dichos fuegos son iniciados con el propósito de quemar el pasto y las bajas malezas. En algunas ocasiones los hombres de villas apartes llegan a distancia de un grito, unos de otros, cuando andan de cacería. También se dice que algunos se dan a entender mediante un lenguaje de silbidos y son capaces de comunicar cualquier frase silbándola.

INSTRUMENTOS DE VIENTO

Flautas o caramillos (M: bra; S: bara) son de uso corriente; miden cerca de un pie de largo, provistos de dos, tres y hasta cuatro agujeros. En la boquilla se aplica cera de abejas. Los hacen de una especie de bambú que los Mískitos llaman bratara.

Flautas cortas de un solo tono se fabrican tamb¡én del hueso femoral del venado, la danta o de otros grandes animales. Sirven para atraer a la guatusa imitando el sonido de este roedor y por esto se las llama:

M: kyaky wasbaya,

T: malka kunin,

P: malaka kunnini,

U: malka kunkana.

Varias flautas son utilizadas exclusivamente en las festividades de los muertos. Una forma pequeña (M: limi-mina, limi-dusa; S: nawa wakal) está hecha de hueso de jaguar y tiene la boquilla cubierta con cera de abeja. Otra flauta corta (M: yul) se fabrica del junquillo llamado klisan. Flautas de bambú, fuertes, llegan a medir hasta 6 pies, con uno de los extremos descansando sobre el suelo. Son usadas por el Sukia. Este instrumento tiene una boquilla de piel de ave y cera de abejas y presenta un número de ventilones laterales. Produce un tono grave, no diferente del rugido de las bestias salvajes.

Zampoñas son desconocidas en la región.

Silbatos de barro ya no se fabrican, pero algunos de estos especímenes han sido desenterrados en la región del río Tinto (Honduras).

Conchas (M: kiptaya; S: masi) se usan como trompetas por toda la Costa Mosquitia.

Las arpas hebreas (yusuap) fueron introducidas hace muchos años y están muy de moda; sueltan unos pocos tonos pero la música suena dulce y sosegada, produciendo un gran efecto entre los indígenas.

ARCO MUSICAL

Este arco (M y S: luñlun), el único instrumento de cuerda conocido en la antigua América, produce un sonido quejumbroso y es ocasionalmente ejecutado por mujeres indígenas. Lo forma un pequeño arco de madera, de rajas de bambú, o de otra madera resistente pero elástica, de 2 a 3 pies de largo. Ambos extremos del arco están conectados por una delgada cuerda de pita. El arco se presiona contra la boca que actúa como resonador y la cuerda vibra con la ayuda de una varita. Harrower (47) colectó un espécimen en la Costa Mosquitia, en 1924, que ofrecía una jícara como caja de resonancia y una gruesa liana como cuerda.

Sistemas más complicados se encuentran en otras regiones de América Central, siempre entre los indígenas. En 1919 el autor vio en Ocotal (Nicaragua) uno de estos instrumentos en las manos de un indio de la vecina villa de Cuje, quien lo llamaba "quijongo" o "sambumbio". Era por lo menos de unos 5 pies de largo y 1 1/2 pulgada de grueso. La cuerda estaba amarrada, cerca del centro, al arco con la ayuda de otro hilo, formando dos cuerdas de distinta longitud. Este instrumento era capaz de producir una gran variedad de tonos. En Olancho (Honduras), vi un arco de igual tamaño pero con una jícara como resonador; ahí lo llamaban "caramba". La jícara estaba atada, con la boca para abajo, de la superficie convexa del arco, en el mismo punto donde la cuerda cruzada había sido fijada a la madera, o sea a un tercio de la distancia desde un extremo. Los Ramas de Nicaragua también llaman a este instrumento lunko, mientras entre los Lencas de Honduras lo conocen como bumbum; también se le encuentra en ciertas regiones de América del Sur y presenta una amplia distribución, bajo diferentes formas, en extensas áreas de África y Melanesia.

OTROS INSTRUMENTOS

Violines, guitarras, acordeones y armónicas pueden observarse en ciertas regiones; son principalmente de manufactura alemana. En lugar de tocar tambores o agitar las sonajas, los Mískitos de vez en cuando palmotean para conseguir un efecto rítmico en las danzas.

DIVERSIONES: CANTOS, DANZAS, CUENTOS, JUEGOS Y DEPORTES

CANCIONES

Los Sumus rara vez cantan (M: aiwanaya; T y P: aiwannin, aiwannini; U: unbaunaka), pero los Mískitos entonan canciones ocasionalmente cuando se sienten tristes o alegres.

Las canciones son suaves y lastimeras y todas suenan lo mismo para el extranjero, quien es incapaz de distinguir entre las alegres y las tristes, salvo que haya vivido algún tiempo entre los indígenas. Los Sukias de ambas tribus cantan cuando practican sus ritos de encantamiento, pero debido a que incorporan muchas frases viejas y oscuras, estos cánticos son incluso ininteligibles aún para los indígenas.

No pude conseguir ninguna canción india pero Young, Fellechner y Bell han tenido mejor fortuna. En estas canciones aparecen muchas estrofas no usadas en la conversación corriente. Fellechner (268) obtuvo cierto número de canciones que aparentemente estaban compuestas en una forma antigua del lenguaje Mískito, pues los intérpretes fueron incapaces de traducir el significado de muchas de sus estrofas. Gran parte de este material nunca ha sido publicado. La siguiente muestra procede de un Mískito de Cabo Gracias a Dios, cuando se aleja y dice adiós al amor que deja atrás (Fellechner: 268).

Me iré muy lejos de ti,
Muy grande es mi pesar.
Voy a traerte collares,
También traeré vestidos.
El viento del Este está soplando fuerte;
Tu nombre clamaré tristemente.

La siguiente composición fue localizada por Young (77-78) en inglés y Mískito:

Querida niña, me voy lejos de ti,
¿Cuándo nos volveremos a encontrar
para vagar juntos a la orilla del mar?

Siento que la dulce brisa del mar
sopla su bienvenida en mi mejilla.
Escucho el distante retumbo
de la lúgubre tormenta.
Veo el destello del relámpago
en la cumbre de la montaña,
iluminando todo abajo.
Pero tú no estás junto a mí.
Mi corazón está triste y desconsolado;
Adiós, niña querida,
Sin ti me siento desolado.

Aquí otra muestra de canción de amor, registrada por Bell y publicada por él en inglés (6:68) y en Mískito (6:312):

Mi niña, cuando un día camines con tus compañeros
Y la niebla cubra la entrada del río,
Y el olor de los pinares venga de la tierra,
Pensarás en mí y dirás:
"Mi amor, ¿te has realmente marchado?
¡Ay!, amor, ¿te habré visto por última vez?
¿No volveré a escuchar nunca tu voz de nuevo?

¡Ay! ¡Jay!
Mi niña, estoy triste por ti.
Recuerdo el aroma de tu piel.
Quiero tener mi mano en tu regazo.
Pero aquí me tienes bajo un árbol.
Mi oído sólo escucha el ruido del mar;
no puedo escuchar tu voz.

Bell (b:301), da la siguiente versión inglesa de un lamento cantado por la reina Mískita Dowager, en el río Coco, cuando regresaron sus hijas quienes habían pasado algún tiempo en Bluefields:

Oh, mis hijas, al fin han regresado a mí;
me sentía sola sin vosotras.

Otras mujeres tenían sus hijos. Las he visto,
y mi corazón estaba nostálgico por mis hijas.
Por las noches pensaba en mis niños desaparecidos;
me llamaban: ¡Madre!.
Pensé que estaba sola y sin hijos
y recordaba a mis hijas.
Pero estaban lejos, entre gente blanca.
Mis hijas han retornado.
Mi corazón es como una tierna hoja de plátano,
que se abre cuando el sol brilla.

DANZAS

El baile (M: dans pulaya; T: dans pulnin; P: abanini, danis pulnini; U: ubanaka), está limitado prácticamente a las variadas fiestas y es posible que en sus orígenes tuviera un significado religioso. Ciertos regocijos Mískitos, en donde se baila, son llamados li siksa (literalmente "agua negra"), mientras otros son conocidos como plamana; éstos se celebran para despedir a alguien que va a emprender un largo viaje.

La palabra dans o danis es tomada del inglés dance.

Las mujeres ejecutan danzas individuales no carentes de cierta gracia; llevan las manos sobre los hombros o la cabeza y contorsionan el cuerpo caminando o saltando alrededor.

Algunas danzas de alegría han sido introducidas por los negros o los Creoles y se ejecutan principalmente en época de Navidad, que es considerada como un período de casamientos entre los indígenas, estén evangelizados o no. Estas festividades duran unas dos semanas. Se forma un gran círculo, alternándose hombres y mujeres unidos de la mano o colocando la derecha sobre el hombro izquierdo de la siguiente persona; en el centro se colocan uno o dos hombres tocando tambores, a cuyo ritmo el círculo comienza a girar.

CUENTOS

Contar cuentos es una manera favorita de pasar las largas horas de la noche antes de retirarse a dormir. Los viejos Mískitos, que vivieron en los buenos y viejos tiempos del "Reino de la Mosquitia", se sienten felices al referir las expediciones armadas al país de los "españoles"

(Honduras, Nicaragua y Costa Rica) y relatan algunas hazañas fantásticas durante esas guerras.

Los indígenas saben relatar tales hechos en la forma más animada y no parecen inventar cuentos o historias como lo hacen los negros.

Cuando regresan de una excursión de caza o pesca, gozan dando el relato más minucioso de cada cosa sucedida durante el día, aunque no hubiese ocurrido nada en especial. Hablarán sobre las peculiaridades relativas a la presa que vieron y se referirán, hasta el tedio, a la manera cómo la aseguraron y cómo ésta llegó a ponerse a tiro. El narrador continuará hablando sobre lo mismo por horas, mientras su paciente audiencia ocasionalmente interpondrá alguna exclamación que denote asombro, sorpresa, duda, asentimiento o comprensión.

De vez en cuando los viejos cuentan acerca de una misteriosa tribu que antiguamente habitaba en la región. El siguiente relato de los indios Wiswis me la contó, en 1918, el Místkito Ramón en Burimak (curso superior del río Coco):

LA LEYENDA WISWIS

En la ribera izquierda del río Coco, cerca del presente asentamiento de Saulala, vivía una subtribu de Místkitos o de Sumus. Como en cierta oportunidad mataron una gran cantidad de pájaros wiswis, llegaron a ser conocidos por ese nombre. En cierta ocasión rehusaron pagar tributo al rey y por esta razón éste los trataba cruelmente y los mandaba a azotar con frecuencia.

Un día, mientras andaban de cacería, mataron un cierto número de jabalíes (war) y cortaron algunas lianas de una variedad llamada dar, para amarrar a las bestias por las patas y cargarlas sobre sus espaldas. Tan pronto como las habían atado no pudieron ver a los jabalíes por más tiempo, aunque podían sentirlos y percibir su olor. Uno de ellos, entonces, desató los amarres e inmediatamente los animales se tornaron visibles nuevamente. Los indígenas se ataron los bejucos alrededor del cuello y sus compañeros no los pudieron ver más. Entonces se dieron cuenta que el bejuco dar tenía la propiedad de hacer invisible a cualquier cosa que con él se amarrase.

Los Wiswis estaban felices con este descubrimiento y decidieron ponerlo en práctica. Cuando supieron que venían los enviados del rey

184

a colectar tributo, ataron algunos de estos bejucos alrededor de sus casas y a los colectores les fue imposible encontrarlos y aun localizar sus villas.

A pesar de esta brujería, los Wiswis no pudieron evadir la ira del rey. Para escapar de su opresión emigraron al interior, deambulando a través de la vasta sabana que se extiende en forma ininterrumpida sobre la margen izquierda del río Coco hasta el río Kahka (arriba de Auasbila). Desde este lugar, se decía, alcanzaron Bocay eventualmente, pero nadie sabe cómo, aunque algunos insisten, sin embargo, que lograron cruzar a Honduras.

Dos filas de pequeños montículos de piedra, distribuidos en línea recta entre Saulala y el río Kahka, son atribuidos a los Wiswis, de quienes se dijo las colocaron a ambos lados del camino durante su larga marcha hacia el interior. Estos túmulos se encuentran entre 10 y 16 millas del río Coco; desde la villa de Auasbila toma medio día de camino para llegar a donde están. Los Mískitos los conocen con el nombre de Wiswis kawan, "colocados por los Wiswis".

JUEGOS Y DEPORTES

Los niños imitan la guerra y la cacería con arcos y flechas de juguetes; estas últimas tienen una punta roma de madera, o van revestidas con cera de abejas. Cometas (M: istapla), trompos (M: purmaya, purwaya), zancos y canicas se observan ocasionalmente. Los trompos pueden ser de manufactura extranjera o los fabrican los indígenas con semillas grandes atravesadas por un palito. Acertijos con hilos y otros juegos propios de nuestros niños de edad escolar han sido observados por el autor entre Mískitos y Sumus, pero desafortunadamente se olvidó de registrar algunos de ellos. Wickham (b:160; c:207) ya había notado ciertos de nuestros juegos entre los Sumus del río Siquia, y observado que estos indígenas los realizaban con muchos más pasos complejos que como nosotros lo jugamos.

Conocen el "bendito escondido" y el "juego del tigre" es especialmente popular. En éste, uno de los muchachos representa al tigre, que es el jaguar o el puma, y brinca en cuatro patas imitando el salto y el rugido del felino. Los otros niños forman una fila, cada quien poniendo sus manos sobre los hombros del que le sigue. El mayorcito va adelante de la fila y el más chico atrás. El "tigre" trata de atrapar a uno de ellos, pero el que va adelante corre al lugar amenazado para espantarlo. En todo el tiempo el grupo pasa gritando "viene el tigre" (M: limi aula; T y P: nawa kaiwe; U: nawa waya).

Otro juego llamado wli pulaya, «jugando a la tortuga», es descrito por Bell (b:151) de la siguiente manera:

"Uno de los muchachos hace de tortuga y nada hasta ponerse a cierta distancia de los otros; entonces, a una señal, se zambulle y los otros muchachos tratan de capturarlo. Como las aguas de la laguna (de Bluefields) son normalmente un tanto turbias por la erosión de las olas sobre sus playas medio lodosas, medio arenosas, es bastante difícil ver al que se sumerge en, digamos, 5 pies de agua. Este se hunde hasta el fondo, donde se queda. Empujándose con el pie derecho y enterrando sus dedos en la arena, se impulsa violentamente, haciendo que su cuerpo vuele sobre el fondo de la laguna, para finalmente emerger a la superficie en algún sitio inesperado. La «tortuga» descansa hasta que sus perseguidores se aproximan, entonces se sumerge de nuevo y posiblemente hasta los pase, saliendo a respirar muy por atrás de ellos. Finalmente la «tortuga» es capturada y llevada ante el capitán o alguacil (kwatmas) de los muchachos, quien está supuesto a matarla dándole un palmazo en la cabeza".

El otro juego, llamado Ililli pulaya, «jugando al tiburón», el muchacho que se zambulle representando a esa bestia temible nada calladamente entre los otros, pellizcándolos o mordiéndolos bajo el agua. Este es un juego favorito donde se combina la diversión con el miedo, que lo vuelve muy excitante (Bell, b:152).

Wickham (b:160; c:200-201) señala que los Ulwa del río Escondido "tienen un modo singular de jugar con duelas de barril, o con pértigas cortas, a las que dos jugadores toman por en medio y luego, colocándose frente a frente y sosteniéndolas con el brazo extendido, golpean cada extremo en forma alternada, con toda su fuerza. Los contrincantes actúan en parejas y dan la impresión de estar jugando al pulso como en la vieja Inglaterra. El objeto de este juego es comprobar quién puede mantener los músculos del brazo en continua tensión por más tiempo y, por último, quitar de golpe y de las manos la pértiga retenida por el contrincante".

HIGIENE: ENFERMEDADES Y SU CURACIÓN

La mayoría de los indígenas se mantienen bien aseados y se bañan dos veces al día en el río más cercano. Como usan muy poca ropa, esta operación es muy simple para ellos; mantienen el cuerpo más limpio que los Ladinos de las clases bajas y que los mismos blancos en Europa, para quienes la ropa es la principal fuente de suciedad.

Cuando un indígena va a evacuar el vientre, siempre busca el agua y, bajando río abajo, llega a un sitio apartado donde pueda ejecutar la operación en privado. Al finalizar, se baña.

La presencia de perros y cerdos en las chozas es la responsable de la gran cantidad de pulgas que ahí se encuentran. No obstante el gran esmero que ponen en el cabello, éste se llena frecuentemente de parásitos y no es cuestión rara observar en las villas filas de mujeres expulgándose entre sí los piojos y matándolos entre los dientes —una visión bastante repulsiva.

MALARIA

Hinchazón en el brazo y anemia son comunes e indudablemente resultan de la malaria (M: wrih; T: ware, warai; P y U: yama, yamab), que es endémica en las bajuras, aunque rara vez fatal. El agente transmisor de la malaria es un mosquito del género Anopheles, que es muy común.

Para combatir las fiebres de la malaria se administran infusiones hechas de la corteza de los árboles, especialmente del copalchí (Cinchona sp.). En la actualidad también se toma quinina en lugar de la poción sudorífica montera. El zacate limón o de fiebre (Andropogon nardus L.) igualmente se usa con este fin. La toma del sudorífico es seguida con un baño al vapor. Para esto se envuelve a la persona enferma en colchas de tunu y se echa agua sobre algunas piedras grandes, previamente calentadas, dispuestas a sus pies; entonces el paciente inhala los espesos vapores o vahos producidos de esta manera. Esta parte del tratamiento es excelente, pues induce la transpiración, pero el enfermo es luego llevado a la orilla del río y forzado a tomar un baño frío, resultando en consecuencia una neumonía.

Entre los Sumus, el paciente es conducido a una de las numerosas fuentes termales (daka) que abundan en su territorio, donde lo sumergen, o lo entierran hasta las axilas, en arena caliente a la orilla de la fuente.

ENFERMEDADES DE LA PIEL

Las infecciones cutáneas son muy comunes en ciertas regiones, tal como ya lo señalaba Exquemelin (edición francesa: II, 277), cuando visitó a los Mískitos de Cabo Gracias a Dios. Son el producto de la ignorancia de los más elementales principios de higiene.

Una cierta enfermedad cutánea, que se inicia con quemaduras o hinchazones de la piel, se atribuye al orín de un insecto que, como la enfermedad misma, es llamado mustukra por los Mískitos.

Una úlcera específica, que parece cáncer y es conocida localmente con el nombre de «dolor para aullar» (M: lasa krausia, «el diablo me perfora»; S: pilau, tamk), aparece algunas veces entre los indígenas y los negros. Revienta en la cara, brazos y piernas y generalmente se presenta con un dolor muy agudo. Se cura con cáusticos fuertes o con aplicaciones de naturaleza corrosiva.

La úlcera común, absceso o carbunclo, es llamado (M: yukri y S: sur). Varias otras enfermedades de la piel se encuentran en ciertas regiones y se conocen con diversos nombres (M: yats, kliñklin, kuswa-auya; S: una).

Una infección cutánea, algunas veces tenida como lepra (la cual rara vez se ve), es muy común entre ambas tribus. Es llamada con los nombres de bulpis entre los Mískitos y mara entre los Sumus; los centroamericanos de habla española la llaman «bienteveo», «carate» y «mal de pinto». Aparecen manchas blancas, rojas y negras y por esta razón los ladinos se mofan de la «gente pintada», término que aplican a los afectados por esta enfermedad.

Otras infecciones cutáneas, como el pie de atleta (M: sus, sibiri, bulpis twaknira; S: mara pau, mara titis), se encuentran además entre los indígenas. Pequeñas verrugas o «mesquinos» (M: sisrama; S: titismak) también aparecen en las manos.

Fuertes dolores pueden igualmente ser causados por las niguas (Sarcopsylla penetrans), una clase de pulga que es muy abundante en la estación seca pero que desaparece al iniciarse las lluvias. Este insecto vive en el suelo y es especialmente común alrededor de las casas donde se permite vagar a los cerdos. Se entierran en la piel, debajo de las uñas de los dedos del pie del hombre y de los animales, donde depositan sus huevos. Si se sacan inmediatamente con una aguja desinfectada, o con la punta de una navaja, la herida pronto cicatrizará sin cuidado adicional.

Diminutas garrapatas cubren cada matorral en la estación seca. Se prenden del cuerpo de hombres y animales y entierran su cabeza en la piel. Algunas veces causan dolorosas inflamaciones.

YUMU O DOLOR DE ESTÓMAGO

Este quebranto de salud es muy frecuente entre los Mískitos y parece obedecer simplemente a alguna clase de indigestión producida por el exceso en la comida. Los indígenas creen que es provocado por el espíritu de un animal que ha entrado en el cuerpo de la persona enferma. Esto puede suceder porque comen un pedazo del animal en cuestión, o por asustarse ante la repentina aparición de uno de éstos, cuando andan por el monte. Así, si es la guatusa (kyaki) la causa de la enfermedad, el dolor de estómago será llamado kyaki yumu-ka. Los Sumus han adoptado esta creencia aparentemente de los Mískitos y no tienen un nombre distintivo para denominarla; los Rama de Nicaragua la llaman yakuki.

El Sukia cura esta dolencia hasta que la causa le ha sido revelada en sueños, puesto que el tratamiento varía ligeramente según los diversos animales que la han producido. En todos los casos, el abdomen del paciente es fuertemente masajeado con grasa animal (o con vaselina, o aceite de coco), mientras el Sukia mantiene un bajo silbido para inducir la salida del espíritu. Entre los Mískitos cristianos hay algunos que curan el yumu usando métodos similares; se les llama yumu yabaka uplika, o sea, «gente que cura el yumu».

Las mujeres en cinta pueden ocasionalmente sufrir de kwibra yumu-ka, «la preñez yumu»; en tal caso se supone que el niño morirá irremisiblemente a menos que el Sukia aplique un tratamiento.

OTRAS ENFERMEDADES INDÍGENAS

La disentería (M: taldura; S: ba-pau) aparece de vez en cuando en la forma de una epidemia; generalmente se cura administrando una infusión de la corteza del nancite (Byrsonima crassifolia H.B.K.).

Para curar la diarrea (M: byara plapaya; T y P: ba lanin; U: bawas lanaka), el remedio favorito es una infusión hirviente preparada de la corteza del guayabo de monte, o de la semilla del zapote de mico. Los Sumus también hierven la base (M: labu; S: sara) del banano negro o Ulwa.

De acuerdo con las investigaciones verificadas por la Rockefeller Foundation, la anquilostomiasis se encuentra en el 75 por ciento de la población indígena que vive en los alrededores de Matagalpa. No existe duda de que es también común entre los indígenas de la Costa Mosquitia. Esta enfermedad es rara vez fatal, pero deja una anemia progresiva y con frecuencia interfiere el desarrollo físico y mental, causando ocasionalmente muerte prematura.

Los niños parecen afectados especialmente por los parásitos intestinales, según se les nota por el color y sus enormes barrigas distendidas; esto se debe principalmente al hábito de comer tierra, carbón y cosas parecidas.

El reumatismo (M: kyaia laywaya, dusa laywaya; S: wakal dalanin, wakal dalanaka) se supone es causado por espinas o huesos de pescados que han sido introducidos en la carne por los espíritus malos. El Sukia aprieta y soba la parte afectada, luego practica una pequeña incisión con una astilla de vidrio, aplicando la boca a la herida, sorbe un poco y finalmente escupe una espina o hueso que ha escondido cuidadosamente entre sus dientes.

Wickham (b:160-161; c:205) señala que los Ulwas acostumbraban curar los dolores de las extremidades restregando en las partes adoloridas una especie de ortiga hasta que la piel se torne inflamada.

Una enfermedad de los ojos, llamada tracoma, o ukri baikan por los Mískitos, es bastante prevaleciente; no produce ceguera completa pero sí gran dolor. Los extranjeros parecen inmunes a ella.

Infecciones venéreas, como la sífilis (M: mairmanka; S: pilau) y la gonorrea (M y S: iskadora) solamente se encuentran en los pueblos grandes a lo largo de la costa. Antropólogos y médicos parecen, sin embargo, convenir ahora que la sífilis es de origen americano.

La fiebre amarilla, del mismo modo, es indudablemente originaria del Nuevo Mundo y antes era endémica en ciertas partes costeras de América Central. En la región escasamente poblada que tratamos, sin embargo, no se han registrado auténticos casos de fiebre amarilla. Quizás el agente transmisor, una especie de mosquito (Stegomyia fasciata, sinónimo de Aedes sp.), esté ausente. El vómito negro es también desconocido; la leucorrea es, sin embargo, común. Los indígenas sufren muy rara vez de hemorroides (M: slabia daiwaya; S: sarani putulnin, saraka putulnaka), mientras la hinchazón prevalece entre los blancos que residen en la región.

ENFERMEDADES FORÁNEAS

Los europeos han introducido un cierto número de angustiosas enfermedades entre los indígenas, contra las que éstos no tienen ninguna inmunidad. Aunque fuertes y robustos, los indios son especialmente afectados por los gérmenes malignos que se propagan en las grandes comunidades. Epidemias de nuestro catarro común (M: syabka; T y P: obdana; U: nantak iwanaka) han causado grandes estragos entre los indios del interior.

La tos chifladora (M: ikya; S: duk) se da de vez en cuando como epidemia en la población infantil, de la cual muchos mueren. La influenza o gripe también aparece periódicamente como epidemia. Aparentemente fue traída por vez primera a la región en 1807-1808 por algunos Mískitos que regresaban de los cortes de caoba y madera de tinte en Honduras Británica. A veces se encuentra la tuberculosis, especialmente entre los Sumus.

El sarampión y la varicela fueron traídos al Nuevo Mundo por los primeros conquistadores y ayudaron a facilitar el sometimiento de los indígenas. Epidemias de sarampión (conocidas en la región con su nombre español) son las responsables de muchas muertes; esta enfermedad fue ya observada en Cabo Gracias a Dios, entre los Mískitos durante la última parte del siglo XVII (Exquemelin, edición francesa: II, 277). La varicela ha diezmado villas enteras en diferentes ocasiones, pero desde la mitad del siglo pasado no se ha presentado en la Costa Atlántica. Wickham (b:204-208) menciona la última epidemia de cólera asiático que asoló el país en 1867 y 1868.

MORDEDURA DE CULEBRA

El guaco (Mikania sp.) es una de las diversas plantas que se usan como antídoto contra la virulencia de las picaduras de serpientes, tanto de parte de los indígenas como de Ladinos y Creoles. Para neutralizar el veneno, el Sukia también administra una infusión preparada de la corteza y hojas de un arbusto leguminoso, llamado daka, mientras aplica externamente malezas de brum sirpi. El paciente debe abstenerse de comer de aquello que la culebra se alimenta. Una mujer en cinta no debe ver bajo ninguna condición al paciente, de lo contrario éste morirá.

MEDICINA MONTERA

Los indígenas conocen un gran número de plantas medicinales (M: sika; T y P: panbas, panabas; U: dibasta) para usos internos y externos. Muchas plantas y árboles se emplean utilizando la corteza, raíces, hojas y semillas. La blanca y deliciosa resina del copal o árbol de incienso (Protium sp.), la capaiba (Copaifera officinalis L.), el bálsamo del Perú (Myroxylon pereirae Klotzsch, sinónimo Toluifera pereirae Baill.; M y S: bakus), la goma del guapinol (Hymenaea courbaril L.; M: laua, laka; S: tipi), la raicilla (Uragoga ipecacuanha o Polygala costaricensis), la sarsaparrilla (Smilax officinalis) y los ungüentos preparados con los aceites extraídos de las semillas de varios árboles, se emplean en el tratamiento de ciertas infecciones y dolores.

La leche amarilla de un pequeño árbol, conocido localmente como «goma samboo» o «lecha baría» (M: samu; S: paumaba), se aplica en emplastos para el reumatismo; se dice también que cura la enfermedad cutánea de bulpis cuando ésta se encuentra en su fase inicial.

Las semillas del quelite (Jatropha curcas L.; M y S: pisik) y el frijol antídoto (Fevillea cordifolia L.; M: mukuka; S: mula) se administran como eméticos y como purgantes. Las propiedades medicinales del aceite de castor (Ricinus communis L.; S: unapalan), que crece silvestre en las márgenes de los ríos, son bien conocidas.

De Candolle, sin embargo, cree que esta planta es originaria del Viejo Mundo; curiosamente los Mískitos no tienen un nombre nativo para ella.

El dolor de muelas se cura con la leche del cachito (Tabernaemontana donnell-smithii Rose; M: buksa mabbra; S: wako), que es también usado en afecciones de la piel.

Una hierba de mal olor, que alcanza un pie de altura, la cual se conoce como fijamaleza (Eryngium sp.; M y S: kisaur), es utilizada para las picaduras de culebra, así como en ataques epilépticos. Los Ladinos la llaman «culantro» y la usan como condimento, pero no debe ser confundida con el verdadero cilantro (Coriandrum sativum L.), que es cultivado algunas veces en los jardines centroamericanos bajo el nombre de «culantro de Castilla».

Las raíces de soroncontil o baraja (M: sus saika; S: tata, daka, tislin) entran como remedio para combatir enfermedades venéreas. La madera-amarga u hombre grande (wanabaka) se menciona también como eficaz antiofídico. La raíz china leñosa o cuculmeca, parecida al escaramujo francés (S: samalai wasalanaka), se hierve en agua y la decocción es usada para «limpiar la sangre» y como preventivo contra el piquete de culebra.[73]

Los pequeños «frijoles» contenidos en las vainas del frijolillo (M: sinsinnya) se ponen a tostar y se muelen para usarlos como café molido debido a sus propiedades diuréticas; la raíz de esta planta arbustiva sirve para combatir la fiebre malárica.

Las grandes hojas redondas del arbusto llamado «casco de vaca» o Santa María (M: sikatara; S: kalamata) se aplican como emplastos para las hinchazones, mientras las telarañas se ponen sobre las heridas para detener hemorragias. La miel también se usa como medicina.

CAUSAS PRESUNTAS DE LAS ENFERMEDADES

La curación del enfermo es dejada siempre en manos del Sukia, quien generalmente es un astuto yerbatero y el tratamiento que aplica resulta a menudo eficaz. El remedio en sí no se considera efectivo

---

[73] El soroncontil es la Cassia alata; el hombre grande la Quassia amara y la cuculmeca la Dioscorea macrostachya. (N. del T.)

hasta que ciertos ritos sean observados, tanto por el paciente como por el curandero.

Según esta gente primitiva, las enfermedades, así como los accidentes, son siempre causados por la influencia de cierto espíritu maligno (M: lasa; T y P: walasa; U: nawa), a cuyos poderes la persona enferma está supuestamente sometida. Este travieso ser puede enviar una serpiente o un jaguar, tratando de causar daño a la presunta víctima, o provocar que un árbol le caiga encima, que su canoa se vuelque o cualquier otra calamidad o mala suerte. De este modo, el dolor de muelas se supone causado por un gusano (M: sukri, sist), enviado a taladrar los dientes por este espíritu malicioso. La gente que camina dormida se dice que está poseída por demonios. La epilepsia es también debida a la posesión temporal del individuo por los malos espíritus y los afectados son llamados por los Mískitos walasa prukaya, «los golpeados por el diablo». Para curar esta enfermedad se dice es muy eficaz la decocción preparada con hierbas de kisauri.

La influencia demoníaca puede ser contrarrestada a través del Sukia, quien se las arregla para exorcizar al espíritu, librando al enfermo y restableciéndolo completamente.

DIAGNOSIS

A través del uso de narcóticos, especialmente tabaco en exceso, el Sukia entra en una condición de éxtasis salvaje, cayendo en trance y en estados hipnóticos. En tan anormal condición se supone que se relaciona con los espíritus amistosos, a los que ha invocado previamente y quienes le revelan la causa de la enfermedad y el modo de curarla.

INSTRUMENTO DEL CURANDERO

El distintivo del Sukia durante una curación son tres o cuatro palos negros con cabezas talladas, varias piedras mágicas y muñecos o maniquíes de telas de tunu blanco. Hachas de piedras, que son consideradas como «piedras de rayo», también figuran entre los instrumentos de estos doctores, para quienes los especímenes más pequeños son más eficaces que los grandes. Una de estas piedras es atada alrededor de la parte afectada del cuerpo del enfermo para menguar el dolor. En caso de problemas estomacales, el Sukia derramará un poco de agua en la parte donde dicha piedra ha sido atada por algún tiempo.

CURACIÓN

El Sukia ejerce la curación generalmente a oscuras y en especial después de la puesta del sol. Sus métodos de atención son prescritos por la costumbre. Primero impone una dieta general, o quizá unas cuantas restricciones menores, en la comida del paciente, que también pudiera extenderse a algunos de sus parientes más cercanos.

La comida prescrita al enfermo es llamada (M: byainka y S: kun). Algunas veces el Sukia ata un cordón anudado alrededor de las piernas, brazos, pecho o cuello del paciente, mientras éste debe abstenerse de comer ciertas cosas, como sal o chiles, y observar continencia por tantos días como nudos tiene la cuerda.

La cura propiamente dicha consiste en silbar sobre el enfermo, echándole humo de tabaco, masajeando y chupando las partes afectadas del cuerpo. El Sukia purifica el agua y cualquier otra bebida destinada al paciente, exponiéndola al sereno por algún tiempo y luego soplando sobre ella con una cánula de bambú, o una pipa de tabaco, hasta producir burbujas. Palos pintados son sembrados alrededor de la cama del enfermo para mantener alejados a los espíritus malignos. El Sukia camina o baila alrededor de la cama, cantando o musitando palabras misteriosas e incomprensibles, que se supone pertenecen al «lenguaje de los espíritus». Si un remedio no parece surtir efecto, el Sukia probará con otro, tal como lo hacen sus doctos colegas en países más civilizados.

Nadie debe cruzar frente a la casa del paciente, interrumpiendo la circulación del viento, para no causarle la muerte «por robarle el aire y el aliento». Si alguien desatiende estas órdenes, el Sukia aplicará una multa al responsable.

Una mujer embarazada, o con infante, debe también desaparecer de la vista del enfermo, de lo contrario podría provocar la muerte de éste y del curandero; tales restricciones se aplican además a cualquier persona de ambos sexos que haya asistido recientemente a un entierro.

Si el paciente no da señales de mejoría, o si muere eventualmente, el Sukia denunciará que sus instrucciones no han sido seguidas con cuidado. Por lo general, culpa de esas calamidades a la desobediencia en observar las restricciones que mandó en relación con la comida del paciente. La ruptura real o presumida de sus mandatos siempre proporciona un pretexto para explicar la falta de éxito en el tratamiento.

Operaciones de cirugía son a veces practicadas por el Sukia con la ayuda de astillas de hueso o de botellas de vidrio quebradas, así como de lascas de pedernal o de obsidiana. Como antiséptico utiliza cenizas, tabaco, cera de abejas y las resinas de ciertos árboles.

Si la enfermedad no es seria, el Sukia puede curarla sin necesidad de ver al paciente. En tales casos, los remedios son administrados por una tercera persona a quien el Sukia ha «tratado» previamente (M: yakaban) con los métodos usuales de la brujería.

Los tratamientos antes referidos son practicados tanto por Mískitos como por Sumus. El Sukia también moja las partes afectadas del enfermo formando una cruz con unas pocas gotas de sangre, que consigue haciendo una pequeña incisión bajo la lengua de una virgen santa, o de un muchacho, con la ayuda de una púa o de una espina.[74]

Algunos brujos aparentemente creen en la eficacia de estos métodos y practican sus encantamientos con sus propios parientes.

Cuando se enferman, se someten a dichos tratamientos bajo la responsabilidad de uno de sus compinches. Un viejo Sukia Mískito del río Patuca, sin embargo, le confesó al autor que practicaba estas artes del birlibirloque sólo para amedrentar a la gente y así poder cobrar.

TRATAMIENTO DE LAS EPIDEMIAS

En caso de una enfermedad muy complicada o prolongada, o de una epidemia, se pone a los pacientes en cuarentena, ubicándolos en chozas provisionales construidas a corta distancia de la villa, para evitar la propagación de la peste. Se queman matas verdes o malezas para que las espesas volutas de humo, según se cree, actúen como desinfectantes.

El Sukia fabrica un hechizo con la figura de pájaro o de caballo (M y S: dikutna) usando palitos, hojas, barro o cera y se las arregla

---

[74] Oviedo señala que los habitantes de Chontales (Nicaragua) hacían ofrendas de sangre sajándose las lenguas.

para encerrar en él a la enfermedad, después de practicar una serie prolongada de encantamientos.

Una vez atrapado el mal, de esta manera, se pone fuego al maleficio y se lleva lejos de la villa para asegurar que no volverá a hacer daño a sus habitantes. Pero si la epidemia perdura, el Sukia ordenará moverse a otro lugar y toda la villa infestada será quemada sin dejar rastro.

CONVALECENCIA

Cuando el Sukia ha conseguido expulsar al espíritu maléfico y el paciente se encuentra en vías de recuperación, aquél organiza un festín, donde todos los habitantes del asentamiento son convidados, ofreciéndoles comida y bebida. La costumbre está limitada a los Mískitos, que llaman al festín pai, palabra que los Sumus aplican a la batata (M: tawa).[75]

Tiene lugar en la víspera del día en que el paciente abandona la casa del Sukia para regresar a su hogar. Este organiza todo, pero los gastos de la fiesta corren a cuenta del paciente, quien, sin embargo, tiene aún que observar una dieta estricta, no siéndole permitido compartir ninguna clase de comida o bebida de la servida a sus invitados.

La fiesta continúa hasta el amanecer y nadie puede abandonarla antes de ese tiempo, de lo contrario la enfermedad de la cual la persona convalece le será transferida.

Por algún tiempo, la comida prescrita al paciente en recuperación será llevada primero donde el Sukia, quien la purifica silbando y soplando sobre ella por unos 5 a 10 minutos. Si el convaleciente sufre una recaída y es sometido a otro tratamiento, el Sukia mandará nuevo pago por sus servicios.

---

[75] Es interesante anotar que, de acuerdo con las tradiciones de los Caribes, los espíritus del monte tienen una marcada aversión a las batatas (Ipomoea batatas Poir).

RELIGIÓN: SER SUPREMO, HÉROES DE LA TRIBU, ESPÍRITUS, CREACIÓN DEL HOMBRE, DILUVIO Y CRISTIANIZACIÓN

SER SUPREMO

El sistema religioso de estas tribus ha venido rápidamente desintegrándose desde la última generación. En el presente, ambas tribus creen en la existencia de una Deidad Suprema, que los Mískitos llaman Wan-Aisa, «Nuestro Padre», y que los Sumus nombran Ma-papak o Ma-papnki, «Nuestro Padre» o «Padre-Sol». Estos conceptos probablemente han sido prestados del Cristianismo. Todavía Exquemelin (edición inglesa: 251) afirma que en su tiempo (1671), los Mískitos creían en un solo Dios. Esta Deidad, que mora en el cielo, es a veces confundida con los varios héroes tribales. Según estos indígenas, Dios ha creado el mundo y a sus habitantes, pero Él no parece preocuparse mucho acerca de cada individuo, ni es capaz de evitar los varios peligros que continuamente amenazan a la humanidad; en consecuencia, no se le honra con ofrendas, oraciones, ritos o sacrificios. Además, Él vive tan lejos de la Tierra que es imposible comunicarse con Él y ningún hombre puede llegar hasta donde Él está.

DIOSES MENORES Y HÉROES TRIBALES

Tanto los Mískitos como los Sumus creen en la existencia de cierto número de seres sobrenaturales que vivieron antes en la Tierra como hombres. Ellos son el sol (M: yu, lapta; S: ma), el trueno (M: alwani; S: alwana), la luna (M: kati; S: waiko), el arco iris (M: kumadora; S: wayauli, wayuli), las estrellas y los planetas (M: slilma; T y P: yala; U: ma-baka, «pequeño sol») y las Pléyades o Siete Cabritas (M: pupu-wibta; S: kalpas).

Según una leyenda Sumu, un planeta brillante llamado por los Mískitos katimaya, «la esposa de la luna», que se ve un poco arriba de la luna nueva, era originalmente una muchacha que fue levantada de la punta de sus dedos por Udo, el dios lunar (Heath, c:77). Estos diversos cuerpos celestes viajan en canoa, según suponen los Sumus, creencia que es también sustentada por los Cuna de Panamá.

Algunos de estos seres sobrenaturales están a cargo de los elementos y son los responsables de las grandes calamidades que tienen lugar ocasionalmente. El dios del viento y del aire, llamado por los Mískitos Prabaku o Aubiya, envía los huracanes y las grandes inundaciones que destruyen las plantaciones y matan el ganado. Su representante es el arco iris, que los Sumus Panamaka algunas veces llaman walasa aniwe, «el diablo está enojado». Cuando aparece, los indígenas esconden a sus niños en las chozas, de modo que no lo puedan ver ni señalar, pues al hacer esto con el brazo o la mano apuntando, ésta quedará paralítica y afectada por terribles dolores.

El trueno (M: alwani; S: alwana) es confundido algunas veces con Dios entre los Mískitos y Sumus salvajes. Según algunos, el trueno creó al mundo y lo gobierna a través de las estaciones; otros dicen que vivía anteriormente en la Tierra y fue el primer hombre. Cuando retumba, avisa que viene la inundación. De un indio Ulwa, originario de las cabeceras del Río Grande, supe el siguiente relato que me propongo nombrarlo así:

EL ORIGEN DE LAS ROCAS DE KIAWA

Dios (Ma-Papañki) envió a Trueno (Alwana) a la Tierra, como su representante, para instruir a la gente en la agricultura y en otras artes y manufacturas. Un día, mientras Alwana estaba ausente de casa, un espíritu maligno llamado Kiawa vino y le robó la esposa.

Una lora (warauwa) informó a Trueno sobre lo acontecido cuando éste se encontraba plantando árboles de pino sobre una gran roca, en un lugar llamado hasta la fecha Alwana kuma-ka rumpan (en Mískito, Ahvani ai-sal-ka lulkan). Esta localidad se encuentra en el río Quiguasca, el curso superior del Río Grande; pedregales cubiertos de pino y bajas colinas se extienden desde ahí hasta la propia margen del río.

Habiendo escuchado lo que pasaba, Trueno dejó su trabajo para acudir al rescate de su esposa en manos de Kiawa. Encontró a éste en su casa, sobre el río Iyas, un tributario del Tuma. Kiawa estaba borracho entonces, pero era un gigante poderoso y Trueno no pudo con él al principio.

Cuando comenzó la pelea, Kiawa se transformó en una boa constrictora (Wayh), tragándose a su esposa para evitar que cayera en manos de Trueno. Compitieron creciendo en tamaño, hasta alcanzar las nubes. Cada uno sobrepasaba al otro, hasta que finalmente la cabeza de Trueno traspasó las nubes, lo que le permitió presionar a su enemigo hasta el suelo y, con su gran machete (maset), cortó a Kiawa en pedazos, devolviendo a la vida en el acto a toda la gente que había sido tragada por el gigante.

Las varias partes de éste se transformaron en rocas, que son visibles en el curso superior del río Iyas y que todavía se conocen con el nombre de Kiawa.[76] Los indígenas dicen que algunas veces estas rocas sangran y que ciertas partes del gigante, como son su cabeza y ombligo, pueden verse todavía claramente.[77]

ESPÍRITUS

Más poderosos que Dios, o que los varios héroes tribales, se consideran a los numerosos espíritus malignos (M: walasa, lasa[78]; T y P: walasa; U: nawal)[79] que habitan en los cerros, cuevas, pozas profundas, etc. Son extremadamente malévolos y siempre están listos a causar daño a la gente, provocando enfermedad o muerte.

Son especialmente peligrosos después que se pone el sol, cuando por miedo a ellos se vuelve cobarde hasta el más intrépido y valiente de los indígenas.

El indígena muestra una renuencia para revelar sus ideas religiosas, especialmente aquellas que pudieran parecer ridículas al extraño. Es por tanto difícil obtener información confiable sobre este tema. A la muerte de una persona, el cuerpo material se disuelve y uno o más espíritus quedan en libertad para vagar y hacer travesuras, hasta

---

[76] Sobre el río Iyas, cerca de donde éste es cruzado, en la actualidad, por la carretera Siuna-Waslala, existe el salto y el cerro Kiawas, este último de 855 m de altura sobre el nivel del mar. (N. del T.)

[77] Heath (B: 419) ofrece una versión ligeramente distinta de esta leyenda.

[78] Dampier (I, 9) afirma que el diablo es llamado Wallwvsaw por los Mískitos.

[79] Esta palabra tiene evidentemente una cercana conexión filológica con Naualli, nombre del alto sacerdote mágico entre los Aztecas; practicaba el celibato y se convertía en animal a voluntad. De su nombre deriva el término «nagualismo», una especie de brujería que todavía existe entre los Ladinos ignorantes en ciertas regiones de América Central.

Nawa o nawab es también el vocablo Sumu para el «puma» y el «jaguar». Compárese también con naual, «brujo» y naual-ib, «predecir, encantar» en el lenguaje Quiché de Guatemala.

que son enviados por el Sukia al más allá. Los animales, igualmente, tienen espíritu o pueden ser poseídos por los malignos.

Los cerros más altos sirven por lo general de mansiones a los espíritus malévolos, a los cuales se atribuyen los petroglifos que se encuentran labrados entre las cascadas de ciertos ríos. Rocas de formas peculiares fueron anteriormente, según se supone, seres humanos, quienes quedaron petrificados en castigo.[80]

Los seres sensibles no solamente pueden trocarse en rocas sino también originarse de ellas. Una leyenda Sumu traza el origen de esta tribu hasta los cerros de Kaunapa, sobre la margen izquierda del río Patuca, un lugar en donde se dice existen ombligos petrificados.

Árboles y plantas parecen estar animados por espíritus (M: lilka; T y P: wayani; U: wayaka), quienes dirigen su crecimiento y la madurez de los frutos. Para incrementar la producción de un árbol frutal, o para volver estéril a los que son productivos, se colocan varios objetos colgando de sus ramas, los cuales han sido previamente soplados (M: yabakan) por el Sukia. Amuletos de atracción vegetal, que se usan para la buena suerte en todos los hechos de la vida, parecen indicar la creencia original que las plantas están también poseídas por los espíritus.

Los indígenas se mantienen alejados de los espíritus, sin mirarlos ni señalarlos, menos hablar con ellos, pues podrían materializarse, ya que «platicar con el diablo y seguro que aparece». Incluso rehúsan mirar por ciertos lugares donde moran espíritus malévolos y, si tienen que pasar cerca de éstos, caminarán viendo en dirección opuesta.

Los espíritus pueden llegar a las cercanías de las habitaciones humanas en figura antropomórfica e intentarán seducir a las indígenas, resultando niños anormales de tal intimidad. Monstruosidades en el mundo animal y vegetal son también atribuidas a estos espíritus. Al igual que las culebras, se dice que tales espíritus sienten gran pasión por las mujeres en período de menstruación.

---

[80] Sobre la margen derecha del río Coco, opuestas a los cerros Yaluk, están ciertas rocas que se suponen ser los restos petrificados de un gran Sukia sumu, llamado Panamaka, que vivía en dichos cerros.

RELACIÓN ENTRE LOS ESPÍRITUS Y EL ÁRBOL DE CEIBA

La ceiba (M: sinsin; T y P: panya; U: paniki) es considerada como la morada de los espíritus de aquéllos que fenecieron y nadie se atreve a pasar debajo del árbol por la noche. No debe ser cortada, ya que por tal acto les será robado a los espíritus el lugar favorito de descanso y no tardarán en vengarse. Pero si fuera absolutamente necesario derribar el árbol, la ira de los espíritus podría ser aplacada enterrando alguna cosa al pie, a manera de ofrenda, tal como alimentos, chile, dinero, etc.

Cuando la ceiba ha sido tumbada se pueden recobrar dichos objetos. En el río Lacus, un afluente del Coco, por el lado sur, un Sumu enterraba con tal fin dos pequeñas muñecas o títeres (M: yapti; S: ditalna) que había obtenido del Sukia. Esta práctica, de indudable sabor africano, es la única de su clase que encontré entre los Sumus, aunque el hábito al que me refiero es bastante común entre los Mískitos.

Los indígenas también dicen que una canoa hecha del tronco de ceiba gime continuamente en la noche y que al mismo tiempo se deslizará a tremenda velocidad. Un sonido lastimero similar es emitido en la oscuridad, según dicen, por los colchones o almohadas henchidas con las pelusas que envuelven las semillas de ceiba. Por todas las razones atrás señaladas, los indígenas crédulos no utilizan para nada el árbol encantado.

Los Creoles y los Negros de las Antillas temen a la ceiba aún más que los indígenas; según ellos, el espíritu del desaparecido, al que llaman «sombra» o «duppy», deja la tumba al tercer día de la muerte para vagar por los bosques, especialmente cerca de la ceiba.

Hay quienes creen que estas supersticiones relativas al árbol pueden haber sido adoptadas de los africanos; aun así, los Mayas de Yucatán y los Quichés de Guatemala, quienes no entablaron comunicación con los Negros, tienen las mismas creencias que las de los Mískitos y Sumus en relación con dicho árbol.

CREACIÓN DEL HOMBRE

Como se mencionó anteriormente, los Mískitos confunden al Trueno (Alwani) y a Dios (Wan-Aisa, Dawan) entre sí. Ambos seres sobrenaturales son considerados como los que crearon al hombre y al mundo en general. Los Sumus, sin embargo, consideran al dios-Sol (Ububaput) como al Dios Todopoderoso y Creador de todas las cosas y en épocas pasadas estaban supuestos a reverenciarlo.

Según una tradición recogida por Grossmann (b:4), el mundo fue creado por dos hermanos, de los cuales el mayor se llamaba Papan.

Una vez que los cerros, lagunas, ríos y sabanas fueron traídos a la existencia, los dos hermanos comenzaron a remar en el río, montados en una canoa. Al cruzar por un raudal, la canoa se volcó y ambos creadores cayeron al agua, teniendo que buscar las orillas.

Muertos de frío, hicieron una hoguera y, bajo el acicate del hambre, se internaron en el bosque, donde encontraron algunas mazorcas de maíz que arrancaron y luego tostaron. Cuando preparaban el alimento, lanzaron los elotes al suelo, los cuales se transformaron inmediatamente en animales; otros, que cayeron en el agua, dieron origen a los peces, mientras el resto quedó en el aire como pájaros.

Embobados por esta súbita manifestación de vida a su alrededor y por las formas extrañas que asumían, se olvidaron de la realidad, a tal extremo que Papan no se percató que su cuerpo había cogido fuego. Cuando se estaba quemando comenzó a elevarse sobre la tierra, cada vez más arriba, hasta que su hermano menor lo vio solamente como una gran mancha redonda e incandescente en lo alto del cielo. De este modo llegó a transformarse en el sol (ma).

Cuando el hermano menor estaba mirando hacia arriba, esperando el regreso de Papan, también tomó fuego de la pérfida hoguera y empezó a levantarse pero, rehusando seguir el destino de su hermano, forcejeó para mantener su gravedad, soltando una gran cantidad de chispas. Al rato tuvo que ceder y continuó subiendo, acompañado de las chispas, que se regaron en el firmamento mientras él quedaba en medio. Así se originaron la luna (waiko) y las estrellas (yala).

Los Sumus se consideran hijos de Papan, quien los formó de sus rayos.

DILUVIO

Los Mískitos y los Sumus, como muchas tribus indígenas de América, presentan tradiciones sobre una gran catástrofe, cuando toda la región quedó sumergida y sólo unos pocos lograron escapar a las cumbres de las montañas. La siguiente leyenda relativa a tal diluvio fue referida al autor, en 1921, por un Sumu Panamaka de la villa de Tasbapauni (río Prinzapolka).

Dos hermanos, Suko («bambú») y Kuru (cacao pataste, Theobroma bicolor), fueron a pescar al arroyo de Cualigua (Kwakiwa), un tributario del río Ocongúas (de la cuenca del Prinzapolka). Cogieron muchos y excelentes peces comestibles de una especie a la que llaman srik o sirk. Luego pescaron con el anzuelo un gigantesco barbudo o chulín (M: batsi; S: susum). Suko quiso inmediatamente comer un pedazo de éste, pero Kuru objetó, ya que le parecía que se trataba de una cierta especie de espíritu. Suko, sin embargo, no escuchó a su hermano; puso a las brasas una porción del pescado y comió.

No había terminado cuando sintió una sed desesperante; habiendo comido a la saciedad, difícilmente podía dar un paso y pidió a su hermano buscar agua. Éste hizo como le ordenaba, pero entre más bebía Suko más sediento se sentía, obligando a su hermano a correr continuamente por el agua. Finalmente Kuru se cansó y optó por ayudar a su hermano a incorporarse para llegar hasta la orilla del río donde pudiese beber por sí mismo toda el agua que quisiese.

Llegando a la orilla, Suko se acostó y, metiendo la cabeza en el agua, se mantuvo bebiendo sin parar. Gradualmente su cuerpo se hinchó en la forma de una gigantesca boa constrictora (M: waula; S: wayil), mientras la cabeza retenía su figura y tamaño normal. Kuru se asustó y corrió a casa, pero no se atrevió a contar lo sucedido. Cuando la gente le preguntó sobre su hermano, respondió que todavía se encontraba pescando y que vendría un poco más tarde.

Pero los vecinos sospecharon que algo malo había acontecido y fueron en busca de Suko. Llegados al lugar se encontraron con la boa constrictora entre las ramas de una elevada ceiba. Cuando estaban mirándola, sucedió una gran inundación que cubrió la región entera. Todos se ahogaron, salvo Suko, su esposa y sus hijos.

CRISTIANIZACIÓN

Muchas mujeres y niños, que no han sido bautizados, llevan pequeñas cruces, medallas y escapularios alrededor del cuello, artículos que han obtenido de los sacerdotes visitantes o comprado a los comerciantes Ladinos. Consideran estos artículos como amuletos para librarlos del peligro, la enfermedad, el veneno y la muerte. Para muchos indígenas, que no han recibido ninguna doctrina de los misioneros, el bautismo es considerado como una clase de ceremonia mágica, donde les dan un nuevo nombre, se liberan del diablo y quedan inmunes al peligro, a la malevolencia y a cosas parecidas. Aun en el interior, donde muchos indígenas pretenden ser católicos, el culto a los santos es considerado no menos que una adoración fetichista. Estampas e imágenes de los santos suplantan a los ídolos hogareños. Cuando los indígenas llegan al extremo de cometer un acto reñido con las enseñanzas de la Iglesia, cubren las imágenes con una tela de modo que los santos no puedan observarlos. Si piden un favor especial a un santo, le hacen un voto o promesa solemne y le rezan durante nueve días consecutivos. En caso de que el santo no les cumpla, algunas veces lo castigan golpeándolo, decapitándolo o mutilándolo.

En la época colonial, misioneros españoles hicieron varios intentos de penetración entre los aborígenes de la Costa Mosquitia, pero sus esfuerzos fueron inútiles. Un relato de las actividades de estos monjes franciscanos fue dado por Conzemius (b:25-31). Desde los últimos años del siglo XIX, padres capuchinos de Barcelona se han establecido en Bluefields y en varios de los grandes asentamientos de la región; como desconocen la lengua indígena, sus actividades se han limitado principalmente a los Ladinos.

Por otra parte, los Moravos (Unitas Fratrum), que arribaron a la costa en 1849, han tenido éxito en la evangelización de la mayoría de los Mískitos, así como también de los Sumus. Enseñan tanto en inglés como en Mískito, en la iglesia como en la escuela.

El primer esfuerzo de los protestantes para introducir el cristianismo entre estos indígenas fue realizado por los ingleses puritanos quienes, en 1630, bajo el Conde de Warwick, tomaron posesión de la isla de Providencia, situada frente a la Costa Atlántica de Nicaragua.

Establecieron relaciones comerciales con los Mískitos de Cabo Gracias a Dios y se quedaron en la isla hasta 1641, cuando fueron expulsados por una flota española. En esa época, cierto número de indígenas viajaba a Providencia donde llegó a familiarizarse con el Padre Nuestro, el Credo y los Diez Mandamientos (Sloane, a: I, p. LXXVII).

CREENCIAS SUPERSTICIOSAS: AGÜEROS, HECHIZOS, AMULETOS, TALISMANES, ETCÉTERA

MALOS PRESAGIOS

Cualquier cosa que ocurra fuera de lo común es considerada como de mal agüero (M: yulswin; S: diluk) y alguna calamidad se cree afectará a una o más entre las personas presentes.

Si un cazador, por ejemplo, falla en acertar la presa un cierto número de veces, lo que es poco usual, o en determinado día, considerará esta señal como si pronto caerá enfermo o quizás hasta muera.

Si alguien deja caer el remo involuntariamente al agua, esto se interpreta como una señal de que algo malo le va a suceder.

Si un perro actúa en forma peculiar y corre por toda la casa ladrando, aunque se averigüe que no pasa nada alrededor, tal comportamiento es considerado de mal agüero y pronto alguno de los inquilinos de la casa morirá.

El cacareo de la gallina es también interpretado como mal augurio. Ladinos y Creoles comparten esta superstición; agarran inmediatamente al ave en cuestión y le tuercen el pescuezo.

PÁJAROS DE MAL AGÜERO

Existen ciertos pájaros que causan enfermedades y muerte cuando se les ve, ya sea en cualquier momento o sólo bajo ciertas circunstancias. Los indígenas deberán evitarlos particularmente cuando andan de cacería, o trabajando en el monte en día domingo, pero esta creencia es indudablemente de influencia cristiana. Los indígenas rehúsan comer la carne o los huevos de cierta ave melancólica en la creencia de que al hacerlo viajarán sollozando por el monte, tal como lo hace este pájaro solitario. También se privan de matar a ciertas aves de las cuales creen estar protegidas por un cuidador o dueño invisible, quien está listo a vengarlas.

Ciertos búhos[81] y el gavilán serpentario (M: waka, waksma; S: makawa) son especialmente temidos y la simple visión de ellos se supone es causa de enfermedad o muerte.

El chotacabras[82] (Caprimulgus sp.), pájaro muy común, es igualmente temido debido a sus misteriosos hábitos nocturnos, a la rapidez y peculiaridad de su vuelo y a su canto que rompe el silencio de la noche. En Costa Rica, sus huesos secos y molidos hasta polvo fino son utilizados por los indígenas como un hechizo contra los enemigos. Los huesos pulverizados se mezclan con tabaco, envueltos en un cigarrillo, que cuando se fuma produce cierta muerte, según la creencia popular.

Un gran pájaro nocturno manchado (M: boa, ukwan; S: ya) que aparece ocasionalmente al amanecer en la vecindad de los asentamientos es igualmente temido.

Otro pájaro nocturno, muy parecido al cuclillo mexicano[83] y conocido por los nombres onomatopéyicos de (M: pikwa y S: tika), se supone contradice llanamente con su canto cualquier afirmación que se esté haciendo al momento que lo entona. Cuando se le escucha inmediatamente después que alguien ha adelantado un comentario, significa que la persona en cuestión ha dicho una mentira o es incapaz de llevar a cabo lo que se propone hacer.

Si los indígenas, por ejemplo, están hablando sobre algún plan, como realizar un viaje, una fiesta, una excursión de cacería u otra acción similar, al escuchar el canto de este pájaro les obligará a posponer el proyecto. Cuando el cazador lo advierte, regresa inmediatamente a casa a sabiendas que ese no es su día de suerte.

En los cortes de caoba del río Camanan (río Coco), un joven Sumu del río Patuca estaba discutiendo con sus paisanos sobre la ruta que seguirían para regresar a casa, una vez expirado el período de contrato, cuando inesperadamente se escuchó en los alrededores el canto fuerte de un pikwa. El indígena inmediatamente se alarmó y se

---

[81] Es el llamado popularmente «guás» o «guaco», Herpetotheres cachinnans. (N. del T.)

[82] Mejor conocido como pocoyo, Nyctidromus alvicollis. (N.d.T.)

[83] También llamado pijul o tinco, Crotopbaga sulcirostris, aunque es una ave de hábitos diurnos. (N.d.T.)

tornó desconfiado; llevó cierto tiempo calmarlo de sus presentimientos.

SUPERSTICIONES CON OTROS ANIMALES

Una pequeña pero fea especie de lagartija gruñidora, llamada «áspid de las galeras» por los Creoles (M: akak; S: kakak) es tenida como muy venenosa.[84] Los indígenas insisten que una vez que pica a alguien, busca rápidamente el agua más cercana; la persona mordida debe hacer lo mismo y quien llegue primero sobrevivirá (Bell, a:265).

La culebra zumbadora (M: matsiksa) se torna salvaje en ciertas épocas del año, cuando su mordedura llega a ser fatal. Otros dicen que si alguien la molesta optará por perseguir a la persona y, enrollándose en su propio cuerpo, la azotará con la cola; ataca especialmente a las mujeres en cinta.[85]

A la boa se le atribuye el poseer un poco de veneno en sus colmillos, los que descarga solamente muy de mañana, hora en que su mordedura debe considerarse fatal.

A una pequeña tortuga manchada (M: swankrin; S: palan-kuwa) se le menciona como muy chiflada, pues pierde su camino con frecuencia, ya que se la encuentra a veces en los cerros, lejos de la más próxima corriente. Los indígenas no la comen y creen que quien lo haga se tornará olvidadizo como la misma tortuga, se perderá en el monte, dejará mal puestos los objetos y cosas parecidas.

Los animales extraños son considerados como espíritus malévolos y su aparición trae mala suerte; los indígenas no se atreven a matarlos.

Una vez, cuando Heath se detuvo, con su tripulación miskita de Kiplapihni, en una casa vacía en Burimak (curso medio del río Coco), se encontró con un extraño murciélago y relata el caso de la siguiente manera:

Vimos suspendido del techo de palmas un pequeño murciélago blanco. [86]Algunos creyeron que chuparía nuestra sangre por la noche, así que le dieron muerte, pero resultó ser una criatura inofensiva, de vello muy precioso. Ninguno había visto un murciélago blanco antes; unos dijeron que encontrarlo era de mal agüero; otros, que había sido

---

[84] Es el llamado perro-zompopo, Coleonyx mitratus. (N.d.T.)
[85] Se trata de la culebra llamada «voladora», Spilotes pullatus. (N.d.T.)
[86] Posiblemente se trate de Diclidurus virgo. (N.d.T.)

enviado por los malos espíritus y, aún más, que posiblemente representaba un espíritu maligno en sí; que quien lo mató pronto morirá de una fiebre perniciosa, etc. Me tomó un cierto tiempo calmar especialmente los temores de las mujeres. (Heath, b:377)

HECHIZOS, AMULETOS, TALISMANES

Algunos de los adornos personales están supuestos a actuar indudablemente como hechizos, amuletos o talismanes, pues son usados principalmente por mujeres y niños, quienes están especialmente expuestos a las malévolas influencias de los espíritus. En efecto, los diferentes objetos de arte y las prácticas de decoración, incluyendo ornamentos, pinturas, mutilación, escarificación, tatuaje, etc., parecen haber tenido originalmente un significado religioso y mágico, más que el deseo para embellecer la figura. La pintura roja y negra es todavía considerada como un profiláctico contra las enfermedades.

Los hechizos se emplean para atraer al sexo opuesto, para combatir la infecundidad en las mujeres, para que nazca un hijo varón, o tener suerte en la cacería y en la pesca. Dientes de jaguar se llevan como talismanes para infundir valor o fuerza y estimular la virilidad y el deseo carnal.

Los hechizos colocados sobre los árboles frutales tienen por objeto incrementar su producción y alejar pájaros, animales, incluyendo al hombre, en sus intentos de arrancarles los frutos. Para aumentar la productividad, los Mískitos introducen un clavo en la parte del tallo que mira al oeste. Cuando fabrican los fustes para el arpón de tortuga siempre prefieren utilizar la cara occidental del tallo de la palmera de pijibay, pues creen que de ese lado el tronco es más duradero y resistente.[87]

Hachas de piedra que ocasionalmente se desentierran en los plantíos son consideradas como «piedras del trueno» y fueron usadas antiguamente como protección contra la rayería. Se supone que también conferían al usuario valentía y fortaleza. Se les considera

---

[87] Los Creoles, que hacen infusiones de la corteza medicinal de ciertos árboles también prefieren emplear la corteza del lado que mira al sol poniente.

muy eficaces para curar ciertas dolencias y el Sukia las emplea en sus brujerías. En vista de tales virtudes, los indígenas no venden sus hachas de piedra sino por fuertes sumas de dinero.

Supersticiones similares, en relación con estos objetos de piedra, se encuentran entre las otras poblaciones de este lado de América Central. Los nombres locales de «piedra de trueno», «piedra de tormenta» (Creoles), «piedra de rayo» (Españoles), (M: alwani mabbra, imyula mabbra; S: alwana suma; Rama: dama up) afirman en sí mismos la creencia de que tales objetos vienen del cielo. Se supone que caen del firmamento con los rayos y son responsables de los daños que producen en dichas ocasiones. Penetran en el suelo hasta una profundidad de 7 pies y luego lentamente suben a la superficie hasta alcanzarla en unos 7 años. Se dice que, a veces, una de tales piedras puede encontrarse encima de algún árbol golpeado por el rayo. La superficie de estas piedras es siempre lisa y a menudo bien pulida. Se supone que su color es idéntico al del suelo donde ha sido descubierta.[88]

VARITA ADIVINADORA

Se dice que los Sumus del río Prinzapolka utilizan cierta clase de vara adivinadora (M: smaya kaikaya; T y P: tiñ amannin; U: ya bobnaka), que consiste en una pequeña vara de cacao o de caña silvestre; mide unos 3 pies de largo con un hilo de algodón atado alrededor del centro. Parece que los Sumus usan el tapúa con el mismo propósito que los Jicaques de Honduras; con su ayuda, dicen, son capaces de obtener cualquier información relativa al futuro, la suerte en la caza, en la pesca, en el amor, etcétera.

---

[88] Algunos Creoles y Ladinos colocan las hachas de piedra en tanques de agua y tinajas para mantener el agua de beber limpia y cristalina y, a la vez, preservarla de ciertos males. Se cree también que protegen las casas y, para tal fin, las suspenden del techo. Una legítima «piedra de trueno» puede ser determinada, según dicen, atándole un hilo firmemente por en medio y luego tratando de quemar el hilo, arrimándole un cerillo o una candela, y aún lanzándola al fuego. Si la piedra es genuina, el hilo no se quemará. Desde luego, tal experimento se puede realizar con éxito si el hilo está tan bien atado que no quede espacio intermedio, retardando así la combustión del hilo hasta que la piedra en sí esté tan caliente que lo queme.

No he podido ver estas varas, ni tampoco obtener detalles definidos sobre la forma como las utilizan. El siguiente relato es tomado de Collinson (b:152):

Otro método muy común y favorito para descubrir lo desconocido es un encantamiento de parte del Sukia. Dan comienzo las ceremonias cortando una pequeña vara; la pela y le ata una cuerda corta en uno de sus extremos. Luego la golpea repetidamente, musitando palabras muy quedas que se suponen forman parte del encantamiento; después de haber hecho esto por algún tiempo, coloca un extremo de la vara en el codo izquierdo mientras el brazo derecho lo estira hasta llevarlo al final de la cuerda. Si logra alcanzar ésta cuando extiende el brazo en toda su longitud, la vara revelará la verdad; de lo contrario, la cuerda tendrá que ser cambiada y el proceso repetido hasta que quede en posición correcta.

Las preguntas relacionadas al presente y al futuro serán respondidas por el Sukia, correctamente como él sostiene, aunque debo confesar que las cuestiones que le pregunté nunca fueron contestadas muy satisfactoriamente, porque yo era un incrédulo y es un hecho notorio que los espíritus suelen enredarse con los incrédulos.

CONTROL DE LA LLUVIA Y DEL VIENTO

Según los indígenas, es posible producir o detener la lluvia o el viento a voluntad de los hombres y de los animales, o por la agencia de los espíritus. Una vez, remando aguas abajo del río Plátano con una tripulación Mískita, observé que las nubes venían acumulándose del lado del viento y amenazando con lluvia. Cuando el capitán del bote advirtió el fenómeno, increpó a la lluvia con su mano derecha, diciendo la siguiente frase:

No vengás aquí porque no queremos mojarnos ahora. No tenemos ni camisas ni pantalones para cambiarnos y si nos mojás tenemos que quedarnos con la ropa húmeda todo el día y sufrir del resfriado. Pasá encima de esa gente indolente e inútil del río Patuca, que están en sus casas acostados en sus hamacas.

Bell (b:157) se refiere a una experiencia similar con los Mískitos del río Prinzapolka:

Los indígenas, oyendo que la lluvia se aproximaba por el ruido que producía al caer sobre la distante vegetación, trataron vanamente de desviarla soplando con sus bocas y alejando el aliento de ambos lados de la cara. También le hablaron a la lluvia, diciéndole lo inútil que sería que los pasara mojando, con las siguientes palabras:

Pasá, pasá, que ya estamos todos mojados. No tenés que venir por aquí. Pasá hacia las cabeceras del río. Hay pólvora y yesca expuesta sobre las rocas. Alguien está quemando una plantación por allá; pasá rápido para que otro aguacero no la moje antes que vos.

A menudo, cuando los indígenas sienten que la lluvia viene, buscan cómo meter la canoa tranquilamente debajo de un espeso ramaje y la esconden hasta que el aguacero haya pasado; se disgustan si alguien habla o hace ruido. Matar a un mono congo es considerado también como una incitación a la lluvia, ya que este animal pertenece a un espíritu acuático, quien se disgustará ante tal ofensa (Bell, b:157).

Mientras subíamos por el río Coco, desde el puerto de Cabo Gracias a Dios al asentamiento Mískito del mismo nombre, mis dos remeros izaron una pequeña vela y luego permanecieron silbando, llamando al viento que viniera a ayudarles en su trabajo. Cuando agotaron inútilmente todos sus esfuerzos al respecto, se sintieron muy defraudados e hicieron ciertos comentarios desagradables en contra del «viento perezoso» (pasa srinwankira).

ECLIPSES

Los Sumus dicen que un eclipse de luna se produce cuando el jaguar devora al astro de la noche; denominan al fenómeno de acuerdo con esta creencia (waiko nawa kaswe, waiko nawa kasya; literalmente, «el jaguar se está comiendo a la luna»). Durante un eclipse lunar, no importa a qué horas de la noche se produzca, los Sumus se reúnen para asustar al felino y alejarlo, disparando flechas, levantando grandes hogueras y sonando los tambores. La misma creencia es sostenida por estos indígenas en relación con los eclipses del sol (T y P: ma nawa kaswe; U: ma nawa kasya, «el jaguar se está comiendo al sol»).[89]

---

[89] Los indios Cuna de Panamá creen que los eclipses de sol o de luna son causados por un demonio —mitad mujer, mitad perro— que comienza a devorar a esos cuerpos celestes; estos indios ahuyentan al demonio disparándole pequeñas flechas (E. Nordenskiöld, Comparative Ethnographical Studies, Vol. F, pt. Goteborg, 1930, p. 20).

Los Mískitos, sin embargo, no comparten esta superstición; llaman al eclipse lunar *kati ai-skura alkan*, «la luna ha agarrado a su suegra», y al eclipse de sol, *ya ai skura alkan*, «el sol ha agarrado a su suegra».[90]

HECHIZOS CONTRA LAS CULEBRAS

El hechizo contra las serpientes es practicado en la Costa Mosquitia principalmente por los Negros (en especial los nativos de África), aunque algunos entre los Mískitos están supuestos a conocer este arte. Se dice que, para conseguir la invulnerabilidad al piquete de cualquier clase de víbora, esta gente bebe de vez en cuando una infusión de hojas de guaco (Mikania sp.). El mismo efecto se consigue aplicando un poco de jugo de esta planta sobre una pequeña herida en la piel. Mascar diariamente unas pocas hojas de guaco también se considera un eficaz preventivo contra las picaduras de culebra.

Los mejores encantadores de serpiente se comen la cabeza del reptil después de haberle extraído los colmillos venenosos; otros simplemente preparan su comida con un poco de grasa, sacada a fuego lento, de la cabeza de la serpiente. El hechicero debe observar las restricciones de dieta impuestas durante ciertos períodos al año; también se abstendrá de todo contacto carnal con otras mujeres, salvo la suya; de lo contrario, perderá sus poderes.

Para capturar una culebra venenosa, sin peligro, el encantador mastica un pedazo de la corteza de cierto arbusto (M: pyuta saika) y luego escupe sobre la cabeza del ofidio, el cual queda adormecido inmediatamente y es absolutamente inocuo.

Dicen que mucha gente domestica culebras para tenerlas en sus casas o plantaciones cuidando sus pertenencias. Los reptiles actúan como perros vigilantes y morderán a cualquier intruso. Los Ladinos, aún más ignorantes, llaman a tal culebra «sontin» (del término inglés *something*, según parece) y creen que este hábito es practicado por casi todos los indígenas y negros de la Costa Mosquitia.

---

[90] Tanto el sol como la luna son masculinos en el lenguaje miskito.

VENENO DEL CAMOTILLO

A esta planta le atribuyen propiedades venenosas mortales, con cuya aplicación la posible víctima morirá en una fecha específica si se prepara en la forma apropiada. Aunque la víctima sepa que le han administrado camotillo, no podrá escapar de una muerte prolongada, ya que la ciencia no conoce un método para contrarrestar sus efectos.

Camotillo es el nombre español de una planta tuberosa, muy parecida a la enredadera de la batata según afirman. Se supone que crece silvestre en ciertos lugares de la Costa Mosquitia, cerca de los ríos, pero muy pocas personas la conocen. Se seca el tubérculo al sol y se reduce a polvo fino, por un proceso laborioso. Una vez pulverizado, se introduce en la comida o bebida de la posible víctima. Los síntomas de la muerte se presentarán exactamente dentro de un cierto número de días iguales a los que han pasado desde que el tubérculo fue extraído del suelo.

Los Ladinos creen que muchos Mískitos y Sumus están familiarizados con esta forma de acabar con un enemigo, pero me fue imposible obtener de estos indígenas algún detalle confiable relativo a la planta. Todos mis informantes indígenas negaron que la conocían. En 1919, los candidatos para la presidencia y vicepresidencia de Honduras murieron varios meses antes de las elecciones y la gente ignorante atribuyó sus muertes a la administración de camotillo por parte de los sustentadores del partido político rival.

VENENO BRUJO

Algunos indígenas sostienen que el veneno puede ser propagado por el aire hasta llegar a la víctima deseada. El temor a «venenos enterrados» ha sido inducido a los Mískitos por los Negros de Honduras Británica y de Jamaica, que se han fincado en la costa. En efecto, los Mískitos del río Coco y de Honduras atribuyen actualmente las enfermedades no tanto a los espíritus malignos como a la presencia de venenos enterrados en las vecindades de la casa de la persona enferma.

Se supone que el veneno ha sido sepultado por ahí, por algunos de sus enemigos, con el objeto de provocarle alguna larga enfermedad, como disentería, y eventualmente matarlo.

Dicho veneno, que generalmente viene encerrado en una botella, se dice que se filtra a través del corcho, se riega en la superficie y luego causa enfermedades a toda la gente de la vecindad.

Si una vez administrados todos los remedios posibles no mejora la condición del enfermo, se llamará a un «doctor de veneno», o sea, un Sukia experimentado en descubrir venenos brujos. Una vez llegado, hará un pequeño rodeo en torno de la casa y luego pretenderá oler el veneno enterrado en la vecindad, prometiendo extraerlo si cada quien en la villa le ofrece una pequeña suma de dinero.

Como los esperados efectos malignos de tal entierro pronto se propagarán a la entera población, cada quien pagará su cuota, prometiendo el hechicero que al siguiente día hará todo lo requerido para evitarlos. Entre tanto, generalmente durante la noche, procederá el brujo a enterrar un pequeño frasco, que contiene un líquido oscuro, cerca de la casa del enfermo.

Por la mañana toda la población de la villa estará presente para atestiguar la extracción de la causa de la enfermedad. Después de buscar en los alrededores por bastante tiempo, el Sukia finalmente caminará al sitio donde enterró la pequeña botella la noche anterior y entonces triunfalmente gritará: Nara sa, «Aquí está».

Mostrará el líquido a los presentes, pero ninguno de ellos se atreverá a inspeccionarlo, ya que no son inmunes a sus efectos como lo son el doctor de veneno y los extranjeros. En las últimas dos décadas, el temor a los venenos enterrados se ha extendido a los Mískito-Tawira y a los Sumus, quienes creen que los Mískitos del río Coco son especialmente peligrosos, debido a los hábitos de dar muerte a sus enemigos con la ayuda de venenos enterrados.

Algunos hechizos, como por ejemplo, el amargo frijol antídoto (Fevillea cordifolia) es a menudo portado para prevenir los efectos de tales venenos brujos.

SUEÑOS

El indígena muestra mucho interés por los sueños (M: yapri saubkam; T y P: amana; U: amiñna). Si sueña que ha matado una buena cantidad de presas estará seguro de que tendrá mucha suerte en la cacería de la siguiente mañana. Si sueña con un accidente, rehusará dejar la villa por los próximos días. Si es con extraños, esperará una visita pronto.

Cuando el Sukia está curando a un enfermo invocará a un espíritu amigo, con la esperanza de obtener de él, durante el sueño, la información relativa a la naturaleza de la enfermedad del paciente.

ÁRBOLES EMBRUJADOS

Se cree que la ceiba (ver Religión, etc.) y varias especies de matapalos (Ficus sp.), especialmente el chilamate gigante, están hechizados.

Los indígenas y los Creoles afirman que estos matapalos florecen solamente durante la noche y sostienen que los higos son las verdaderas frutas. Quien tenga la valentía de ponerse debajo de uno de estos árboles, a medianoche, podrá verlo florecer, visión que además le traerá buena suerte en cualquier cosa que emprenda.

Esta creencia es compartida también por los Ladinos ignorantes, que dicen que el chilamate sólo florece en la noche del Viernes Santo y que se pueden recoger, a la siguiente mañana, las pequeñas flores sobre una sábana extendida debajo del árbol desde la noche anterior.

MAGIA Y BRUJERÍA: SUKIA, OKULI, ESPIRITISMO, OBEAH O VOODOOISMO

LOS «SHAMANS» EN GENERAL

Entre esta gente crédula, los «shamans» ejercen una gran influencia. Existían antiguamente dos categorías: el sukia y el okuli. De este último sólo podía haber uno cada vez, pero del primero existe uno en casi toda villa grande. En años recientes han aparecido en la costa otras dos clases de «shamans», el espiritista y el obeah.

Estos «shamans» desempeñan un gran papel en la vida de los indígenas, pues actúan como médicos, cirujanos (ver Higiene, enfermedades y sus curas), vaticinadores, exorcistas, magos, brujos, adivinadores, hacedores de lluvia, encantadores, sacerdotes, orantes, maestros, guías, consejeros, abogados, depositarios de las tradiciones tribales y otras cosas parecidas. En tiempos pasados, sus opiniones eran las de mayor peso en las asambleas tribales.

Aun así, no hay en ellos nada que los caracterice en el modo de vestir o adornarse; en su apariencia exterior no se distinguen de los otros simples mortales.

Según las tradiciones Mískitas, estas artes fueron introducidas por un hombre blanco que vino del Este, conocido como Almu-awra (literalmente: «el viejo náufrago»), quien aparentemente fue algún héroe cultural. Esto recuerda el mito mexicano de Quetzalcóatl, quien también arribó por el oriente y fuera igualmente una especie de «shaman». Se dice que el primer «shaman» fue un hombre llamado Ado o Maman (Grossmann, b:4).

EL SUKIA

Este es el nombre de la menos importante entre las dos clases de encantadores que se encontraban originalmente entre Mískitos y Sumus. El nombre es también de uso actual entre las tribus vecinas, como Paya y Rama, aunque las designaciones indígenas para los sacerdotes-doctores, en ambas lenguas, son respectivamente wata y turmala. El término suskia (sukya, suquia) es también empleado por los indios Mova y San Blas de Panamá; y ocasionalmente por los Talamanca de Costa Rica. En los dialectos de esta última región, sin embargo, el nombre nativo es tsukur (o tsugur, tsugru, tsugrub, tsuku).

En los varios dialectos costarricenses, los elementos tsu o cu, significan «beber» o «succionar» y acompañan palabras que pueden ser traducidas como «leche» o «teta»; es también el caso con otras lenguas centroamericanas, tales como la Maya-Quiché, Paya, Mixe-Zoque, Lenca, Xinca, Sumu y Guaymí-Dorasque. Parecería, por tanto, que la palabra sukia está etimológicamente relacionada con los términos mencionados anteriormente, y que originalmente significaba algo así como «chupador», pues el curandero nativo extraía la substancia que causaba el dolor o la enfermedad a través de la succión.

Por lo general, el Sukia es un hombre de inteligencia superior a la del indígena promedio. Su cargo era generalmente hereditario, pero con frecuencia le sucedía su sobrino o su yerno. Prácticamente en cada villa grande de habitantes Místikos o Sumus vive un Sukia; Wickham (c:207), sin embargo, no encontró ninguno entre los Ulwa del río Escondido.

El Sukia se comunica con los poderes invisibles y puede usar su arte para el bienestar o la destrucción de los simples mortales. Gracias a estos supuestos poderes es temido y respetado en todas partes. Tal situación resulta a veces injusta para la comunidad indígena en general, aunque por lo demás no son frecuentes los abusos del Sukia.

Además de curar al enfermo, el consejo del Sukia es requerido en muchas ocasiones. Se le consulta para adivinar adónde fueron a parar los objetos perdidos o robados; para buscar remedios que curen la mala suerte; para conquistar el corazón de una persona del sexo opuesto; para aumentar el valor y el coraje de un hombre y así sucesivamente.

El Sukia informará al cazador cómo actuar para asegurar suficientes presas, ya que aquel posee un buen conocimiento sobre los instintos y hábitos de los animales. Si los pronósticos fallan, se excusará diciendo que el cliente ha violado alguna de sus prescripciones.

Algunos de estos «shamans» tienen cierto conocimiento de astronomía; otros imitan las voces de personas, animales o pájaros o parecen ser ventrílocuos muy astutos.

Pueden predecir la muerte de una persona enferma o provocarla artificiosamente, envenenándola el día anunciado, para aumentar su reputación.

También le será solicitado hacer daño a un enemigo mandándole algún hechizo.

El método usual que emplea el Sukia Mískito es disparar un fusil en dirección a la choza donde vive la persona a quien se desea provocar daño. Su colega Sumu, en cambio, mandará una enfermedad, o la muerte, maltratando o apuñalando un objeto, tal como un muñeco o un títere (M: yapt; S: ditalna) fabricado de la corteza de tunu blanco, el cual representa a la supuesta víctima.

Se dice también que estos brujos se transforman en culebra o jaguar para perseguir a los enemigos.

Existen sukias buenos y malos, quienes algunas veces tienen altercados entre sí. En su propia villa se tiene al Sukia por bueno, pero en la vecina existe el malo, a quien aquel tiene que combatir enviándole un espíritu malévolo para que le cause daño o muerte. El Sukia malo responderá mandando, por ejemplo, un animal o pájaro con veneno a la villa vecina, pero su otro compinche lo regresará. El animal va y viene de una villa a la otra hasta que, finalmente, el «más fuerte» de los dos oponentes resulta ganador.

La escogencia del oficio por parte del Sukia no es voluntaria, según se cree. Una persona que el destino ha elegido para tan alto cargo, se dice, cae bajo la influencia de algunos espíritus, de los que no puede librarse. En la noche actúa como una persona que ha perdido el juicio, se levanta de la cama y habla con seres invisibles en una misteriosa lengua «espiritista».

En tal estado hace profecías y, si éstas se cumplen, sus amigos lo inducirán a que se inicie como Sukia. Entonces se preparará para el oficio sometiéndose a dietas, vigilias y otras medidas, hasta alcanzar el agotamiento, al extremo que el novicio queda en esqueleto. Durante este tiempo caerá bajo la influencia de cierto espíritu tutelar, quien en adelante será su protector. Éste puede ser el espíritu de una persona, animal, planta, cerro, nube, estrella, etc., o algún otro tipo de ser sobrenatural. Este concepto de espíritus guardianes lo encontramos en amplias áreas de América y seguramente no debe su origen a los ángeles tutelares de los misioneros.

El candidato, a continuación, queda listo para ejercer su profesión, pero en el día de su iniciación su comida debe ser preparada de acuerdo a lo prescrito por la costumbre. Tiene que ser cocinada por un muchacho joven, o una muchacha que no haya alcanzado la pubertad; deberán usar como leña un delgado árbol de madera dura llamado liwai[91], que crece muy espaciadamente en la selva.

El Sukia está obligado, de vez en cuando, a reforzar sus poderes a través de la religiosa abstinencia de ciertos alimentos y de contacto carnal, llevando además una vida de abnegación en sí misma.

Entre los Sumus, cualquier candidato a los honores de brujo y curandero debe ejecutar la danza del fuego; esta fiera orden tiene que repetirse eventualmente para reforzar su enlace con los poderes invisibles. Para esto se levanta una gran pila de madera liwai, aclarando un lugar entre el monte y cubriéndola con una espesa capa de hojas de bijagua. Se prende la hoguera y, cuando está completamente ardiendo, aparece el Sukia del interior de la selva. Trae todo el cuerpo embijado con pintura negra, completamente desnudo, salvo con el taparrabos. Camina hacia la hoguera y se queda ahí mirándola quietamente, hasta que la leña es parcialmente consumida. Luego ordena dividir el fuego en cuatro tantos y camina, de un montón a otro, con los pies descalzos hasta que toda la leña esté consumida. A los extranjeros no les es permitido observar esta ceremonia. Los Mískitos sienten un gran respeto por los Sukias Sumus por esta ejecución, ya que sus propios brujos no se atreven a realizarla.

Roberts afirma que la danza del fuego era también ejecutada por los Sukias entre los indios de San Blas (Panamá) y que los efectos del fuego son resistidos gracias a algún fuerte antídoto extraído de fibras vegetales. Esta ceremonia es igualmente realizada por los «shamans» de Raiatea (Islas de la Sociedad), de Kandavu (Islas Fidji) y por una tribu de la India, pero aparentemente no ha sido observada en otras partes del globo.

---

[91] Madera dura (hardwood) se refiere aquí a los árboles que mudan sus hojas, en oposición a los de hoja permanente o en forma de aguja, como los pinos. (N. del T.)

EL OKULI

El Okuli es el más alto «shaman» entre los Mískitos y no puede existir más que uno en cada tiempo. Los Sumus no tienen ningún encantador de rango superior al sukia, pero muchos de éstos reconocen al Okuli de los Mískitos. Se dice de él que es un representante especial de Alwani, el Dios Trueno, o de Aubiya (o Prabaku), el Señor del Aire, quien supuestamente controla los elementos. Es mucho más poderoso que el Sukia y no recurre a los cuatro palos negros que son indispensables a éste para curar enfermos. Sus poderes le son impartidos cuando está en estado de inconsciencia, después de haber sido golpeado por un rayo. En tal circunstancia es capaz de hacer profecías y de dar otras muestras de su aptitud para el alto cargo, después de lo cual los prominentes sukias lo reconocen como Okuli. No es necesario que haya sido Sukia antes.

El último y verdadero Okuli vivió en Kum, una gran villa Mískita sobre el curso bajo del río Coco, donde murió alrededor de 1895. Le conocían con el nombre de Pasa-yapti, «Madre (o Diosa) del viento», pero no pude saber su verdadero nombre. Antes de su muerte dijo que Lauro, el actual Okuli, iba a ser quien le sucedería. Este último realmente nunca ha sido alcanzado por un rayo, pero uno cayó sobre la palmera de coco junto a su casa en Sandy Bay, habiendo quedado él inconsciente a consecuencia del susto. Lauro, quien era entonces un miembro de la iglesia morava, rehusó aceptar el cargo que le ofrecieron a la muerte de Pasa-yapti. Pero finalmente, cediendo a las presiones de Mískitos no cristianos, comenzó a asumir sus funciones como Okuli. Lauro, sin embargo, resiente el nombre de su antecesor, pues pretende seguir como buen cristiano; se considera simplemente como un «profeta» y atribuye sus poderes sobrenaturales a la gracia de Dios.

Lauro es una persona muy agradable, que tendría unos 55 años cuando el autor lo visitó en Sandy Bay en 1921. Presenta una pequeña muestra de sangre negra, pero trata de pasar por un Mískito puro. Según Mister Danneberger, misionero moravo en Sandy Bay, él sigue aparentemente una vida moral e impoluta. Aunque excluido de la membrecía de la iglesia morava, asiste a los oficios religiosos en Sandy Bay y pide a todos sus parientes que hagan lo mismo.

Dicen los indígenas que Lauro calma su sed bebiendo exclusivamente agua de coco y que una gran inundación vendrá y cubrirá la región si éste alguna vez tomara una simple gota de agua corriente. Cada año, al principio de septiembre, dedica un día de «rogaciones», cuando a nadie le es permitido viajar ni hacer trabajo alguno fuera de casa. Luego se encamina hacia el mar, en Sandy Bay, acompañado por un niñito y se interna en el agua hasta la cintura, rezando y ofreciendo comida a los elementos para mantenerlos bajo su control.

Todos los años sus agentes recorren la costa entera colectando dinero en las villas para Lauro. Muchos de los indígenas cristianizados entregan el pequeño óbolo que se les solicita para que el «profeta» continúe ejerciendo su influencia, alejando los huracanes y las inundaciones de la región. Ningún indígena se atreve a contravenir sus órdenes y aun algunos extranjeros blancos han dado dinero a sus colectores.

Cuando los nativos de Sandy Bay pretenden realizar un viaje a los cercanos Cayos Mískitos para capturar tortugas, primero consultan a Lauro en relación al estado de tiempo y deseando una buena captura. Para la mayoría de los indígenas el Okuli es el más importante personaje en la tierra; no se atreven a murmurar de él, pues conoce lo que está pasando, no importa lo distante que suceda.

EL ESPIRITISTA

Un nuevo movimiento, no muy diferente al nialismo de los negros de Jamaica, ha aparecido entre los Mískitos cristianizados en los últimos 40 años. Mientras se dedican a fervientes oraciones, ya sea en la iglesia o en casa, cierta gente comienza súbitamente a actuar como si estuvieran locos; les tiembla todo el cuerpo, corren y bailan alrededor, dan grandes alaridos y por otros medios tratan de llamar la atención.

Dicen que durante tales accesos pierden el control sobre sus acciones y que esto se debe a la presencia del Espíritu Santo en ellos. Por tal razón los Mískitos les llaman pirit-uplika, «hombres espíritu». Mientras están en estado de éxtasis se supone son capaces de curar con sólo poner sus manos sobre el enfermo. También presumen tener revelaciones de Dios durante sus sueños.

Aunque excluidos de la membrecía de la iglesia morava, los «hombres-espíritu» y las «mujeres-espíritu» (ya que éstas también experimentan este estado) van a las iglesias. Pretenden ser buenos cristianos y su influencia es muy grande entre los Mískitos cristianizados. El movimiento, sin embargo, no tiene muchos adeptos entre los Sumus. Los espiritistas, en ciertos distritos, causan más problemas al trabajo de la evangelización que los que producían sus salvajes cofrades, los Sukias. Aunque atribuyen los resultados de sus curaciones directa y únicamente a la voluntad de Dios, algunos de estos espiritistas hacen uso de hierbas nativas, sobre las que tienen un crudo conocimiento.

OBEAH O VOODOOISMO

La creencia en obeah (obía) fue traída desde el África por los esclavos y todavía existe entre los Creoles ignorantes y los negros inmigrantes de las Indias Occidentales. Los negros de Honduras Británica son especialmente famosos como grandes obeah y hombres voodoo.

Plumas, huesos, trapos coloridos, «piedras de rayo» y botellitas llenas de insectos y tierra pulverizada, pertenecen a los atavíos de estos «shamans», cuya forma de preparar sus hechizos no difiere esencialmente de la del indígena Sukia.

Algunos de los hombres obeah, que vinieron de Jamaica o de Honduras Británica, se volvieron Sukias cuando se establecieron entre los indígenas de la Costa Mosquitia.

Los obeah son mucho más temidos por los Creoles, Negros e Indios, pues se supone que infligen mala suerte, enfermedad y muerte a sus enemigos. Cuando alguien está sufriendo de un largo padecer, se dice que un obeah está «dentro» de él. Su único recurso es visitar al obeah, quien le sacará el espíritu por el pago de una cierta suma de dinero. Esta clase de hechicería es, en realidad, un negocio muy lucrativo. Si la persona enferma muere, a pesar de todo, el obeah reclamará que sus instrucciones no fueron atendidas.

Existen muchas maneras practicadas comúnmente por el obeah para causar daño a su enemigo o al de su cliente. Puede enviar a la pretendida víctima un «duppy» (espíritu maligno) o enterrar un «veneno», es decir, sepultar en la vecindad de la casa de la víctima un paquete que contiene trapos, plumas, huesos y cosas parecidas, haciendo que el aludido caiga enfermo y virtualmente muera. Con el mismo propósito logrará introducir veneno en su comida por medio de una tercera persona.

El obeah puede conseguir su objetivo a la vista, es decir, pasarle el hechizo al enemigo con sólo hacer una cruz u otra marca en su casa, canoa o en cualquier implemento que éste use, o simplemente estrechándole la mano.

Aún se dice que ciertos obeah «fuertes» son capaces de enviar culebras venenosas hasta la cama de su probable víctima. Algunas veces uno de esos brujos se sale con la suya, debido a la gran credulidad de la gente, y le temen tanto que aún no se atreven a denunciarle.

CASAMIENTO Y VIDA SEXUAL

La niña india es vendida por sus padres por un fusil o por una res, aunque en raras ocasiones es forzada a ser la esposa de un hombre a quien no ama. Antes de entregar a su hija en casamiento, los padres tienen que estar seguros de que el pretendiente es capaz de mantener a su futura esposa y que conoce las artes de fabricar implementos de caza y pesca.

CORTEJO

La eficacia de ciertas drogas o hierbas para incrementar la virilidad, estimular la libido y conquistar el corazón de la persona del sexo opuesto, es aceptada por estos indígenas y por muchos Ladinos y Creoles también. Dejando caer unas cuantas gotas de esta «poción de amor» (M: yami kaikaya saika; T: yamni talnin pananbas; U: yamka talnaka dikabasta) sobre el vestido, pañuelo, cabeza o cuerpo de la persona deseada, se puede lograr su efecto. Otras hierbas usadas en forma similar producirán efectos opuestos; se usan tales infusiones (M: misbara kaikaya saika; T: ba talnin pananbas; P: ma isibni talanin pananibas; U: didutka talnaka dikabasta) para distanciar a los amantes, quienes desde entonces sentirán una profunda aversión entre sí. Algunos viejos son capaces de preparar pociones muy eficaces de esta clase, las que venden hasta por $5. Sin embargo, si el secreto de la preparación es dado a conocer, el precio se elevará a cinco veces más de su valor local. Una preparación a base de la mosca española o cantárida, de la que existen dos variedades, una café pequeña y una más grande que es negra con barras longitudinales amarillas, es también tenida como poción de amor; aunque algunos dicen que produce locura. En realidad, este insecto es venenoso, pero es usado en medicina como diurético y vesicante.

Los Ladinos creen que prácticamente todos los Mískitos y los Creoles de la Costa Mosquitia echan mano frecuentemente de estos varios «remedios» y que las mujeres Mískitas tienen el hábito de mezclar con el wabul, de vez en cuando, algunas gotas de su sangre menstrual para que, tomándola, el marido mantenga siempre su fidelidad.

PRUEBAS PREMATRIMONIALES

Antes que a un joven Sumu se le permita tomar esposa, debe probar su habilidad para cargar con las responsabilidades de la vida matrimonial, o sea, demostrar que ya es realmente un hombre. Un concejo de ancianos de la villa, o del distrito, investigará cualquier queja en contra del pretendiente, quien tiene que cumplir ciertas ordalías. Estas consisten en una dieta más o menos estricta, azotes, escarificaciones y cosas parecidas. Si llora o simplemente gime, tendrá que dejar la solicitud para otra oportunidad.

El candidato al casorio tiene que doblar su torso desnudo para que otros hombres casados lo golpeen tan fuerte como puedan con los codos. Debe soportar el martirio sin soltar una sola queja, pues las mujeres están de espectadoras observando sus poderes de resistencia. Si el pretendiente en cuestión es impopular, es seguro que recibirá una solemne paliza; ocasionalmente se producen accidentes por esta costumbre.

A continuación, un viejo lo azota con un látigo hecho de cuero de danta, el que consiste en dos flagelos retorcidos como cuerdas, de una pulgada de grueso. Un joven no es considerado merecedor de esposa a menos que soporte estas ordalías con fortaleza. Si tiene la fuerza de resistir estos castigos, entonces se le permitirá casarse. Luego fabricará una canoa, arco, flechas y otras armas y traerá presa y leña a su prometida. También deberá preparar una plantación a su pretendida esposa para probarle que es capaz de ejecutar los deberes como futuro cabeza de familia.

TABÚS SOBRE EL MATRIMONIO

Los primos y primas, hijos de dos hermanos o de dos hermanas, se consideran como hermanos verdaderos y no les es permitido casarse entre sí. La prohibición en contra del matrimonio entre estos primos probablemente debe su origen al hecho de que tales chicos eran a menudo medio-hermanos y medio-hermanas en la realidad.

A la muerte de su esposa, un hombre generalmente se casa con su cuñada; de la misma manera, si una mujer ha perdido a su marido, ella será desposada por el hermano de su difunto esposo. Por esa razón los nombres de padrastro y tío, por un lado, y de madrastra y tía, por el otro, son similares en la mayoría de los dialectos que se hablan en la Costa Mosquitia. Por otra parte, los hijos de un hermano y los de una hermana no se consideran consanguíneos y la unión entre ambos tipos de primos es común y primitivamente quizá la única forma de matrimonio consentida. Uniones de este tipo son todavía estimuladas en la actualidad, porque se considera que los nexos familiares se refuerzan de esta manera.

El matrimonio entre un indígena y un pariente cercano de su libra (amigo de alianza) o su lapya o «amigo de nacimiento» es también prohibido, a pesar de que tales relaciones no son consanguíneas (M: taya; T: moih; P: wanaih; U: wanib).

ESPONSALES Y MATRIMONIO DE PRUEBA

Algunas veces los padres comprometen a sus hijos en matrimonio mientras son infantes, aun a la edad de 5 ó 6 años. El muchacho da a su prometida y a los padres de ésta un pequeño regalo y les ayuda ocasionalmente en el trabajo. Cuando aquella arriba a la edad de la pubertad (alrededor de los 10 años), él la toma como esposa. El hombre es considerado como miembro de la familia de ella y va a vivir a la casa de los suegros. Cuando su familia se hace grande, tendrá que construir una casa aparte en la vecindad. Quizá una mala interpretación de los hechos anteriormente apuntados condujo a M. W. (309) a sostener que el sistema de matrimonio de prueba existía entre los Mískitos en aquellos tiempos. Según ese escritor, el período de prueba duraba unos dos años, al final de los cuales se celebraba un festín para confirmar la unión matrimonial como legítima, sin más ceremonias. Actualmente los jóvenes se casan generalmente entre los 16 y los 18 y las niñas alrededor de los 12 años.

CASAMIENTO

Exquemelin (edición inglesa: 253; francesa: II, 267-268) ofrece la siguiente narración sobre una ceremonia matrimonial entre los Mískitos en los últimos años del siglo XVII. El padre, una vez asegurado que el pretendiente es un experto cazador y pescador, ordenaba a su hija traer un guacal con una bebida preparada de piñas y miel; el novio bebía el contenido hasta la mitad y luego ofrecía el resto a su futura esposa. Según este mismo autor, los bucaneros tenían la costumbre de comprar una mujer Mískita por una navaja, hacha o garrafa, cuando atracaban en Cabo Gracias a Dios. Ella quedaba obligada a quedarse con él durante el tiempo de su permanencia en la villa y suplirlo con los productos de la plantación, mientras aquel cazaba o pescaba (Exquemelin, edición inglesa: 249).

Entre los Sumus, la ceremonia nupcial es ejecutada por un viejo, quien comienza sermoneando a la pareja. A continuación, los pretendientes juntan los pulgares de la mano derecha, mientras el oficiante les separa las manos haciendo un ademán con la suya propia. No existen registros que prueben que los jefes de la tribu tenían el derecho de la jus primae noctis, como parece era el caso entre los Chorotegas (Orotiñas) de la Costa del Pacífico de Nicaragua y Costa Rica. No se permitían casamientos con alguien de otra tribu antiguamente entre los Sumus; los hijos tenidos con extraños eran muertos. Esto explica la razón por la cual los Sumus se han mantenido libres de mezclas extranjeras, mientras que los Mískitos se cruzaron con todas las razas y absorbieron cualquier cosa. Los Sumus son muy celosos con sus mujeres y hasta hace poco no les permitían que conversaran con los extraños.

TABÚ CON LA SUEGRA

Una vez concluida la ceremonia del casamiento, el joven marido Sumu no debe volver a hablar con su suegra, ni siquiera mirarla. Cuando él está en casa, ella se encierra en su aposento, que está separado del resto del hogar por una división de tela de corteza o de zaraza importada. Cuando él deja la casa, ella puede salir y reasumir sus ocupaciones usuales. Al regresar, el yerno debe dar un aviso, golpeando el bote con el remo o la pértiga, antes de entrar a la choza, de modo que la suegra pueda retirarse a su rincón. Si ella es la que retorna de la plantación o de pescar, debe igualmente enviar un aviso para que el yerno salga de la casa por un momento mientras ella se recluye en su aposento. Si ambos se encontraran inesperadamente, la mujer de inmediato se cubrirá la cabeza rápidamente con una tela y él caminará viendo para el otro lado. Sin embargo, si él intencionadamente la mira, o se olvida de darle el aviso previsto cuando regresa, la suegra considerará esto como un insulto, demandándole pago a través de una tercera persona.

Esta costumbre parece existir entre todas las subtribus Sumu; se la encuentra también entre los Mískitos del curso superior del río Coco, quienes están extensamente mezclados con los Sumus, aunque no ha sido observada en otros lugares de la Costa Mosquitia. Su origen es un tanto oscuro y me fue imposible obtener de los indígenas una explicación satisfactoria al respecto. La respuesta habitual es que observan esta costumbre porque así ha sido transmitida por sus antecesores.

Según Grossmann (b:4), cada madre está bajo la protección especial del tapir, el cual se disgusta con el hombre que la ha robado, a ella o a su hija; y sólo se aplaca de castigarlo bajo la condición que nunca mire a la suegra. Por lo tanto, aquel que viole esta disposición está condenado por la iracunda danta a morir, a menos que obtenga la absolución pagando a la mujer ofendida.

En épocas pasadas el mismo tabú existía entre los Mískitos, especialmente en las relaciones entre el novio y la cuñada, la esposa de su amigo de nacimiento (lapya), la de su amigo confidente (libra); o entre una mujer y su cuñado o los esposos de ambos su lapya y su libra.

CONFINAMIENTO MENSTRUAL

Durante el período de la menstruación (M: mairin signis «enfermedad de la mujer», kati siknis «enfermedad del mes»; S: tin dutni, tin dutka, «mala mano») se considera a la mujer como sucia y es evitada por su marido. Ella no debe tocar ninguna comida para la otra gente, de lo contrario éstos pueden morir. Antiguamente la joven novicia tenía que someterse a ciertas ordenanzas de pubertad al llegar a su primer período menstrual, pero no logré conseguir ningún detalle sobre el particular.

Cuando la mujer miskita está inhabilitada, ocupa una pequeña choza temporal (M: tala watla «casa de sangre») que su marido le construye a unos pocos centenares de yardas de la villa. Queda ahí por unos dos días. Por la noche otra mujer llega a acompañarla, pero para todos los hombres, incluyendo al marido, la choza es tabú. Durante este estado de impureza la mujer no debe ser vista por el Sukia, porque tal cosa significaría debilitar la conexión de éste con los espíritus y hasta quizá causarle la muerte. Al final del tercer día la mujer se baña en un arroyo cercano y luego regresa con su familia. Todas las vasijas que usó para cocinar y beber en esos días se quiebran y se descartan.

Entre los Sumus también se tienen costumbres similares en relación con la menstruación. La mujer, sin embargo, no deja su casa, pero queda relegada a un rincón, separado por una división de tela del resto de la casa. El hábito miskito de retirarla a un rancho provisional o «irse al monte» (M: untara dimaya; T y P: asaripas kana; U: asaripas awan) nunca ha sido practicado por los Sumus y parecía como que en tiempos pasados también fue desconocido por los mismos miskitos. En efecto, los Sumus afirman que la mujer menstruante debe alejarse del monte, donde podría ser víctima de jaguares, pumas o culebras, o donde pudiera seducirla un espíritu que haya adoptado la figura zoomorfa o antropomorfa. Al tercer día la mujer toma un baño de vapor en casa, el cual se prepara calentando unas pocas piedras grandes de color blanco y vertiendo agua sobre ellas. La mujer se inclina sobre las rocas, cubriendo su cuerpo desnudo con una sábana gruesa. Después de esta operación ya se la considera como limpia.

SOLTERÍA

El celibato es considerado entre los indios como algo anormal y sospechoso, pues la gente que sigue una irrestricta soltería ciertamente está supuesta a llevar vida carnal con los espíritus.

PROSTITUCIÓN

La prostitución se ha vuelto común entre los Mískitos que habitan los asentamientos con un largo porcentaje de extranjeros o de ladinos, pero ésta nunca ha sido reconocida como una institución, como sucedía entre las tribus más civilizadas de México y América Central.

POLIGAMIA

La poligamia existe, pero no es muy común; está generalmente limitada a los hombres de rango, como los Sukias. He conocido indígenas con 4 y aun 5 ó 6 esposas, que viven bajo el mismo techo. Cada una de ellas tiene su propio fogón y utensilios de cocina y prepara comida para ella y sus hijos. El marido come de lo que guste. Cuando éste desea comprar algo a su mujer favorita, debe ser también obsequioso con el resto de su harén para evitar escenas de celos que, hay que decirlo, son muy raras. Las mujeres casi nunca se pelean entre sí; en algunos casos todas son hermanas, siendo la mayor la señora de la casa. Se llaman entre sí (M: labma o S: kaltin). Algunas veces un indígena con esposa e hijos puede adoptar a una joven huérfana, con la intención de hacerla su esposa una vez que ésta arribe a la pubertad.

Según Henderson (223), el Rey Mosco George, quien gobernó a comienzos del siglo XIX, tuvo hasta 22 esposas. M. W. (309) y Sloane (a:I,p:LXXVII) mencionan la existencia de la poligamia en esta tribu; por otro lado, sin embargo, el último autor mencionado (b:IV,279) afirma que el Mískito solo tiene una esposa. Dampier (I,9) y Jeffery (45) sostienen que los Mískitos se casan solamente con una, con la cual viven hasta que la muerte los separe.

DIVORCIO

De vez en cuando marido y mujer se separan por mutuo acuerdo, quedando los niños a cargo de la madre. Una mujer es generalmente abandonada por su marido si no le da hijos. Cuando está enfermo, el joven marido no permanece en la casa de sus suegros, sino que regresa a su casa en busca de tratamiento; en caso de que su enfermedad sea incurable, o si es perezoso o cruel, ya no será admitido nuevamente en casa de los suegros y su matrimonio puede considerarse disuelto. El marido, sin embargo, tiene derecho a reclamar pago por todos los regalos que hizo a su esposa y a su familia.

NUEVO CASAMIENTO

Si una viuda desea volver a casarse debe ser comprada a los suyos, es decir, a los parientes de su difunto esposo. Tal pago es conocido como «dinero de la viuda» (M: pyarka mana; T y P: tinmak minit; U: pyarka makalnak). La mujer es considerada como propiedad de su marido y con la muerte de éste el derecho pasa a los parientes.

En ningún caso se permite a la viuda volver a casarse hasta que haya transcurrido el festival de los muertos (M: sibkro, sikro; S: sau), el que se verifica casi un año después del deceso de su esposo. En caso de que el futuro marido acuerde celebrar el festival con sus propios recursos, no necesitará pagar nada por la viuda. El autor que escribió alrededor de 1699 con las iniciales de M. W. (309), estaba evidentemente errado cuando afirmó que entre los Mískitos se permitía a la viuda casarse de nuevo a los tres días después de la muerte de su marido. Según Exquemelin (edición inglesa: 254), quien escribió más o menos en la misma época, esta acción no podía llevarse a cabo sino después de dos años.

HIJOS: SU NACIMIENTO Y EDUCACIÓN

ENCIERRO DURANTE EL PARTO

La futura madre miskita ocupa una pequeña choza (daukan watla) que le construye el esposo en el monte, a corta distancia de su casa, tal como lo hace durante el período menstrual. Allí queda por unas dos semanas, acompañada por una parienta o amiga. Ella debe observar las mismas reglas que durante la menstruación, pues se le considera impura y puede contaminar la casa y a los otros inquilinos. Queda particularmente expuesta a los ataques de culebras, bestias y seres sobrenaturales y no debe ella, ni el niño, ser vista por el Sukia. Tendrá también que abstenerse de cierta comida, no sólo en bien de su salud sino además para el bienestar de toda la comunidad en general. La mujer Sumu, sin embargo, se retira a un rincón de la choza, que ha sido dividida ya sea con tela de corteza o con paja.

NACIMIENTO

Sólo mujeres pueden estar presentes a la hora del parto, actuando las viejas, o más experimentadas, como comadronas. Los métodos empleados para acelerar el parto son por lo general muy brutales y algunas veces concluyen con la muerte de la madre y del hijo. Una de las ayudantes presentes corta el cordón umbilical con el auxilio de una filosa astilla de bambú o de otra madera y luego lo ata con hilo de algodón. Haciéndolo de esta manera será desde entonces considerada como consanguínea del recién nacido, así como de los padres, también denominándose entre sí como lapya o labpya. Esta relación corresponde más o menos a los compadres y comadres en el sistema de los ladinos. Parece que los lapya sólo se conocían entre los Mískitos en épocas pasadas, pero el concepto se ha extendido hoy a las otras tribus de la Costa Mosquitia: Sumu, Rama y Paya. Las secundinas son enterradas por una de las mujeres tan pronto como son expulsadas. Lo mismo se hace con el cordón, para evitar que se lo coman los cerdos, perros y otros animales, lo cual podría resultar en enfermedad o muerte para el bebé.

LA COUVADE

Trazas de la «couvade» pueden observarse entre ambos, Mískitos y Sumus. Durante los primeros días del nacimiento el padre no saldrá a trabajar y se mantendrá lejos del monte. También se abstendrá de ciertos alimentos, de sal y chile. La madre también tiene que observar la dieta. Exquemelin (edición inglesa: 252) niega la existencia de la «couvade» entre los Mískitos, pero los hechos reales parecen haber escapado de sus observaciones. Este autor afirma que la madre baña a su bebé en el río vecino, lo envuelve en una cabalas (kwala, «ropa») y luego se dedica a sus ocupaciones usuales. Según mis varios informantes el baño de la madre y del niño se pospone hasta el tercer día después del parto, aunque la madre sigue siendo considerada como impura, por una o dos semanas adicionales. Transcurrido ese tiempo, regresa donde su marido, quien prepara un festín con comida y bebida en honor del bebé y de su lapya.[92]

---

[92] La «couvade» es una costumbre ancestral en los pueblos primitivos; consiste en que la recién parida se levanta inmediatamente de la cama después del parto a ocuparse de sus oficios rutinarios, mientras el marido hace sus veces, acostándose junto al niño y recibiendo los cuidados y las felicitaciones de los parientes. Véase Thomas Belt, El Naturalista en Nicaragua, cap. XX. (N. del T.)

MARCAS DE NACIMIENTO

Cuando éstas aparecen (M y S: wasaki) las atribuyen, en ambas tribus, a la falla de la madre al no haber obtenido, durante la preñez, ciertos «antojos» que ella vehementemente deseaba. Los indígenas suplen, si es posible, a una mujer en cinta de cualquier clase de comida que desee. Si durante ese estado pide ansiosamente una rodaja de piña, el marido debe hacer todo lo posible para procurarle la fruta. Si la futura madre sabe que esto es imposible de obtener y luego descuidadamente pasa su mano sobre su cabeza, pecho o brazo, el niño nacerá a su debido tiempo con la marca de una piña en la correspondiente parte de su cuerpo. Una creencia bastante similar existe entre la gente ignorante de extensas áreas de Europa.

Una cierta clase de enfermedad cutánea se encuentra algunas veces en el recién nacido, que es conocida entre los Mískitos con el nombre de dus arbisa, «roído de árbol». Se supone que tiene origen en el hecho de que la madre, cuando estaba en cinta, escuchó el sonido peculiar de dos árboles frotándose entre sí al compás de un viento fuerte.

ESTERILIDAD Y ABORTO

La esterilidad es considerada como una desgracia; el marido promedio abandonará a su esposa si ella no puede tener hijos. Tanto el aborto como la prevención de la preñez se logran con el uso de ciertas hierbas. Por lo general, la mujer indígena es bastante prolífica, pero la mortalidad infantil es muy elevada.

INFANTICIDIO

En tiempos pasados los bebés del sexo femenino eran a menudo expuestos y dejados morir, ya que se suponía traían mala suerte. Los varoncitos eran siempre recibidos con gran alegría, manifestándola el padre con disparos de fusil. En los tiempos pasados los niños deformes eran enterrados vivos; se suponía que estaban poseídos por algún espíritu maligno o eran engendrados por uno de ellos. Una creencia similar se encuentra entre muchas otras tribus de ambas Américas y explica la ausencia total, o la escasez de personas inválidas en tales regiones.

MUERTE Y DUELO

AGONÍA

Tanto Mískitos como Sumus dejaban morir de hambre a aquéllos que estaban ya al borde de la muerte, pretextando que no había razón para continuarlos alimentando. Se dice que los Sumus llevaban al moribundo al monte y lo dejaban ahí para que muriera, para no tener que abandonar la villa, pues en tiempos pasados todo el asentamiento era desertado al suceder una de tales calamidades.

MUERTE

La muerte se supone era debida, no a causas naturales, sino a la influencia de la brujería o de los espíritus malévolos. Algunas veces se dispara un fusil al ocurrir el deceso, para limpiar la casa de los demonios. Los parientes del desaparecido inmediatamente tratan de mortificarse, golpeando la cabeza contra los postes de la casa, o intentan suicidarse colgándose o ahogándose. Todo esto es, sin embargo, sólo una pantomima hasta cierto punto, pues bien saben que las otras personas presentes les evitarán el inferirse daño; rara vez hacen el esfuerzo de mortificarse cuando no hay nadie alrededor.

La viuda del desaparecido se corta el cabello; según Bell (a:255; b:90) con la idea de que nadie ose tocarlo después de muerto. En tiempos antiguos los indios Ulwa también acostumbraban cortarse el pelo a la muerte de sus esposas (Wickham, B:208), pero en la actualidad los hombres de ambas tribus siempre mantienen su cabello corto.

El nombre de la persona muerta jamás debe ser mencionado en la presencia de su viudo o viuda, lo cual constituirá una grave ofensa. El espíritu es siempre objeto de temor y flota por su anterior morada; se teme que se materialice al pronunciar su nombre. En la noche que sigue al deceso se celebra una cierta clase de «velorio», a la que está invitada toda la villa. Se sirve a los convidados bastante comida y bebidas embriagantes; se sacrifica una vaca para ofrecerles carne, en caso que existan reses en la vecindad.

DUELO

Cuando ocurre una muerte en la villa Mískita todos los vecinos se reúnen y las mujeres comienzan a plañir, una tras otra. Primero empiezan los parientes cercanos, como la esposa del difunto. Cubre su cabeza con un gran trapo y se sienta al lado del cadáver, inclinándose sobre él y olfateándolo, lo que es equivalente a la costumbre de besarlo. Entonces comienza a entonar una clase de lamento, en el cual elogia las virtudes del desaparecido, enumerando sus buenas cualidades, tanto las verdaderas como las supuestas. La canción es monótona y de un solo tiempo, aunque las palabras son improvisadas. Ella le pregunta por qué la ha dejado; si acaso no lo ha tratado bien; si no lo amaba demasiado y qué hizo ella para merecer tal desgracia. Continúa plañendo de la siguiente forma:

¿Quién velará por mí y por tus bijos abora?
¡Eras tan bábil en bacer la plantación, en manejar la canoa, el rifle, el arco, la flecba, etc.!
¡Estamos tan tristes abora y nunca volveremos a ser felices!
¡Tus bijos siempre me preguntan por tis!

A continuación amenaza al responsable de esta tragedia, pues toda muerte es atribuible a designios de brujería. A medida que sigue con los lamentos sus sentimientos van incrementándose y las frases finales son interrumpidas continuamente por sollozos. Después de haberse lamentado de esta manera, por una media hora, seca sus lágrimas y continúa con sus quehaceres usuales como si nada hubiese sucedido. Otra de las mujeres comenzará entonces con los llantos sobre el cuerpo del inerme. Esta forma de condolerse es repetida por la viuda en las semanas siguientes, dos veces diarias, un poco antes del amanecer y luego al anochecer. Después de este tiempo la viuda puede repetirla siempre que se sienta triste o recuerde al difunto.

Bell ha recogido la siguiente canción de una niña Mískita del río Wawa, acongojada por la muerte de su querida madre; la ofrece tanto en inglés (b:91) como en Mískito (b:312):

Ay, madre, ¡pobre madre! Ay, madre, ¿dónde te bas ido?
Aquí estamos tus bijos llorando por ti;

No más ayer, bablábamos juntas, pero abora descansas allá.
Ay, madre, ¿te fuiste con nos disgustada?
¿Acaso no te amábamos?
Tu marido se sienta afuera cabizbajo.
Aquí las mujeres andan con sus cabezas tapadas;
Todos por amor a ti.
Pero nos bas abandonado.
Ay, que ya nunca podré más contemplar tu rostro;
Que ya nunca oiré de nuevo tu vox.

Los hombres nunca derraman una lágrima a la muerte de sus más cercanos parientes, pero se deshacen en quedas lamentaciones. A la muerte de su esposa, un indígena Mískito exclamará lo siguiente:

¿Por qué me dejaste? ¿Quién va a cocinar mi comida abora?
¿Quién va a criar a tus bijos?
¡Qué desgraciado que soy! ¡No volveré a ser feliz jamás!
¡Tus bijos están siempre preguntando por ti!

Esta manera de duelo es de común ocurrencia en las villas Mískitas. Es también practicada por los indios de Gran Chaco y de las Guayanas. Las mujeres Sumus cantan también elogios a sus muertos, pero manifiestan sus penas en una forma más comedida.

COSTUMBRES FUNERARIAS ENTRE LOS MÍSKITOS

Los entierros por simple sepultamiento es lo acostumbrado. Los Mískitos visten al difunto con sus mejores ropas y lo colocan en una canoa cortada en dos partes al través, una de las mitades sirviendo de cubierta. Los Sumus simplemente envuelven el cadáver en tela de corteza, como lo hacían los Mískitos en otros tiempos, de acuerdo con Sloane (B:279) y con Jefferys (46). Estos autores afirman que los Mískitos cosían al muerto en un colchón y que no depositaban el cuerpo a lo largo de la sepultura, sino que lo ponían vertical, sobre sus propios pies, con la cara mirando hacia el este. En la actualidad, sin embargo, la persona muerta en cualquiera de dichas tribus es enterrada acostada, a una profundidad de 4 a 5 pies.

El cementerio queda por lo general a corta distancia de la villa. Cuando el cuerpo es transportado a su última morada, las parientas renuevan sus lamentos y tratan de injuriarse a sí mismas, pero son vigiladas por los otros, quienes no permiten que se inflijan daños serios. El ganado es mantenido fuera del cementerio, ya que el espíritu del desaparecido es capaz de entrar en ellos y provocarles la muerte.

Antiguamente todas las propiedades personales del difunto, tales como sus implementos, ornamentos, perros, etc., eran puestos en la tumba, para que le sirvieran en el otro mundo. La división del trabajo continuaba en la otra vida y las investigaciones arqueológicas en varias partes de América han demostrado que las ruecas nunca se encuentran en la misma tumba con las hachas de piedra. El cabello de la viuda también se entierra junto al cadáver. Se adjunta una antorcha de pino, para que le sirva de guía en su largo viaje al más allá. También se coloca en la tumba una pequeña canoa, ya que el viaje al mundo subterráneo tiene que ser en parte efectuado sobre agua, hacia un país que está circundado por un río, al que hay que atravesar con la ayuda de un perro. Por esa misma razón un can es también sacrificado en cada entierro.

Actualmente todos los artículos que se ponen en la tumba son quebrados, previniendo así que sean robados, pero por lo general sólo las cosas inútiles del muerto se entierran con él, ya que el resto de las posesiones son guardadas por la familia. Antiguamente hasta su ganado tenía que ser sacrificado y sus plantaciones y frutales destruidos, de modo que los vivos no tuvieran oportunidad de «robarle a los muertos» y dar así ocasión a que el espíritu vagara haciendo toda clase de diabluras. La propiedad de un difunto es conocida como (M: platira y S: bawan, bawani).

Según Exquemelin (edición francesa: II, 275), los Mískitos antiguamente también mataban a los esclavos y sirvientes al morir el amo, para que les sirvieran en el otro mundo; una costumbre que se encontraba en América antigua entre las tribus civilizadas desde México hasta Perú. Aun su sacerdote (Sukia) era condenado a tal pena para que estuviera a su disposición en el más allá. Continúa diciendo que en una ocasión los Mískitos tenían la intención de sacrificar a un esclavo portugués, que había perdido un ojo de un flechazo. Pero éste persuadió a los indígenas diciéndoles que solamente los hombres sin ningún defecto físico eran aceptados en el mundo futuro y que no le estaban guardando el merecido respeto al difunto, al entregarle un sirviente tuerto, cuando había tantos candidatos con buenos ojos que podían servirle mejor. Los Mískitos quedaron convencidos y perdonaron la vida al astuto portugués.

Sobre la tumba se erige una pequeña choza, donde asisten las mujeres diariamente a encender el fogón y preparar comida y bebida al desaparecido. Las viandas se renuevan todos los días y están supuestas a ser consumidas por el espíritu o alma (isiñni) del desaparecido. En tiempos pasados, la calidad de dicha comida era aparentemente superior a la que hoy se deja en las tumbas, pues Exquemelin (edición inglesa: 254) hace la siguiente afirmación:

"He tenido a menudo en mis propias manos estas ofrendas y me las he llevado para comérmelas, en vez de otros víveres. Lo hice porque sabía que las frutas usadas en tales ocasiones eran de las mejores escogidas y las más maduras que se puedan encontrar, así como también las bebidas, que representan la mejor calidad, sólo ofrecidas en sus más grandes festines y placeres."

Entierros secundarios parecen haber sido practicados antiguamente por los Mískitos. Según Exquemelin (edición inglesa: 254; francesa: II, 274) la viuda abría la tumba de su marido alrededor de un año después del entierro. Debido a la gran humedad, el cuerpo pronto se descomponía. Limpiaba y lavaba a continuación los huesos y los secaba al sol. Luego los envolvía en una cabala, un cierto bolso o mochila, que tenía que cargar sobre sus espaldas durante el día y que usaba como almohada por la noche. Seguía con esta práctica por un año entero y después colgaba el bolso, con los huesos, en el poste de su casa por un año adicional.

Concluido ese período se le permitía volver a contraer matrimonio. Si no tenía casa propia, colgaba los huesos en la puerta de su siguiente vecino o pariente. El acto descrito no se realizaba si el desaparecido había sido soltero, aunque se le llevaba comida a la tumba. La práctica de limpiar los huesos era también efectuada por la mujer indígena si su marido era un bucanero, pero los hombres estaban exonerados de realizarla a la muerte de sus esposas. Exquemelin no nos dice qué se hacía ulteriormente con los huesos. La costumbre, sin embargo, indica la práctica del endocanibalismo, que era muy común en la América del Sur, que consistía en moler los huesos del desaparecido y consumirlo en una bebida. La exhumación no es mencionada por los otros viajeros como una práctica realizada en la Costa Mosquitia.

COSTUMBRES FUNERARIAS ENTRE LOS SUMUS

Nuestro conocimiento relativo a las costumbres mortuorias entre los Sumus, en el pasado, es más rudimentario. La cremación y el entierro secundario en urnas funerarias parecen haber sido practicados ocasionalmente; en el caso anterior, las cenizas eran colocadas en una olla de barro, tal como lo hacían las tribus más avanzadas de la costa del Pacífico de Honduras y Nicaragua. La gente común, sin embargo, era simplemente inhumada.

Debido a la espesura de la selva, los viejos cementerios son difíciles de encontrar. Algunas veces se adivina su presencia por los bajos montículos que contienen fragmentos de cerámica y metates, o ruecas, collares de piedras verdes, etc. Uno de estos sitios grandes se encuentra en las márgenes del río Punta Gorda, cerca de su confluencia con el río Pijibay; otros más pequeños están regados en muchas partes de la costa. En ciertas regiones de la vertiente atlántica de Honduras, aparentemente ocupadas anteriormente por los Paya, como en Bonito Oriental, Piedra Blanca y Siriboya, existen elevados montículos rodeados por muros.

En Chontales (Nicaragua), departamento que fue ocupado antiguamente por los Ulwa, se practicaban entierros secundarios; los restos eran depositados en la cumbre de un cerro o se hacía un montículo artificial en medio de las sabanas. El lugar era a menudo marcado con un calpul de piedras sueltas, dispuestas en la forma de un paralelogramo, que variaba grandemente en tamaño. Los lados de estas estructuras eran perpendiculares o en pendientes y a orillas de la superficie superior estaba levantado un baluarte.

Fragmentos de rudas estatuas se han encontrado sobre estas estructuras y parece como si existiera una o varias estelas grandes en el centro y una pequeña en cada esquina. Boyle (a: 43-44) describe un gran montículo, que medía unas 58 por 40 yardas y cerca de 10 pies de altura, que se levantaba en las vecindades de La Libertad, en la cumbre de una colina de 60 a 70 pies de alto.

Rogers (107) ofrece una corta descripción de las mascarillas faciales de difuntos jefes, traídas alrededor de 1775 del interior de la Costa Mosquitia, indudablemente de territorio sumu. Estaban hechas de barro, algunas mezclado con polvo de oro y se decía eran los alter ego de jefes o de otras personas descollantes, que habían sido enterradas en tales sitios. En muchas partes de América tales máscaras faciales eran usadas en las momias; no sabemos, sin embargo, si el arte de momificación era conocido en la Costa Mosquitia. Esta práctica había sido observada por Colón en Cariay (Costa Atlántica de Costa Rica), en 1502, y estaba probablemente destinada a los hombres de rango. Rogers ha dibujado ocho de las mascarillas mencionadas anteriormente; la mayoría tienen la parte trasera cóncava, en forma cilíndrica, por lo cual nos figuramos que formaban parte de urnas funerarias (Ver también Roberts, pp. 299-300).

CAPTURANDO EL ALMA DEL DIFUNTO

Después de la muerte de una persona, su alma (isiñni), o "sombra" como dicen los Creoles, deja el cuerpo y queda alrededor de la casa. Después del entierro es "capturada" por el Sukia y llevada también a la tumba, de lo contrario vagará alrededor haciendo toda clase de travesuras. Esta costumbre ha sido introducida a los Mískitos por los Negros de las Indias Occidentales y recientemente se ha esparcido entre los Twanhka y Panamaka. El acto tiene lugar en la noche y bajo luz mortecina. La tarea del Sukia no parece tan fácil del todo. Algunas veces falla en capturar el alma en la primera noche y tiene que repetir la ceremonia al siguiente día. El Sukia entra en estado de éxtasis y luego danza alrededor de la cama del desaparecido, sobre la cual se ha extendido una sábana blanca de algodón. Luego se sienta en una hamaca que ha sido colgada cerca y comunica el mensaje recibido del muerto en su estado sobrenatural. Este último podría revelarle el nombre de las personas que le deben algún dinero, o que no han regresado un objeto pedido en préstamo. Si era dueño de algunos árboles jóvenes que no han fructificado, ordenará que los corten sin ninguna tardanza.

Al amanecer, cuando toda la gente presente se encuentra más o menos embriagada por las bebidas alcohólicas servidas a los invitados, el Sukia capturará algún insecto, generalmente una luciérnaga o un chocorrón, que él pretende mostrar como el alma del desaparecido. Lo envuelve en la sábana o lo introduce en una botella y luego lo conduce a la tumba.

Se dice que algunos de estos encantadores son capaces de coger el alma de los indios que han muerto lejos de casa. Esta es, sin embargo, una tarea más difícil, pues el alma puede mantener al Sukia esperando por una semana, hasta que condescienda en ser llevada a su última morada. Antiguamente se suponía que el alma entraba en animales u otros objetos pertenecientes al difunto, los que tenían que matarse o quebrarse para sacar al intruso.

EL MÁS ALLÁ

Ambas tribus creen en la inmortalidad del alma y en su traslado a un orbe de felicidad y gozo eterno. Confirman esta creencia las costumbres funerarias de enterrar con el muerto ciertos objetos que le son indispensables para su largo viaje, hasta el lugar de su última morada. Para algunos indígenas la futura existencia depende del comportamiento en el presente, pero esta idea ha sido tomada indudablemente del cristianismo. La tierra del más allá es para el Mískito muy superior al valle de lágrimas en que vivimos: está bien suplida con todos los animales de caza favoritos, pesca y otras comidas, así como bebidas; la tortuga verde es abundante y fácil de capturar y en los bosques hay grandes hordas de sahínos y monos que pueden cazarse a su voluntad. Los árboles frutales producen continuamente y, al igual que otras plantas nutritivas, no necesitan volver a sembrarse. No existe ahí otro pueblo más que el Mískito, ya que este paraíso está vedado para los Sumus, los Ramas, los Paya y otras tribus, así como también cerrado para los extranjeros.

EL VIAJE AL MÁS ALLÁ (VERSIÓN MÍSKITA)

La siguiente narración, relativa al viaje del alma al mundo subterráneo o paraíso, es bien conocida entre los Mískitos que habitan en el litoral de Nicaragua, pero no por aquellos que viven en el río Coco o en Honduras.

Un Mískito llamado Nakili o Naklili había perdido a su esposa, a quien mucho amaba. Fue a su tumba y viose frente a la presencia del alma incorpórea (isiñni) de su amada. Esta medía unos dos pies de alto y le anunciaba su próximo viaje al Yapti-misri. El atribulado marido quería acompañarla, pero ella le respondió que tal deseo era imposible de satisfacer, pues él todavía estaba vivo. A la mucha insistencia y sin poder persuadirlo a que se quedase atrás, emprendieron el camino juntos. Ella lo guiaba, llevándolo por un sendero muy estrecho que nunca había visto antes. Arribaron a un sitio donde volaban papalotes (sampapa). Ella retrocedió asustada, pero él los dispersó, de modo que pudieron continuar en su viaje.

Después de un trecho, el camino conducía hacia dos pinos (auas), entre los cuales pasaba. Crecían tan juntos que la esposa pasó con dificultad entre ambos, pero él, siendo de tamaño normal, no pudo insinuarse, viéndose obligado a hacer un rodeo. Según otra versión, los dos árboles estaban constantemente acercándose y separándose, estrujando a aquellas personas que habían sido malas en la tierra. Sin embargo, otros insisten que el paso seguro entre ambos obstáculos era cuestión de habilidad.

Continuaron luego su camino hasta llegar a un precipicio, que era salvado por un puente de la anchura de un pelo humano. Abajo estaba una olla gigantesca con agua hirviente, atendida por los pájaros sikla. La esposa, siendo de tamaño y peso reducidos, pudo cruzar por este angosto puente, pero Nakili, considerando la distancia no muy grande, la salvó de un solo brinco. Llegaron entonces a un ancho río, donde estaba una canoa remada por cuatro sapos (suklin). La corriente bullía con una variedad de peces pequeños, similares a la sardina, llamados blim (o bilim, bilam), que el ánima tomó por tiburones (ilili). En la otra ribera pudieron ver el país de la Yapti-misri, donde cada quien parecía ser feliz. A las almas de aquellas personas que no habían llevado una vida ejemplar se les volcaba el bote para ser devoradas por las sardinas.

La esposa fue llevada en la canoa de los sapos, pero él se las arregló para nadar hasta la orilla opuesta. Ahí fueron recibidos por Yapti-misri, una mujer alta y recia con muchas tetas, hacia las cuales acudían ocasionalmente los habitantes para ser amamantados como bebés. Parecía más bien disgustada por el arribo de Nakili, ordenándole regresar a tierra nuevamente. Él imploró que lo dejaran, pues amaba tanto a su mujer que no deseaba separarse de ella, hasta que finalmente consiguió ser admitido.

En ese país nadie tenía necesidad de trabajar, pues existía plenitud de comidas y bebidas excelentes, así como también diversiones. Después de haber residido por un tiempo, Nakili sintió deseos de regresar a la tierra para ver a sus hijos de nuevo. Yapti-misri le permitió salir con la condición de no regresar al más allá sino hasta después de su muerte. Lo sentó sobre una gigantesca caña de bambú, que depositó en el río. Al cabo de un rato él se percató, por la altura de las olas, que se encontraba en el mar y finalmente un tumbo gigante lo lanzó a la costa justamente frente a su propia choza.

VIAJE AL MÁS ALLÁ (VERSIÓN SUMU)

Después de la muerte el alma inicia su peregrinaje hacia el Obul o ubul (literalmente "la vivienda moteada"), o sea el paraíso, que está al este, debajo de la tierra, hacia donde sale el sol. Durante el viaje el alma es atacada por guacamayas (au awa) y papalotes (tapam yula), que tratan de morderla. Se defiende con la ayuda de dos palos unidos por un hilo de algodón, formando una cruz, la cual siempre acompaña a la persona fallecida antes de su entierro. Luego tiene que enfrentar a un gusano gigante, que devora a las mujeres que no han guardado fidelidad a sus maridos. Los hombres no son atacados por este monstruo, ya que adquieren inmunidad amarrándose al cuerpo un costal de conchas (ulamak).

El camino conduce a los dominios de una lagartija negra y pequeña que vive en los árboles, llamada kasau, que trata de capturar el alma para entregarla a un sapo (muku). Este tiene una olla de agua hirviente sobre el fuego, para lanzar hacia ella a toda la gente mala, pero el alma puede fácilmente escapar de ser destruida ofreciendo algún collar a la kasau, que gusta de tales adornos, dando además algún regalito al sapo.

La siguiente prueba consiste en una colina alta y resbalosa, llamada Uy asan, que tiene que ser escalada. Los parientes del difunto le restriegan las suelas de los zapatos con cera de abejas (balas), para ayudarle a subir la cuesta. Una vez superado el obstáculo el alma finalmente hace su entrada a Obul, tierra de plenitud.[93]

---

[93] Los Sumus nunca matan a cualquiera de las varias criaturas que van a necesitar en su viaje final. Cuando le quitan la piel a un sapo, para hacer un tambor, no matan al anfibio, sino que lo liberan y le dan bayas de ciertos árboles en pago por la piel.

EL FESTIVAL DE LOS MUERTOS

EL FESTIVAL DE LOS MUERTOS (M: SIKRO, SINKRO; S: SAU) ES EL MÁS importante bacanal entre estas dos tribus. Su verdadero significado es desconocido a la gran mayoría de los actuales indígenas, sin embargo, parece cierto que tiene relación con el viaje de las almas de los difuntos al más allá.

EL SIKRO ENTRE LOS MÍSKITOS

Para la mayoría de los Mískitos el sikro en los actuales días es sólo una oportunidad de alegría y de borracheras. Originalmente sólo se hacía un sikro por cada desaparecido, pero en el presente los indígenas repiten este festín varias veces en el año con el pretexto de beber. La costumbre puede todavía observarse entre los Mískitos "paganos" del curso superior del río Coco y de Honduras. En los restantes distritos de la Costa Mosquitia casi todos los indígenas de esta tribu han sido convertidos al cristianismo.

El sikro toma lugar alrededor del primer aniversario del difunto, o tan pronto como el plantío de yuca dulce, sembrado especialmente con este objeto, ha llegado a su cosecha. Aunque los Mískitos fabrican un gran número de bebidas intoxicantes (misla), la que consumen en esa ocasión es invariablemente preparada a base de yuca. La raíz fermentada de esta planta es por lo general mantenida en toneles de manufactura extranjera, pero en tiempos pasados la bebida se dejaba fermentar en grandes ollas de fabricación casera (sumi). Los gastos de la fiesta corren a cuenta de los parientes del desaparecido, quienes destazan una o dos cabezas de ganado para la ocasión, pero todos los vecinos prestan una mano en la preparación de la comida y bebida, y además ayudan en la siembra y cosecha de la yuca.

Todos los varones y muchas de las mujeres de las villas vecinas son esperados para la fiesta y comienzan a arribar, vestidos con sus mejores galas, a la puesta del sol del día convenido. El festín dura hasta que toda la comida y bebida ha sido consumida, o sea, de dos a

---

Los padres advierten también a los hijos no maltratar a los animales, especialmente aquellos que pueden ser útiles en el viaje al más allá. Concepciones similares se encuentran entre las primitivas tribus indígenas en varias partes de América que no han tenido relación con los Cristianos más que leve, o ninguna.

tres días. Las mujeres se mantienen aparte y no se mezclan con los hombres, salvo para pasar los guacales de bebida alrededor, entre los invitados. De vez en cuando ambos sexos ejecutan una danza falta de animación, que han aparentemente aprendido de los extranjeros. Otra danza, que no deja de carecer de cierta gracia, es ejecutada por las jóvenes formando un círculo. Colocan su brazo izquierdo alrededor del cuello de su vecina y realizan movimientos lentos del cuerpo al ritmo de las sonajas de jícara, que retienen en su mano derecha. Ocasionalmente musitan una suave y melancólica melodía.

Varios jóvenes varones se mantienen continuamente sonando flautas de junco o caramillos (bra), mientras otros golpean la piel de un tambor (kurbi) con la palma de la mano. Gran parte de la "música" ejecutada consiste en imitaciones convencionales de voces de animales o pájaros; los bailarines la acompañan imitando el movimiento o las acciones de un animal o ave en particular.

Hacia medianoche, dos o tres viejos tocan una flauta larga, hecha de bambú fuerte, que produce un sonido de ultratumba, como para asustar realmente a un extraño. Se dice que estos instrumentos son soplados para llamar a la fiesta a dos o tres personajes disfrazados, que se espera salgan del monte. Tan pronto como aparecen y se acercan a la choza, todas las mujeres corren a esconderse, pues se supone que ellas no deben verlos. Los parientes del difunto inmediatamente se tapan la cara con una tela y comienzan a lamentarse y a llorar, ya que los disfrazados tienen alguna conexión con el desaparecido. Tratan luego de hacerse daño, dando cabezazos contra los postes de la casa o infligiéndose heridas por sí mismos con la ayuda de armas, rocas u otros objetos, pero los invitados intervienen y evitan que se injurien en forma seria. En un sikro en el río Plátano yo presencié cuando una mujer vieja se hizo una profunda herida en el brazo con la ayuda de un antiguo y oxidado machete. Los enmascarados dan varias vueltas en torno a la choza, pero después de conversar con el sukia regresan al monte de donde procedieron. Para inducir su retirada algunos de los hombres hacen un extraño sonido con una flauta (yu), hecha del junco de klisan y que lleva cera de abeja aplicada en la boquilla. Tan pronto como se han alejado, las mujeres secan sus lágrimas y se incorporan al jolgorio, pues entonces saben que el pariente difunto estará en poco tiempo a salvo, arribando a la tierra del más allá.

Las partes que forman la cabeza y hombros del disfraz son hechas de una pieza de cuero curtido o de la corteza interna de ciertos árboles; vienen pintadas de rojo y negro. Muestran unos agujeros en la parte que corresponde a los ojos de los disfrazados. Zacate seco se utiliza para simular el cabello, mientras un vestido de crín formado con las hojas de palma, cae desde los hombros tapando el cuerpo, salvo las piernas del disfrazado. El tocado remata en una pieza vertical de madera liviana con la figura (lilka) de un cierto animal u objeto. Todas estas máscaras se conocen con el nombre colectivo de yapti, «madre», aunque una representa a una mujer y otra a un hombre, mientras la tercera (en caso que la hubiera), se dice que es el hijo. Estas figuras se suponen representan el espíritu de algún animal, según parece, y quizás tenían originalmente cierto sentido totémico. Entre las diversas figuras que aparecen en un sikro he registrado las siguientes: Twaina (pez-sierra), yapti, ilili (tiburón), yapti, krikam (gaviota de mar), yapti, tilba (tapir), yapti, kyaki (guatusa), yapti, pura (¿encima?), yapti, siksa (banano), yapti y bulbul (¿yuca asada en las brasas?) yapti.

El autor estaba presente durante un sikro celebrado en 1921 en una villa Mískita, en la desembocadura del río Plátano (Honduras), donde apareció el símbolo de twaina-yapti. Las dos figuras grandes, me decían, eran el padre (aisa) y la madre (yapti), mientras la menor era el hijo (lubpya). Cada una de estas tres figuras remataba en una pieza de madera de balsa pintada en rojo y negro y estaban provistas de dientes, a ambos lados, para simular el pico de un pez sierra (twaina). En las figuras mayores, esta tabla medía de 4 a 5 pies de largo, 5 a 6 pulgadas de ancho y 3 a 4 pulgadas de grueso, mientras que la menor medía solamente 3 pies de largo y 4 pulgadas de anchura.

En otro sikro celebrado en la presencia del autor en 1921 en Tausin, una isla de la laguna de Caratasca, aparecieron sólo dos figuras, macho y hembra, del mismo tamaño prácticamente, a las que llamaban pura-yapti. La tabla de balsa que remataba el disfraz medía unos 3 pies; en su parte terminal estaba tallado algo que parecía una cabeza, coronada con un viejo sombrero de palma. Varejones insertados en ángulo recto representaban los brazos.

Ambas figuras venían vestidas y pintadas parcialmente de rojo y negro y llevaban pipas de madera en sus bocas. Al día siguiente los chavalos de la villa corrían y jugaban con estos diferentes disfraces.

Después de medianoche, cuando opíparas cantidades de misla han producido sus efectos, los hombres se tornan bulliciosos y pendencieros y sus acciones son más o menos irresponsables. Es muy desagradable verlos vomitar en el piso, para luego ir de nuevo en busca de la bebida. Viejas rencillas y rivalidades son revividas, pretéritos agravios vuelven a rastrillarse y los primeros pleitos aparecen ante la más leve de las provocaciones. Por fortuna las mujeres recogen y esconden todas las armas, al comienzo de la orgía, acto que ya fue mencionado por Dampier (I, 10) y los buscapleitos no pueden hacerse mucho daño entre sí. Además, las mujeres tratan en lo posible de reconciliar a los contendientes, pero debido al estado de excitación en que éstos se encuentran, su mediación resulta a veces recompensada con un puñetazo. Finalmente, los bebedores colapsan y quedan tendidos en el suelo. Estos festivales, sin embargo, nunca degeneran en escenas salvajes e indecorosas, que ocasionalmente tienen lugar en los "velorios" de los Negros que se han asentado en la Costa Mosquitia.

EL SAU DE LOS SUMUS

Las varias tribus Sumus llaman al festival de los muertos con el nombre de sau, palabra que también significa «tierra», «terreno», «país»; los Bawihka, sin embargo, lo llaman sikro como los Mískitos y, al igual que éstos, lucen máscaras de animales en tales ocasiones.

Los siguientes detalles se aplican a un sau de los Twanhka y Panamaka, pues el autor no pudo obtener información confiable en relación a cómo lo hacen los Ulwa. La bebida intoxicante para esta ocasión se prepara de maíz y es conocida como puput (literalmente: «gris»). Todos los invitados llegan embijados con pintura negra, en tal forma que son irreconocibles. Los miembros de otras tribus no son admitidos, pero todos los jóvenes Sumus que viven lejos son esperados. Las mujeres, consideradas como «impuras» ceremonialmente, están excluidas del festival, pero quedan en una choza vecina preparando la comida y la bebida.

Antes de comenzar, el Sukia va a la tumba del desaparecido y deposita ahí un guacal de puput. Se dice que la bebida es consumida por el difunto, entrándole por el ombligo. A esta jícara el Sukia ata la extremidad de un ovillo de algodón que ha sido hilado por la viuda del desaparecido. Luego se dirige a la casa donde el sau tendrá lugar, desenrollando el hilo en el camino, encaramándolo sobre las ramas bajas de los arbustos interpuestos, de modo que no toque una canoa con un remo, amarrada a la ribera. La distancia entre la tumba y la casa puede ser, algunas veces, de varias millas. Esta costumbre también se encuentra entre los indios Talamanca de Costa Rica y en otras áreas de ambos hemisferios.

Durante la noche, el Sukia, quien es el principal actor en el sau, practica encantamientos y el espíritu del muerto aparece, encontrando su camino por medio del hilo. Sólo el Sukia puede verlo y conversar con él en un lenguaje misterioso, dándole las últimas instrucciones a observar y así poder entrar con seguridad a la tierra del más allá. Luego el visitante sobrenatural se va. La fiesta dura entre dos o tres días, es decir, hasta que el hilo aparezca cortado, señal evidente de que el alma ha arribado segura a la presencia de Itwana (Itoki).

El sau de los Sumus es, por lo general, menos bullicioso que el sikro de los Mískitos. Los convidados comen y beben continuamente, pero no bailan ni cantan. Una música melancólica es producida por las flautas de carrizo (bara), los tambores de cedro (pantan, panatan) y pequeños pífanos (una).

CREENCIAS MISCELÁNEAS RELACIONADAS CON SERES FICTICIOS QUE SE DICEN HABITAN EL BOSQUE Y LOS RÍOS

Las ideas de los indígenas naturalmente se inclinan hacia lo misterioso y lo fantástico, pues viven entre oscuras y penumbrosas selvas, cuyos límites les son desconocidos. Por tanto, gustan poblar en su imaginación las regiones inexploradas del país con fabulosos monstruos, o unta dukya, tal como los Mískitos los denominan.

DUENDES

En ciertas partes del bosque se pueden encontrar algunos duendes (M: swain, almuk-sirpi; S: asan moikni, asan moibka), que son del tamaño de niños y considerados enteramente inofensivos. Encontrarse con uno de ellos es incluso tenido como síntoma de buena suerte.

JUDÍO ERRANTE

La creencia en la existencia de un ser humano vagabundo, llamado entre los Paya Taw isti seri-ba, o sawa seri, se ha extendido también entre los twahka vecinos, que lo nombran como tin-suba, pero que es desconocido entre las otras tribus Sumus. Los Mískitos del río Patuca, sin embargo, parece que llaman a este misterioso ser tismila. Este hombre viaja continuamente por el mundo, con una de sus manos introducida en una olla de cocinar, de la que no puede zafarse. De vez en cuando golpea la olla contra los árboles, produciendo entonces un ruido ronco de trueno, tratando de quebrarla para liberarse de ella, sin conseguirlo. Cuenta la leyenda que cuando era niño tenía la mala costumbre de servirse lo mejor de la comida, dejando solamente yuca y bananos al resto de la familia. Sus padres continuamente lo reprendían por esto, sin que él les obedeciera. Un día de tantos, la olla se cerró en el momento en que tenía la mano metida en ella. Desde entonces suele viajar sin parar por los montes, como el Judío Errante.

EL DUEÑO DE LOS JABALÍES

Los jabalíes, especialmente de la variedad «ware» (quari), se dice que tienen un guardián o dueño (M: waria dawan; T y P: siwi daniwan; U: sawi dakawan), que habita en cavernas en el interior, donde se refugia ocasionalmente con todas las manadas bajo su custodia. En tiempos pasados, según afirman, se le veía en compañía de una horda de fieros y grandes jabalíes blancos, a los cuales guiaba hacia los campos de rastrojos un pájaro domesticado (M: wari yula; T y P: siwi turukma; U: sawi turukma; literalmente «el compañero de los guari»). Este pájaro generalmente se encuentra junto a las manadas de los sahínos; se alimenta probablemente de las garrapatas u otros insectos que parasitan a estos animales. Los indios no se atreven a matarlo, pues de hacerlo incurrirían en la ira del guardián de jabalíes. Algunos detalles relativos a este ser ficticio han sido dados por Bell. Adjuntamos un cuento sumu, relacionado con el guardián de los jabalíes, el cual llamamos:

LA AVENTURA DEL CAZADOR DE JABALÍES

Un Sumu fue al monte a cazar al jabalí de labios blancos (Tayassu sp.), cuando se encontró de pronto con una manada de la variedad albina, llamada sauakaya, de larga cola y colmillos, todos los cuales estaban rechonchos. Nuestro héroe nunca se había encontrado con un espécimen de esta variedad, pero sabía que existían por boca de otros, quienes sin embargo tampoco habían logrado matar alguno.

Corrió tras ellos, pero al momento en que se aprestaba a dispararles con su arco y flechas, la manada entera huyó a gran velocidad. Siguiendo su rastro decidió no regresar a casa sin antes haber capturado al menos uno. Al rato volvió a toparse con ellos, cuando se alimentaban de la fruta del jobo (Spondias lutea L.), pero tan pronto como se aprestaba nuevamente a la caza, huyeron todos a la carrera. Esta persecución se repitió varias veces, sin que nuestro héroe lograse acertarles ninguna de sus flechas. Pero él persistió en la persecución.

Súbitamente vio que la tropa entera desaparecía en una cueva. La siguió hasta el interior, que estaba totalmente oscuro, guiándose por el olfato y el oído. Al rato se topó con una roca sólida que le impedía el paso. A continuación se practicó una incisión en la lengua, aplicando un poco de sangre en forma de cruz sobre la roca. Esto surtió efecto inmediato, apartándose la roca para darle paso. Nuevamente pudo escuchar y oler a los jabalíes frente a él, y esto se repitió por varias veces.

Finalmente, el indígena vio un destello de luz enfrente y, guiándose hacia donde procedía, logró salir de la cueva para entrar en un extraño país, donde abundaban muchas variedades de jabalíes. La variedad blanca, los grandes sauakaya, parecían la comida favorita de los habitantes, pues en cada casa se preparaba un espécimen para la mesa. La gente no estuvo muy satisfecha con la presencia de nuestro Sumu, por haber llegado a esa tierra. Él les explicó cómo había arribado y su deseo de conseguir carne para su esposa e hijos. Dijeron a nuestro héroe que ellos eran los dueños de todos los jabalíes y que en ocasiones enviaban algunas manadas al territorio sumu para proveer a aquella gente de alimento, reservando la variedad blanca "para nuestro uso exclusivo", razón por la cual los Sumus no han podido cazar ninguno de ellos. Sin embargo, la gente dio de comer al Sumu, regalándole una pieza entera de jabalí blanco para que lo compartiera con su familia, con la condición de no mencionar a nadie su aventura; de lo contrario, ello le acarrearía la muerte de inmediato. A continuación, se le pidió que cerrase los ojos mientras alguien lo llevaba de la mano y lo sacaba del lugar. Después de un rato, sintiendo que estaba solo, abrió los ojos y, al mirar en derredor, se encontró a pocos pasos de su propia casa.

Una vez en casa, su esposa quiso saber dónde había estado por tanto tiempo. Él rehusó contarle la verdad, temiendo la venganza de la gente del país de los jabalíes y asegurándole que se había perdido en la montaña. Ella notó que escondía la verdad y siguió insistiendo y sospechando que algo extraordinario debió haberle sucedido, tras conseguir matar a un sauakaya. Finalmente, él refirió la verdad. Se acomodó en su hamaca, mientras los vecinos lo rodeaban deseosos de escuchar su extraña aventura en cada detalle. Así procedió a narrarles cada cosa que le aconteció desde que dejó el hogar. Pero al momento de terminar con la historia el pobre Sumu murió.

EMBRUJAMIENTO

Alguna gente de ambos sexos son muy adictos a la brujería, siendo capaces supuestamente de convertirse a voluntad en lechuzas (M: imi yula o kimi yula; S: yala moib).[94]

Cierta gente mala se convierte en una especie más pequeña de búho (T: yarak; U: soi) y en esta representación zoomórfica se introducen por la noche en las chozas de sus enemigos, cuando éstos duermen, para robárseles los niños. Los Mískitos no comparten esta creencia.

---

[94] Literalmente, «habitante de las estrellas».

CÍCLOPES

En la montaña vive un ser curioso, parecido a un hombre gigante, pero con cabeza de perro. Sólo tiene un ojo y su gran boca está en el ombligo.

SIRENAS

La sirena o ninfa del agua (M: liwa; T y P: was molbni; U: was sirau), es un maléfico animal acuático, que ocasionalmente proyecta troncos fuera del agua, o levanta fuertes ondas donde ésta suele estar tranquila. Espanta a los peces, de modo que los indígenas no pueden capturarlos e incita a los lagartos a atacar las canoas y voltearlas. A veces asume la figura de una bella mujer y sale del agua para seducir a los mancebos, llevándolos a las riberas donde súbitamente los empuja hacia el agua para devorarlos. Su cabeza es como la de un ser humano, pero el cuerpo semeja al de un pez. Se dice que este monstruo también habita en el mar, donde ocasionalmente produce trombas y huracanes. Los Mískitos que viven en la costa lo llaman kabo wlaska, «espíritu del mar».[95]

WAIWIN O WAIWAN

Con este nombre designan los Mískitos, Sumus, Ramas y Creoles a un animal montaraz, semejante a un perro negro, con el hocico en forma alargada, como de oso hormiguero y con los ojos fieros, semejantes a bolas de fuego. Corresponde más o menos al «Cadejo» de los Ladinos. Sus pezuñas cascabean sobre el terreno cuando corre a gran velocidad. Escupe fuego y no produce daño si no lo molestan, pero es capaz de derribar a quien intente detenerlo. Se dice que existe una variedad blanca. Bell describe este animal como un monstruo terrible, como caballo, «con la quijada arpillada de hórridos dientes», cuyo lugar nativo es el mar. Sale de vez en cuando para vivir en el verano entre las colinas y salir de noche por las selvas en busca de humanos o de otras presas.[96]

---

[95] Es el manatí, mejor conocido como «water cow» en la Costa Atlántica. (N. de T.)
[96] Es el oso hormiguero u oso-caballo. (N. de T.)

EL HOMBRE-MONO

En las cumbres inexploradas de las montañas se dice que vive un simio antropoide, sin cola (ulak, uluk), parecido al gorila, al orangután o al chimpancé del Viejo Mundo. Camina erecto, de cinco pies de altura, cubierto por pelos negros y con los dientes volteados. Es muy temido y se supone roba seres humanos del sexo opuesto. Esta creencia también se encuentra en el resto de la población de la Costa Mosquitia. Los Rama y los Creoles llaman a este simio yobó o yubó, mientras los Paya y los Ladinos le aplican el nombre español-mexicano de sisimico. [97]Algunos indígenas dicen que han visto a este misterioso ser en varias ocasiones, en los últimos 20 años, vagando por las montañas de Guarunta, que se extienden hacia el norte del curso inferior del río Coco. C. Acuña se refiere a ciertos hombres en Suramérica que tenían los pies volteados (Relation of the great River Amazon. London, 1968, p. 158).

KASWAKI, WAKUMBAI

Existe un pájaro comedor de avispas que viaja en bandada, el cual es muy temido por los indígenas. Su canto es como de ultratumba, como una voz humana bronca. Se le conoce por su nombre onomatopéyico de cacao en español (M: kataub-katau; T: Kutau; U: kataubki). Los Mískitos lo denominan pnamaka yula «compañero de Panamaka», mientras que los Creoles le dicen buckra quam, «pava del hombre blanco».[98]

Los indios no se atreven a matar a este pájaro, lo que motivaría la repentina aparición de un fantasma azuloso, con figura de caballo (M: kaswak; S: wakumbai), [99]con una sola pata delantera y dos traseras, que vuela por los aires montado por su dueño. La simple visión de este ser sobrenatural se supone causa la muerte.

---

[97] En relación con un supuesto descubrimiento de un simio antropoide en la frontera entre Colombia y Venezuela ver Georges Montandon, «Découverte d'un singe d'apparence anthropoïde en Amérique du Sud», en el Journal de la Société des Americanistes de París, París, 1929, fasc. I, pp. 183-195, y fasc. II, pp. 411-412.

[98] Es el llamado gavilán talcacao, Daptrius americanus. (N. de T.)

[99] Este nombre parece estar fonéticamente relacionado con la palabra akamboiie, término con el que los isleños caribes, en el lenguaje de los varones, llaman al espíritu de una persona. (C. de Rochefort, Histoire naturelle et morale des Iles de l'Amérique, Rotterdam, 1665, p. 471).

LUHPALILI (M), TISNINI (S)

Este es un alargado cuadrúpedo de baja estatura, algo parecido a una comadreja, de bello color negro con manchas en la cabeza. Es inicuo ante los humanos pero temible entre los animales grandes y chicos. Persigue a las bestias más grandes como el jaguar y el puma y los mata al introducírseles en el estómago.[100]

TIGRE DE AGUA

El tigre de agua (M: limya; S: was nawa), está supuesto a ser como un manatí, cubierto con un brillante pelaje como de nutria y con melena. Se dice que existen diferentes especies, que muestran la misma variación de color, como las diversas especies de Felis, siendo la variedad negra la más común. Esta bestia tiene los pies palmípedos y camina torpemente en tierra, pero en el agua es muy veloz. Se le encuentra principalmente en los grandes ríos, entre las rocas, presto a devorar a cualquier nadador, o al que caiga en el agua, contándose entre sus víctimas hombres y animales domésticos. Los indígenas han tratado de dispararle pero nunca han logrado asegurar un espécimen.[101]

BOA CONSTRICTORA GIGANTESCA

Una gran waula o boa constrictora (M: waula tara; T: waula; U: wayi), con dos cuernos en la cabeza como venado,[102] se dice habita ciertas lagunas grandes entre los pinares, lejos de las villas indígenas. Se afirma que la boa común se convierte en tal monstruo cuando llega a vieja, retirándose a las más profundas lagunas. El hombre no tiene poder para matar dicha boa constrictora, ya que las balas no le entran y solamente puede ser destruida por un rayo.

Los «criques» que llegan a las lagunas habitadas por monstruos son por lo general ricos en toda suerte de animales de caza, pero nadie osa subir por ellos. Se dice que en caso de que alguien, demasiado tonto, se atreva a remar en tales «criques», provocará un trueno; verá

---

[100] Posiblemente se trata de la tayra o culumuco, Eira barbara. (N. de T.)
[101] Es probable que se trate del llamado zorro de agua (Chironectes panamensis), un marsupial acuático muy abundante en nuestros ríos. (N. de T.)
[102] Por esta razón los Ladinos la llaman «mazacuate» (del mexicano mazatl, «venado», y coatl, «serpiente»).

cómo las aguas revierten su curso, fluyendo a gran velocidad de la laguna directamente hacia la boca de la boa constrictora, que se tragará al intruso con todo y canoa. La garza pico de cucharón (M: ukaka; S: awabta), pajarraco nocturno asustadizo, vive en la entrada de esos «criques» y se afirma que previene a los intrusos.

FÁBULAS SOBRE BESTIAS Y PÁJAROS

Los mískitos conocen un gran número de cuentos donde los animales y los pájaros actúan, piensan y hablan como seres humanos. Suponen que tienen espíritu y que viven, comen, beben, aman, odian y mueren, justamente como los indígenas lo hacen. Estas fábulas recuerdan en cierto modo las aventuras de Anansi —una especie de Dios o héroe mítico de la Costa de Oro—, o La Tortuga de la Costa de los Esclavos, o La Liebre (el Brer Rabbit de los Estados Unidos negro), entre los Bantú. Heath (a: 52) ha llamado la atención hacia la semejanza de estas fábulas con las historias de «Anancy» o «Nancy» de Jamaica[103], de modo que es difícil dudar sobre el origen común de estas historias con las de África. La siguiente fábula Mískita ha sido referida en idioma nativo por Berckenhagen[104] bajo el título de:

«Por qué el mono Congo nunca baja de los árboles».

La danta y el congo fueron juntos al bosque. La danta era tonta y no podía tocar una flauta que había recibido en herencia. Cuando el congo supo del caso le ofreció comprar la flauta, pero la danta se negó a la venta y continuó tratando de tocarla. Se le ocurrió una idea al congo, quien le dijo a la danta lo siguiente: «Como no me la quieres vender, préstamela por un momento para probarla, porque si yo tuviera una flauta también te la prestaría.» Convencida la tonta danta le pasó la flauta al mono. Éste la capturó al momento y se encaramó en un árbol, donde se mantuvo sonando la flauta sin parar. La danta

---

[103] Anancy o anansi es el nombre de la araña en la lengua Chi de África occidental; este arácnido juega un gran papel en la mayor parte del folclore de la costa oeste de África, del Cabo Verde hasta Camerún. El nombre de «historietas de Anancy» es aplicado por los actuales Negros de Jamaica a cualquier leyenda, mito o cuento de hadas, que se relata por la noche, especialmente durante una «vigilia». Nuestra población rural europea de igual manera cree que una verdadera historia de fantasmas debería ser contada de noche, alrededor de una hoguera.

[104] Grammar of the Miskito Language, por H. Berckenhagen. Bluefields, Nicaragua, 1894, p. 81.

quiso que le retornaran su propiedad, pero el congo continuó tocando el instrumento. La danta finalmente decidió echarse, en espera de que el mono bajase del árbol, dispuesta a matarlo tan pronto como lo agarrase, para cobrarse la flauta. Desde entonces, y por miedo a la revancha, el congo no osa descender de los árboles, ni siquiera para beber, calmando su sed con la humedad que recogen las hojas del bosque.

Moraleja: Nunca te deshagas de tu herencia.

www.ingramcontent.com/pod-product-compliance
Lightning Source LLC
Chambersburg PA
CBHW061609120626
46550CB00004B/1661